《光启语文教育》集刊 创刊号

文学
如何书写革命

詹 丹 郑桂华 ◎ 主编

上海三联书店

《光启语文教育》

创刊说明

有关语文教育的理论研究和实践探索，专家学者和一线语文教师在观念与操作层面是齐头并进的。

一方面，专家学者们潜心于自己的理论研究，对语文教育的新理念和新方法、对新课标的核心概念和新教材实施，提出了不少高屋建瓴的看法；另一方面，一线语文教师以他们基础教育的实践经验取得了不少成果，使得语文教育的理论研究和实践探索，越来越摆脱个人即兴式的随机发挥，而日益回归理性、回归语文教育规律的探索中。但大学和中小学、专家和一线语文教师、理论研究和教学实践，中间的隔阂还有待进一步弥合。毋庸回避的问题是，有些专家学者对语文教育的现状关注不够，对一线语文教师的内心诉求了解不透，对真正制约学生成长的因素把握不准，或者说，过于抽象、宏观地把握现实而提出的一些高大上理论，因其高蹈、玄虚，而只能在理论自身的逻辑框架内打转，无法真正应对现实，解决语文教育的实际问题。与此同时，部分一线语文教师以专家学者的研究不适合基础教育学情为由，或者以某些出现偏差、失误的理论为说辞，拒绝一般意义的知识学习和理论更新，使得他们的思想观念，越发趋于陈旧和僵化，而没有思想更新带来的活力，让他们的教学实践也变得视野狭窄,格局逼仄。

总之,改变这种状况,打破语文研究界和基础教育界的藩篱,让大学的专家学者和中小学语文教师在同一个平台对话、交流,让理论得到提升,让经验得以总结,让教训获得反思,让语文教育的理论研究和实践探索形成有机融合,是我们创办《光启语文教育》的宗旨。

国内语文教育类的期刊已有许多,创办《光启语文教育》集刊,不是在这"多"中简单地加上"1",而是想努力办出自己的特色,让这个"1"能显得与众不同,这既需要我们办刊者的努力,把宗旨落到实处,更需要大家的支持,向本刊不吝赐稿。

本刊归属上海师范大学光启语文研究院,采用集刊形式,每年出1到2种。除开已开设的"文本解读""教学案例"等栏目外,本刊还将开设"测量评价""写作研究"等专栏,欢迎语文界提出批评、建议,帮助我们把刊物办好。

上海师范大学光启语文研究院

2024 年 7 月

目　　录

文本解读

文学如何书写革命？

——赵树理《小二黑结婚》解读

冷　嘉　上海师范大学人文学院

统编高中语文教材选择性必修中册选入了赵树理的成名作《小二黑结婚》(节选)，该篇列于"苦难与新生"主题单元，旨在"引导学生思考中国革命的意义，理解革命文化的精神内涵"，使学生"获得对中国革命和革命先辈的理解和共鸣"。然而对于今天的读者来说，通过阅读"通俗故事"①《小二黑结婚》来达到上述目标，却不是容易的事。早年，日本的中国现代文学研究者洲之内彻就曾表达他的困惑："赵树理的作品'好歹容易懂'，但这个'容易懂'的小说为什么算好小说呢？"却是"不好理解"的②。也就是说，赵树理的"通俗小说"和人们通过阅读"现代小说"所形成的阅读习惯、阅读预期之间，存在着不小的差距。倪文尖在《如何着手研读赵树理》中则更加犀利地指出，我们"没有读赵树理的'读法'，这样的状况，实际上已经存在不少年头了"，"一般的小说的读法在阅读赵树理时意义不大"，"对于阐明赵树理的价值和贡献而言，效用相当有限。"③比如

---

① 《小二黑结婚》最早出版的几个版本，封面上都标明了"通俗故事"。

② ［日］洲之内彻：《赵树理文学的特色》，王保祥译，严绍璗校定，《赵树理研究资料》，黄修己编，北岳文艺出版社 1985 年版，第 461—462 页。

③ 倪文尖：《如何着手研读赵树理——以〈邪不压正〉为例》，《文学评论》2009 年第 5 期。

教材的"学习提示"中便特别突出"作品所着力刻画的小二黑和小芹",并在此基础上将《小二黑结婚》概括为"根据地青年在中国共产党领导下追求婚姻自主、走向新生活的故事"。以这样的"读法"当然也能读通赵树理的小说,但读者却难免陷入洲之内彻式的困惑。

事实上,细读文本便能发现,小二黑和小芹虽是故事中的关键人物,但这两个人物形象缺乏个性,甚至谈不上有多生动——远不如二诸葛和三仙姑予人印象深刻。他们争取婚姻自主的行动虽是推动情节发展的核心事件,但这一事件本身并未展现出诸如主体精神成长等层面的现代意义,而更像是一个汇聚并呈现村庄中各种旧势力的枢纽。是赵树理没有写好"典型人物"吗?还是说,赵树理对乡村、革命及个人有着既配合政策又基于经验的独特理解,从而创造出了别致的小说样式?我们不妨暂时放开那些关于赵树理小说的外在结论和判断,贴着"小说的样式"去体会革命的意义以及"赵树理文学"的意义。

一、如何体会二诸葛的情感?

《小二黑结婚》全文十二节,教材节选了第九、十、十一、十二节,也就是故事的高潮和结局部分。恰恰是在这一部分中,作者为二诸葛和三仙姑安排了三场舞台化的展示,即在特定的场景①中,叙述者直接引用人物的话语,而少用概述,使得事件呈现为一种言语行为,也使这两个人物形象从讲述中凸显出来,如浮雕的风俗

---

① 《二诸葛的神课》的场景为二诸葛家,《恩典恩典》《看看仙姑》两节的场景为区公所。

画,逼肖生动,富有感染力。

先看二诸葛。小二黑被金旺弟兄捆起来押送区上,二诸葛心急如焚,"跪在兴旺面前哀求"。在这里有一句话非常重要:"没有人敢给小二黑讲情"。村民们噤若寒蝉,反映出村庄中的权势状况,也突显了事主家人无助无告的处境。注意到这一点,才能更多地体会后文二诸葛"愚昧""可笑"的言行中所包含的情感意味。

> 二诸葛连连摇头说:"唉! 我知道这几天要出事啦! 前天早上我上地去,才上到岭上,碰上个骑驴媳妇,穿了一身孝,我就知道坏了。我今年是罗睺星照运,要谨防戴孝的冲了运气,因此哪里也不敢去,谁知躲也躲不过。昨天晚上二黑他娘梦见庙里唱戏。今天早上一个老鸦落在东房上叫了十几声……唉! 反正是时运,躲也躲不过。"他啰里啰嗦念了一大堆,邻居们听了有些厌烦,又给他说了一会儿宽心话,就都散了。

如果几乎所有本分的村民面对金旺弟兄的恶行都发不出声音、找不到办法,二诸葛又如何排遣他的忧惧? 从这个角度,我们多少能理解这位老父亲没完没了拉扯出来的种种时运"征象",事实上都透着"怎么办"的焦虑。之后作者写到,二诸葛睡不着觉,"占了一卦","吓得他面如土色",惶然道:"了不得呀了不得! 丑土的父母动出午火的官鬼,火旺于夏,恐怕有些危险了。唉! 人家把他选成青年队长,我就说过不叫他当……"这一连串的行为和言语,确实如很多人的解说,表现出"二诸葛的软弱、顽固、守旧"①,

---

① 见《普通高中教科书教师教学用书(语文选择性必修 中册)》,人民教育出版社2020 年版,第 79 页。

但这些荒唐且慌乱的言行多少也是为填充他内心的恐惧的黑洞。因此，在二诸葛滑稽的表现背后是忧戚的底色，这两个层面对于我们理解二诸葛这个人物都是重要的、必需的。

赵树理对"二诸葛们"无疑是熟稔而亲切的，他在早年的一篇创作谈中写道："《小二黑结婚》中的二诸葛就是我父亲的缩影"①。赵树理不仅从父亲身上获得算命占卦的素材，也把他对熟悉人物的感情、对农村生活世界的理解带入了写作。对于二诸葛来说，那套关于命相运势的说法，是他在动荡不安、身不由己的世界中的生活依据与心理依靠，也可以说是农民消极地应对和承受生活变故的方式。《小二黑结婚》的一个重要主题是"反对封建思想，封建习惯"②，二诸葛和三仙姑是具有封建意识的落后农民的突出代表，作者对这两个人物做了夸张和滑稽化的处理。但在小说中，这两个人物既是被批判、被改造的对象，同时又是作者顾念的乡邻乡亲。由此可见赵树理思考中国革命意义的起点，正是在这群"旧人物""落后人物"的身上，在他所构想的新世界图景中，不仅活跃着进步的新人"小二黑""小芹"等，更为重要的是，要"前进的带着落后的"③，落后人物在心理和情感上得以疏导和调适，最终被吸收到新的伦理氛围中。

小说中存在两条矛盾线索，一为旧式家长阻挠儿女婚事的行为，二为蛮横的村干部滥用私刑、草菅人命的问题——正是这一问题造成了原型案件中岳冬至（小二黑原型）的死亡。不过赵树理在

① 赵树理：《也算经验》，原载《人民日报》1949 年 6 月 26 日，《赵树理全集(4)》，北岳文艺出版社 1990 年版，第 185 页。

② 董均伦：《赵树理怎样处理〈小二黑结婚〉的材料》，《赵树理研究资料》，第 209 页。

③ 语见赵树理 1951 年创作的电影故事《表明态度》，原载《文艺学习》1956 年第 8 期，《赵树理全集(2)》，第 55 页。

对素材进行加工和改写时,以上级政权介入的方式简单明朗地解决了村级政权腐败的问题,叙事内容更多地倾向于对旧式家长的表现。这一写法既是为了配合政策①,也是出于赵树理自身对原型事件中悲剧发生原因的理解。他在调查中发现,岳冬至遇害后,"村里人虽然也说不该打死他,确赞成教训他",对于这两位年轻人的恋爱,"社会上连他俩的家庭在内没有一个人同情"②。也就是说,在赵树理看来,上述两条矛盾线索有着一定的内在联系,若不是广泛占据村民们头脑的封建思想的支持,这样的暴力也没有发生的理据,民众的旧文化不仅使个人麻痹无力,更导致"无主名无意识的杀人"。在这里,赵树理继承了五四启蒙的主题,不过在写法上却不是以五四家庭革命的模式,而是诉诸于"转变"和"团圆"。

在《恩典恩典》一节中,区长对二诸葛的训诫事实上并没有真正打通二诸葛的思想,他仍然介意小二黑和小芹"命相不对"。那么在何种意义上,我们说二诸葛"转变"了呢?倪文尖认为,构成赵树理小说的主体的"是'话',是言谈"③。教材中节选的这四节确实充分展现了赵树理小说的对话的艺术,尤其是区公所里紧凑的询问—对答,在交代情由、推进叙事和刻画人物方面都起到了特别的作用。如果仅仅从说服教育的标准来看,区长对二诸葛所讲的道理似乎并没有达到理想的效果,但我们需要留心的是,在"话"来

---

① 赵树理写这篇小说主要是为了配合1942年1月5日《晋冀鲁豫边区婚姻暂行条例》的颁行,同时也为响应当时中共太行区党委提出的"耐心的进行会门群众工作","打破会门的影响"的倡议,见《新华日报(华北版)》社论《文化战线上的一个紧急任务》,原载《新华日报(华北版)》1942年1月19日,《山西革命根据地文艺资料(上)》,北岳文艺出版社1987年版,第92页。

② 董均伦:《赵树理怎样处理〈小二黑结婚〉的材料》,《赵树理研究资料》,第211页。

③ 倪文尖:《如何着手研读赵树理——以〈邪不压正〉为例》。

"话"去之间，二诸葛的语气和态度的微妙变化。对小二黑，他发脾气、使威风，面对区长，他又卑微而狡黠地讲条件，这些表现意味着，相对于之前的惶恐不安，此时的二诸葛是比较放松的。"官家的规矩"他未必认同，一时半会也想不明白，但金旺弟兄倒台的世道却让他感到安全，那么他也没必要执着于自己的那一套"行事准则"了。在这里，赵树理显示出对中国农民的务实性的理解。中国大多数的普通农民可能很难依据陌生而抽象的理想来改造自我，但却可能循着生活的法则实现转变，进而培育对理想生活的信念。

二、"农民的阅读习惯"与"三仙姑转变"的写法

三仙姑的转变则更具象征意味。在《看看仙姑》一节中，一向能说会道的三仙姑被区长的眼光和邻近女人们的围观给慑住了，做戏、撒泼、闹气的本领一样都没显出来，除了老实回答区长的询问，便全无主张。所以她在传讯现场实际上处于一种失语、无声的状态，在"羞愧"中一一应下了新的政治秩序和伦理规范对她的要求。不少论者认为，赵树理没有展开三仙姑个人经历和心理蕴含的丰富性，对于这样一位敢于在宗法制社会的压抑下曲折地伸张自己的欲望的女性缺乏起码的理解。从小说中对三仙姑的"转变"的叙述来看，这样的观点也不无道理。但赵树理的小说缺乏心理描写和人物分析，首先是出于作者对农民的阅读（听书）习惯的照顾，因为"农民读者不习惯单独的描写文字"[1]，他们听故事的思路是"想知道什么人在做什么事"[2]。而对中国民间文艺的表现方法

---

① 赵树理：《做生活的主人——在广西壮族自治区文艺创作座谈会上的发言》，《赵树理全集（4）》，第553页。

② 赵树理：《〈三里湾〉写作前后》，《赵树理全集（4）》，第282页。

的运用和改良，也使作者在"小说的样式"的层面贴近中国农民的感觉方式，及其精神转变的可能路径。

白春香认为，"赵树理小说独特的叙事模式是传统小说的叙述方式和'五四'小说的叙事技巧精心杂糅的结果"，"作为一种新形式，……它把'五四'小说作家们奋力抛弃的'说书人'叙述者又重新请回到文本中来，让它以有别于传统小说中'说书人'的别样姿态再度统治文本叙述。"①《小二黑结婚》便是由这样一个全知的"说书人"统领叙述，在小说开篇第一、二节，叙述者以诙谐的口吻、明快的言语，介绍了"二诸葛""三仙姑"这两位村庄里的"非常人物"的趣事，呈现出以"形"传神的效果。值得注意的是，两个人物的行事方式虽令人发噱，但关于他们的笑话事实上却关联着乡村生活世界中那些重要的活动与观念。由此也可见出作者对叙述有意识的把控——小说的叙述者被设定为一名村子里的"说书人"，他熟知村庄掌故，练达洞明，对农村、农民有着透彻的理解。比如"二诸葛"，作为受封建迷信思想钳制的落后农民的代表，他的"不宜栽种"的笑话正和"不误农时"的农业社会准则相矛盾，而"三仙姑"的"神道"和"爱俏"虽情有可原，但在当时确是乡村伦理结构中的不稳定因素，有违农业社会要求家庭稳固、保障生产的愿望。面对盘踞在农村日常生活中的迷信思想与封建习惯，叙述者的劝导方式体贴而巧妙，他并未直接以"新理"对抗、祛除"旧俗"，而是凭着对农村生活的熟悉和敏感，在故事中构造出迷信的思想、行为与农民基本生活诉求之间的矛盾，从而引导农民听众（理想读者）重新审视固有的习惯，渐渐意识到长期为习惯所钝化的痛点，进而发现自我处境的真相。经过叙述者的娓娓讲述，外来的"新理"被引

---

① 　白春香：《赵树理小说叙事研究》，中国社会科学出版社 2008 年版，第 15 页。

入到乡村生活世界内部,它并不冲击农村原有的生活与伦理基础,而是成为解决矛盾、调整错位的积极因子。这样的故事构造显然更有助于唤起农民对新的政策及其理念的理解和赞同,如程凯在讨论赵树理的"通俗化"努力时所言,《小二黑结婚》的叙事所呈现的这种"转变","对乡村自身而言与其说是翻身、颠覆,不如说是某种'去弊'、'修复'与'再生'。"①

赵树理更加关注的是三仙姑这一类型人物在农村社会革命中的身份与位置的变动。在没有入选教材的第二节《三仙姑的来历》中,赵树理对三仙姑的经历其实做了颇为客观的交代。三仙姑是中国农村伦理关系内部生长出来的"异类",是农村包办婚姻中个人爱欲得不到满足而导致的病态人格。如果没有现代婚姻法令的颁布,并改变农村的婚嫁习俗和家庭模式,一代代的年轻人都会在旧制度的安排下进入到缺乏情爱的婚姻家庭,同时又会有无法被完全压抑的欲望在乡间流动。如李国华所言,"三仙姑借助民间俗信的释放,恰好给农村青年们的集体欲望提供了窗口,于是二者心意暗通,相辅相成,共同构造了农村的公共爱欲文化空间。"②所以,三仙姑三十年来在村庄里的特殊地位,其实很大部分建立在她作为被观看、被消费的欲望对象的基础上。而她在区公所遭遇的围观和品评,不仅是以"欲望空间"之外的眼光照出了她形象的不得体,也戳破了她在自家的小小神堂里营造的幻觉。围观者们放肆而戏谑的指指点点,以舞台化的方式再现了三仙姑多年来的位置与身份状况,不过这里的"围观"祛除了爱欲的魅惑和熟人的连

---

① 程凯:《乡村变革的文化权力根基——再读〈小二黑结婚〉与〈李有才板话〉》,《文艺研究》2015 年第 3 期。

② 李国华:《农民说理的世界:赵树理小说的形式与政治》,上海书店出版社 2016 年版,第 305 页。

带关系，倒是更为本质地显出了三仙姑生活的真相。

三仙姑的"转变"正承接于真相的揭示，或她自身关于真相的"觉悟"。叙述者几乎没有展开三仙姑的"所想"，而是直接叙述了她"做"的行为："把自己的打扮从顶到底换了一遍，弄得像个长辈人的样子，把三十年来装神弄鬼的那张香案也悄悄拆去。"三仙姑平息了自己纷乱的欲望，回归到正常的生命流程和伦理秩序之中，这一行为在小说所标记的历史时刻是具有象征意义的。新政权及其所颁布的现代婚姻法令，从法理上支持了年轻一代的自由恋爱，从而有望矫正农村社会长期存在的爱欲与伦理的错位，那么三仙姑那种扭曲的人格状态也将失去制度土壤，小说叙事中三仙姑的转变正是指向这一制度变革的愿景。

三、可"说"性文本与"落后的大多数"的声音

赵树理的小说以农民讲故事、听故事的习惯作为行文和结构的基本方法，它们更多地借用了传统"评话"的艺术手法。如赵树理所言，"中国评书式的小说""是把描写情景融化在叙述故事中的"，[1]同样，他的小说中也少有对表情、心理、情绪、氛围的描绘和渲染，而是从头至尾讲述"什么人在做什么事"[2]，在具体的情境中写人物的行动和对话。即便需要对人物细部进行描写，往往也是在叙述故事的过程中"从另一些人物的眼中看出"。[3] 赵树理还强调创作中的"人物"应来自于"共事"，并且"共事"时"不要专门注意如何写这个人，而是和他们认真地工作。共一回事，知一回心，日

---

① 赵树理：《〈三里湾〉写作前后》，《赵树理全集(4)》，第 282 页。
② 同上。
③ 同上。

久天长,人物自然而然地在你的脑子里出现了"。① 这样一个写作者即工作者的位置也被放入到文本中,化为叙述者讲述人物、故事的位置感和基本态度。因此,赵树理小说中的叙述者不是那种对世界多少有些疏离感的深邃的审视者,他不呈现世界的陌生化效果——即以别样的眼光揭示旧世界原有"理路"之悖谬。在这个意义上,我们可以说赵树理小说提供了一个"反"五四启蒙主义的叙事模式,这一叙事模式超克了"五四自我"悬浮的主体状态,但似乎也中止了这个不确定的文学性自我对一个尚不确定的新世界的探索。

《小二黑结婚》正是这一叙事模式的代表。叙述者具有乡村说书人诙谐而通透的特征,但没有来自外部或高处的某种权威姿态,因而也没有深刻的绝望、尖锐的愤怒。相反,小说朴实而清晰地呈现了人物之间的关系,关系中的行动,行动的目的和它产生的效果,旨在还原出普通农民能"看到"和实际关心的生活层面、生活内容,这确实是在"共事"或处于同一生活共同体的状况下才能达到的体贴,从这一点看,赵树理的小说叙事中还包含着可贵的民主意识。白春香在《赵树理小说叙事研究》中重点讨论的"引导语+直接引语"的对话写法也具有同样的意义。以重复使用"某某说+直接引语"的方式呈现对话关系、对话内容,这种写法难免让人觉得陈旧而笨拙,但它首先是为了让"读者能一目了然地知道这句话是谁说的"②,讲给不识字的人听时,"听众也会听得清楚明白"③。同

---

① 赵树理:《生活·主题·人物·语言》,此文为赵树理1962年11月在广西桂林市文艺工作者、文艺爱好者座谈会上的讲话记录稿,原载《新文学论丛》1980年第2期,《赵树理全集(4)》,第540页。

② 白春香:《赵树理小说叙事研究》,第120页。

③ 同上。

时，清楚的对话关系和言语意义也展现出一个有来有往、有因有果的世界，"意"与"理"都在言表，读者无需穿透言语表象去琢磨对话中的心理暗潮。

因此，我们说赵树理的小说是"可说性文本"[①]，不仅仅是因为小说语言平白如话，通俗可"说"，在深层意义上，还因为小说中人物的生活，生活中的关系和行为的发生，都有清晰的理路，无论是守旧还是趋新，抑或是"新"对"旧"的改造，都是可以辨说清楚的。

按照说书人文学的惯例，故事要"处处有关联，事事有交代"[②]，尾声部分《怎么到底》便起到一个总交代的作用。"交代"是为了让农民读者/听众心里石头落地，皆大欢喜，同时也提供了作家对一个乡村革命故事的重点问题与完成形式的理解。

如果说"小二黑结婚"一开始是一个抗争故事，最终，它走向了团圆结局。小二黑和小芹成为村里的一对普通夫妻，融入到了环境当中，他们是移风易俗的模范，却不与乡村伦理秩序构成冲突。这样的"完成形式"很大程度上源于赵树理的伦理化的文化政治诉求。和赵树理的大多数小说一样，《小二黑结婚》不是以模范人物的抗争和个性成长为中心来组织情节的，相反，若干人物在事情发展、变化的过程中被依次带出，并得以呈现，在这样的叙事结构中，处于伦理结构的不同位置的、思想水平各异的人物获得了平等的对待。在"小二黑结婚"这一"枢纽"事件的进展中，小二黑、小芹、二诸葛、三仙姑、金旺弟兄，以及看似不起眼的无名村民，他们的生

---

① 已有多位研究者注意到赵树理小说作为"可说性文本"的特点。白春香认为："对可'说'性文本的追求是赵树理小说创作自觉的理性认识。"白春香：《赵树理小说叙事研究》，第 24 页。李国华对赵树理小说作为"可说性文本"的构成做了详尽的讨论，李国华：《农民说理的世界：赵树理小说的形式与政治》，第 164—178 页。

② 冯健男：《赵树理创作的民族风格——从〈下乡集〉说起》，《赵树理研究资料》，第 272 页。

活都发生了重大的变化,伴随着这些或主动或被动的变化而出现的抗争、迫害、惶惑、抵触、服从等反应,造成原有伦理秩序的震动和关系移位,但伦理世界的完整性及其内在活力仍得以保留。在赵树理看来,革命既要改造农民的旧意识、旧生活,同时又不能以极端的"新"撕裂农民的经验感受,尤其不能以"新"之名抛弃"大多数"的"落后"农民①,造成新的暴力。这便是赵树理选择以"转变"和"团圆"的逻辑来完成叙事的深意所在。

小二黑能结上婚,除了旧式家长的态度转变外,还需一个重要条件:扳倒金旺弟兄,所以在《怎么到底》中,作者也重点交代了金旺兴旺的下场。在金旺弟兄作恶的这条线索中,事实上包含着赵树理对村级政权建设问题的关心,只是在这篇小说中他并未重点处理这个问题,而是以区政府主持公道的方式,给这条线索做了一个简单的收束。当叙事以"青天模式"基本解除了金旺弟兄的威胁,这时叙述者将注意力分配给了无名村民。"群众大会"的场面描写,意在展现普通农民在反抗强权、改造村政权、修复生活裂痕等革命任务中应该发挥的力量。在这里,"话""言谈",或者说"说的能力"再次成为场面中的"主角":

> 有个被他两人作践垮了的年轻人说:"我从前没有忍过?越忍越不得安然! 你们不说我说!"他先从金旺领着土匪到他家绑票说起,一连说了四五款,才说道:"我歇歇再说,先让别人也说几款!"他一说开了头,许多受过害的人也都抢着说起

① 赵树理曾说:"群众再落后,总是大多数。离开了大多数就没有伟大的抗战也就没有伟大的文艺!"可见在赵树理看来,关注落后群众、改善他们的状况,正是革命文艺工作的起点和宗旨。见华山:《赵树理在华北新华日报》,《回忆赵树理》,高捷编,山西人民出版社1985年版,第224页。

来……你一宗他一宗，从晌午说到太阳落，一共说了五六十款。

群众大会上的这些村民发言，有主见、不怯懦，和前文小二黑、小芹面对各方旧势力的阻挠仍坚决捍卫婚姻自由的声音是同一种"说话"状态。

在《小二黑结婚》中我们大概能够分辨出四种"说话"状态。其一为金旺兴旺蛮横霸道的言语，其二为大多数村民本着"忍事者安然"的原则而守持的噤声状态。其三是二诸葛和三仙姑的方式，这两位"神仙"都有自己的一套关于世事的说法，因而显得能言善道，但他们搬弄的那套迷信话语也不过是对那一部分难以言说的、无法正确认识也无力改变的乡村生活现实的一种变形的表达。最后，便是民众通过揭露和斗争金旺弟兄所激发出来的一种"说"的能力和方式，在这一状态下，村民们毫不回避地说出了自己的生存现实，并要求掌握自身的命运。小说的最后这几节，即教材所节选的部分，可谓充满了各种人物的言谈声气，而在这一片热闹的人声中，作者最终完成了他的叙事意图：以一种具有改变生活的力量的民众的话语替代了长期流布于乡间的迷信话语。

《祝福》讲读

倪文尖　华东师范大学中文系

B站的同学们，大家好。大夏天里我们一起来重读鲁迅先生的名篇《祝福》。

《祝福》当然也是语文名篇了。几十年来它被多种语文教科书收编为课文，所以不仅你学过，你的爸妈以前在课上也学过，而且很可能你爸妈的爸妈也学过。要不找机会看看你的祖父祖母、外公外婆，去问一问。

关于《祝福》我没有专门的研究，但是十几年前和王荣生老师等一起做一套语文试验课本的时候，还确实搜读过前人的大量研究成果。这一次备课过程中，我又拜读了这几年来一些研究新锐的解读，同样是获益匪浅。

今天我接下来要讲的，既不是当年自己做教材的设计，也不是某一家某一派的观点。我试图做的是这样一件事，就是以我最近这些天来反复读《祝福》的体会为基础，同时综合各家各派的看法，并贴近读者，贴着诸位——我称之为普通读者，当然我希望是高明的普通读者，而且我相信会越来越高明的——阅读的印象、感觉，尤其是需求来讲。《祝福》是一个非常复杂的文本，它的复杂性实话说在我这次备课之前还真没有想到，所以可讲的内容非常之多。

我想挑三个方面,我认为比较重要的三个方面来讲。

祥林嫂之死——"怎么死的?"

先讲第一个方面:祥林嫂之死——怎么死的?

"怎么死的"是小说中的一句话,我想这是一个小标题。大家读《祝福》,往往首先会被祥林嫂的故事所吸引,是不是这样?你们老师过去讲的,给你留下了深刻印象的,是不是这样?小说《祝福》塑造了祥林嫂这样一个人物,这样一个中国传统乡土社会中最最底层的妇女形象,她的遭遇引人关注,让人同情,对祥林嫂的关注体现了现实主义写作的魅力,这也恰恰是鲁迅现实主义写作的那样一种力量所在。

祥林嫂不是鲁镇人,她是哪里人?不清楚,但她死于鲁镇。小说也是从祥林嫂之死倒过来叙述,叙述她的一生,叙述祥林嫂的故事。因此祥林嫂是怎么死的,这构成了小说这部分内容的非常关键的叙事动力。

大家应该还有印象,小说中鲁四老爷家的短工对这个问题的回答是很干脆的,"还不是穷死的!"这也就是说在短工这样的底层人看来,祥林嫂的死对他们来说是家常便饭,是司空见惯的,是没什么故事可讲的。也只有到了鲁迅笔下,祥林嫂才是一个有故事并且值得讲出来的人。祥林嫂在小说里面是一个"三无"人物,无名、无姓、无娘家,只有一个不变的称呼:"祥林嫂"。

现在也有很多的研究,根据小说的细节推断,祥林嫂多半还是一个童养媳。为什么是童养媳?这个大家看小说应该知道。她为什么要做童养媳?就是因为穷,娘家穷,当然也可能还有重男轻女什么的。婆家也穷,为什么?婆家养童养媳既省了以后的聘礼,然后家里又多了一个劳动力,所以也还是穷。小说里,祥林嫂被她婆婆卖给了贺老六,而后贺老六伤寒而死、阿毛被狼叼走之后,有一个很重要的细节,是贺家大伯来收屋。这个细节很重要,大伯为什么来收屋?也是因为小户人家,"小户人家"是小说里的一个说法,"小户人家"就穷,所以贺老六留下来的屋子就成为大家抢夺的对象,对这个看得就非常重。

所以祥林嫂的一生遭际,祥林嫂死于贫穷。说到底首先都是因为穷。在祥林嫂生活的那个年代,因为贫穷,中国传统社会里的那些所谓礼俗,那些道理、规矩,其实已经不那么管用了。我觉得这是鲁迅透过那短工冷漠的话所讲出来的,《祝福》的一大深刻之处。看起来很朴素,但从唯物主义的角度来讲,其实又很基本、也很关键。当然讲起鲁迅,我们都会说鲁迅的深刻,还在于物质之外更看重精神方面的,所谓精神的奴役、精神的戕害、精神的创伤,这个一向是鲁迅特别看重的。所以我们前面说祥林嫂死于鲁镇,还不简单地是说死在鲁镇这样一个地方,更重要的是说,祥林嫂死于鲁镇的社会与文化。鲁镇的社会与文化,可以说是从制度到风俗,从思想到宗教,从日常生活到行为方式,是无所不包的。现有的这方面研究太多了,也已经说得是非常的深刻,而且到位了。

最著名的、影响也最深远的,同学们可能还记得,就是毛泽东在《湖南农民运动考察报告》里著名的"四大绳索"的说法,政权、族权、夫权、神权,代表全部封建宗法的思想和制度,是束缚中国人民尤其是农民的四条极大的绳索。还有一个在学术界影响也很广的说法,就是《祝福》是"儒道释吃人"的一个寓言。那也就是说鲁镇社会是儒家、道家道教、释家佛教一应俱全,集大成、大杂烩,然后是这个鲁镇社会杀死了祥林嫂。

很可能你也还记得,老师们在讲这个问题的时候,往往还喜欢用一个教学策略，就是问一个核心问题：在鲁镇的吃人社会里面，置祥林嫂于死地的黑手到底有哪些人？请大家回忆一下，其实答案也是有的，不难：有鲁四老爷，有柳妈，有鲁镇的又冷又尖的看客们，还有祥林嫂本人。但这一次我为了讲这个课，还做了一个小型的学情调查，这个调查还是让我蛮受教益的（因为这是一个比较小型的调查，是不是具有普遍性，还有待检验），据说现在的高中生，关于我刚说的这个问题的认知情况是这样的。

一就是三十年前，上世纪八十年代，启蒙知识分子解读《祝福》，特别在意的这个凶手，说的是鲁镇的看客们，那些又冷又尖的人们，包括柳妈也是一个黑手。这个我想补充两点。第一，我重读发现鲁迅写看客，写得还是很有分寸感，很有层次的。你看祥林嫂讲阿毛的故事，鲁镇的男人们、女人们、老人们都要来听，最初还是洒了同情的眼泪，但是慢慢地就厌倦了。请注意，鲁迅是写出这个过程的，或者这样说吧，鲁迅笔下的看客不是刻板的坏人，他们有人性恶的一面，那是一种平庸的恶，一种庸常的恶。

第二个我是有点吃惊的，就是很多高中生都认为，祥林嫂本人对她自己的责任是非常的大。虽然我们大家都知道，关于鲁迅是有一些如雷贯耳、耳熟能详的说法，比如很有名的八个字，"哀其不幸，怒其不争"。我们一讲鲁迅就要讲这个，讲祥林嫂也很容易讲到这八个字。而我这一次认真地读《祝福》发现，"哀其不幸"那是绝对的，非常深刻的，但你要说"怒其不争"，还真不能这样说。所以，现在很多高中生认为祥林嫂对自己的死要负很大责任，我倒是觉得这个地方蛮有意思，是值得我们来研究现在这个时代，我们现在对祥林嫂的一个接受的。

前面说了祥林嫂是个"三无"人物，祥林嫂作为一个妇女，作为一个女性，作为一个女人，你会发现她在三个方面是失去了资格的。她是童养媳,所以她就失去了作为女儿的这样一个身份;然后魏祥林死了,后来贺老六死了,所以她又丧失了妻子这个身份;然后阿毛又死了,所以她又丧失了母亲这个身份。祥林嫂失去了做女儿、妻子和母亲的资格,所以说她就是一个光人,就只剩下她的身体和她不惜的体力。所以《祝福》里不难看出来,鲁迅是带着无限的同情,祥林嫂是中国底层社会里面最受奴役和压迫的这样一个人。

当然过去也强调,祥林嫂她不是捐门槛吗?捐门槛不是表明她受了封建思想的奴役吗?我想这个地方还可以稍微再说两句。一个,捐门槛是柳妈教的,柳妈是一个"善女人",某种意义上,是祥林嫂来到鲁镇社会后,是鲁镇社会教给了她这样一种文化。然后,她第二次到鲁镇时,她发现她已经不见容于整个鲁镇社会,大家都很排斥她。所以捐门槛,我们首先要看到,捐门槛是祥林嫂对自身命运的一次抗争!恰恰是祥林嫂的真抗争,是她做了一些真努力。当然在那个时代,你说祥林嫂除了受那种文化影响之外,还能有什么样的东西给她提供支撑呢?因而很大程度上,我觉得祥林嫂还真不是一个要"怒其不争"的人物。我们读作品还是不要受刻板印象的制约。

鲁四老爷是置祥林嫂于死地的元凶,这是非常经典的结论。但据说现在的年轻人对此理解起来有难度,怎么办呢?我的办法是,或者说我的建议是,更仔细地去读文本。

《祝福》里写鲁四老爷的笔墨并不算太多,而且鲁迅的写作很有分寸,没有把鲁四老爷塑造成为一个穷凶极恶的人。鲁四老爷的"恶"要从细节捕捉,所以需要细读,才能看出鲁迅如何以简驭繁来塑造人物。事实上"以简驭繁"恰恰是《祝福》在艺术上很重要的特点。我们过去在语文书上、语文课上所学到的"画眼睛"之类知识点，在我看来都是可以算作这"以简驭繁"的。

大家应该还记得，小说一开头就点明鲁四老爷的身份，他是一个讲理学的老监生，而且是连过了气的康有为都要骂，明摆着是一个腐朽、顽固、落后的封建遗老。紧接着小说里写他的书房，大家还应该有点印象吧，课本上陈抟老祖、《近思录集注》《四书衬》这些都是有注释的。这儿我要讲一个方法，我们读作品遇到一些看不懂的名词，要注意阅读书上的注释，如果没有注释，甚至你应该去查工具书。当然了，如果你很忙，百度一下或者怎么一下也是可以的。为什么？因为这一些名词其实是非常值得关注的，它会提供给我们一些读懂作品必要的背景知识。

有了这样一些背景知识后，我们就可以判断鲁四老爷是吃文化饭的，是一个知识精英，明里是儒家、是宋明理学，内里也很道教，追求什么"心气和平"、长寿不老；而经济上，他是鲁镇的大户人家，是鲁镇社会真正的管理者，该算得上是鲁镇的社会中坚了。这样的人，好像就是近些年来好多文化人士喜欢说的，甚至是拿来怀旧的，中国传统乡土社会的士绅阶层，是不是？

但是，在鲁迅《祝福》等一系列乡土小说里面，他都无情地揭示了，这样一个士绅阶层，在鲁迅写作的时候，在鲁迅的作品里就已经死了，就已经衰落了，就已经堕落了。小说中写鲁四老爷的标准动作是"皱眉"，给我们印象最深刻的话是什么？就是"可恶，然而……"。这些细节描写表明，一方面鲁四当然是一个封建的卫道士，他讨厌寡妇，尤其反对寡妇再嫁，认定其败坏风俗，不干不净。另一方面鲁四老爷卫道，已经不是基于社会中坚责任感的卫道。小说里面婆婆抢人、大伯收屋等明显有违封建社会伦理规范的行为，我们就从来也没有听到鲁四老爷出于公心，哪怕说过一句公道话，更不要说有什么作为了。鲁四老爷没有承担起作为社会主心骨的责任，可以说他既无心做领导，也没有能力对整个鲁镇社会起到主心骨的作用。他是有一些传统观念，更有一些迷信忌讳，但其出发点都是一己之私，一家之私。比如他第三次皱眉，小说里写"虽然照例皱过眉，但鉴于向来雇佣女工之难，也就并不大反对。"更要命的是，当祥林嫂捐了门槛，这也就是说，祥林嫂不惜代价，不计成本，按照鲁镇社会的道理、规矩办事之后，这鲁四老爷却还是不买账、不认可。小说这里写得是极其惊心动魄，因为这是祥林嫂被逼上绝路的重大关节点。时间关系，我请大家自己去仔细阅读。而这后面他又把祥林嫂赶出家门，使之沦为乞丐，最后祥林嫂惨死在鲁镇社会的祝福时刻。

这样读下来，这个鲁四老爷怎么不是迫害虐杀祥林嫂的元凶呢？自然，我们认定鲁四是元凶首犯就可以了，也不必夸大其罪恶，因为说到底，祥林嫂之死在鲁迅的笔下怎么死的？归根到底还是根深蒂固、源远流长的封建礼教制度和思想造成的，是整个鲁镇社会合谋杀死的，而这正是《祝福》批判的锋芒和力量所在。

我们读出了鲁迅对这位受损害与受侮辱最深的中国底层劳动妇女的最深刻的同情，我们也反思了有关鲁迅作品的一句烂熟的套话"哀其不信，怒其不争"，在我们读来，《祝福》里哪有对祥林嫂怒其不争？祥林嫂明明是有过多次抗争，却每每以失败告终，生存境遇每况愈下，最后被鲁镇社会歧视、嘲弄、挤压到了穷途末路。当然你也可以说，祥林嫂的所有反抗都是在封建礼教的制度和思想框架下进行的，你也可以说祥林嫂是中了封建迷信思想的毒。但是，祥林嫂一个光身，赤裸生命，不惜一切地争取鲁镇社会的接纳与承认，这有什么错吗？

这是底层人民要求坐稳奴隶而不得，你还因此责备祥林嫂不争吗？不能吧，否则你就可能像那知识精英鲁四老爷那样了，在祥林嫂惨死之后,还要吃人血馒头,口出恶言,骂什么"谬种"。封建宗法社会末期,礼崩乐坏,在意识形态上面,底层人民是真的相信,但是信了也白信,没什么用处;而上层精英却是假的信,但是他们却可以凭着并不真相信的那一套为自己谋私利,大派其用处,这里的对比真是太强烈,也太可怕了! 不能想。

我们今天就先讲到这儿。祥林嫂的命运是这么一回事,那么,这个小说只是读祥林嫂的故事,行不行? 在"祥林嫂之死"里面,除了今天我们讲的因素之外,还有没有其他的因素呢? 我们下次再讲。

祥林嫂之问——"我说不清"

我们接着一起重读鲁迅先生的名篇《祝福》。前一集聚焦祥林嫂的故事,我们读出了鲁迅最深刻的同情,也反思了说顺口了的套话"哀其不幸,怒其不争"。接下来我们换个角度,重新进入《祝福》的文本深处。

《祝福》里除了祥林嫂的故事之外,还有一个"我"的故事。小说中写的"谬种",还有一个"我",叙述者"我"。我们来聚焦这个"我"。"我"是五年前离开故乡的,小说伊始,在祝福时节回到故乡,然而已没有家,所以《祝福》显然是鲁迅的知识者返乡叙事系列中的一篇。

这个"我"也显然是个新党,但这个新党有多"新",是哪一世代的? 有怎样的思想观念? 是个什么样的形象? 小说文本中并没有太多的具体描写。所以这个问题上,《祝福》的相关研究形成了精彩纷呈、然而放在一起又是相互冲突的许多阐释。这些阐释的核心分歧,我把它概括为:小说叙述者"我"与作者鲁迅的距离问题。

如今，主流的观点是"远"，也就是说叙述者"我"是鲁迅讽刺批判的对象，"我"的所作所为、所思所想是作者不认同的，因而这个"我"与鲁迅的距离甚远。在这样一种理解里面，"祥林嫂之问"的关键，就是第一问了：一个人死了之后，究竟有没有灵魂的？这一灵魂之问，就被视为是精神性、超越性、普遍性，乃至宗教性的。它出自于底层人民祥林嫂之口，而作为知识者的"我"，却对此缺乏关切与思考，甚至是对这一种人生与世界的形而上、超越性问题，一向缺乏关怀，空空如也，所以才"悚然""惶急""支吾"，这样，祥林嫂的提问原本是向"我"求援和求救的，不期然地，却变成了对"我"的发问乃至审问，照见了知识者在灵魂深处的浅陋与荒芜。同样，"我"对第二问的"支吾"，对第三问的回答"我说不清"就被看成是"我"的胆怯与逃避，就像小说中写的那样，"我匆匆地逃回了四叔的家中"。

事实上《祝福》中"我"的故事更多表现为"我"的心理故事，表现为"我"的犹豫、矛盾、纠结与反复。不知道诸位对这些印象还深刻吗？我不如索性快速地念一些段落：

> 匆匆地逃回四叔的家中，心里很觉得不安逸。自己想，我这答话怕于她有些危险。

> 倘有别的意思，又因此发生别的事，则我的答话委实该负若干的责任……。但随后也就自笑，觉得偶尔的事，本没有什么深意义。

> 而况明明说过"说不清"，已经推翻了答话的全局，即使发生什么事，与我也毫无关系了。

25

但是我总觉得不安,过了一夜,也仍然时时记忆起来。在无聊的书房里,这不安愈加强烈了。

"死了?"我的心突然紧缩,几乎跳起来,脸上大约也变了色。

然而我的惊惶却不过是暂时的事,随着就觉得要来的事,已经过去……心地已经渐渐轻松;不过偶然之间还似乎有些负疚。

雪花落在积得厚厚的雪褥上面,听上去似乎瑟瑟有声,使人更加感到沉寂。我独坐在发出黄光的菜油灯下,想,这百无聊赖的祥林嫂,被人们弃在尘芥堆中的,看得厌倦了的陈旧的玩物,先前还将形骸露在尘芥里,从活得有趣的人们看来,恐怕要怪讶她何以还要存在,现在总算被无常打扫得干干净净了。灵魂的有无,我不知道;然而在现世,则无聊生者不生,即使厌见者不见,为人为己,也还都不错。我静听着窗外似乎瑟瑟作响的雪花声,一面想,反而渐渐的舒畅起来。

类似这样的"我"的犹豫与反复,在小说叙述者与作者鲁迅距离"远"的解读视野里,从根本上说就都是为了"我"推卸责任、逃避责任了。比如有一种极端、然而很有启发性的说法:"我"后来为什么心底渐渐放松,渐渐轻松起来了呢?是因为祥林嫂已经死了,那"我"当然就再也不必面对祥林嫂那些难堪而无解的问题了,所以才轻松舒畅。

那么,这也就包括了《祝福》里"我"所有的心理活动、感受或感想,一旦可能对"我"的正面形象有利,就是要被当成反话、反语来理解的，甚至包括《祝福》那个著名的结尾，我也念一下：

> 我给那些因为在近旁而极响的爆竹声惊醒……又隐约听到远处的爆竹声连绵不断，似乎合成一天音响的浓云，夹着团团飞舞的雪花，拥抱了全市镇。我在这繁响的拥抱中，也懒散而且舒适，从白天以至初夜的疑虑，全给祝福的空气一扫而空了，只觉得天地圣众歆享了牲醴和香烟，都醉醺醺的在空中蹒跚，豫备给鲁镇的人们以无限的幸福。

这里"慵懒而且舒适"，自然理解为对"我"的反讽与批判。而"豫备给鲁镇的人们以无限的幸福"，则显然也是反话，是反语。这当然不无道理，因为鲁迅是著名的善用反语，用他自己的话来讲，那是出离了愤怒之后的愤慨愤激之言。而且小说取名为《祝福》，又让主人公在鲁镇的祝福时刻那样惨死。这里的对比，无疑是强烈的，这里的批判也无疑是深刻的。

可是另一方面，问题也来了，或者说这种主流观点不能完全让人信服的地方，也就表现出来了。我们说《祝福》是第一人称，小说中还有倒叙和首尾呼应，显然《祝福》就有了抒情性，尤其是小说最后的部分。那么，小说结尾还只是被讲成是反话反语，这符合这类小说的惯例，符合读者的阅读心理吗？假如小说结尾不是以对矛盾的缓解、或矛盾告一段落而收束，是不是给人以违和之感？

其次，《祝福》文末标注的写作时间是 1924 年 2 月 7 号，而这一天正好是这一年正月初三，也就是说，鲁迅写作的时间点和《祝福》这个虚构故事发生的时间点有重合，这是否意味着某种程度上《祝福》，尤其是《祝福》的结尾部分，还是多少有鲁迅本人在岁末年初的感觉与心情？所以，小说中这个叙述者"我"或许离作者鲁迅并没那么远,而且很大程度上还分享了鲁迅很多的思想与情感、思考与困惑、彷徨与坚持。这就是叙述者"我"与鲁迅的距离问题上的另一种观点。

"远"的那样一种理解,如今虽然是主流,但事实上这样一种"近"的理解,在《祝福》研究史上也一直是有的。在这样一种解读里,"祥林嫂之问"的重心则是第三问,"那么死掉的一家人都能见面的?"也就是说,祥林嫂的问题其实是偏在其具体性,而不是抽象化和普遍性的,是和小说的上下文具体地关联在一起的。

祥林嫂的渴望是,在死后能见到她朝思暮想的儿子阿毛,这里更激进的解读可能是,祥林嫂宁愿被锯成两半,也要同阿毛见面。因此面对祥林嫂的第一问,对于灵魂的有无,"我"自己是向来毫不介意的,也便可以理解为"我"是一个无神论者,而"我"之所以有极短期的踌躇,最后为她起见,"不如说有吧",则体现了"我"对祥林嫂的同情与善意,包括后来的"支吾""胆怯"和"我说不清"。同理,我们前面所念的那么一些"我"的犹豫、矛盾和反复,则是"我"在纠结并权衡自己该对祥林嫂之死负多大责任。

请注意了,这里,同样是责任,"远"的理解里,"我"的出发点是逃避,而"近"的理解里,"我"的出发点则是反省自己应有的担当了。尽管这个"我"也一样是在不能摆脱内心的不安与找到理由来给自己排解之间徘徊不定、犹豫不决,而最终"我"确实是有轻松、舒畅、舒适这一面的了。而且在这"近"的理解里,这也并不完全是反语,这其中可能的逻辑大概是这样的:"我"回答灵魂是有的、"我说不清",都是为祥林嫂着想的,是属于站在他人立场、充分揣摩他人心意的思维方式,但结果依然是一样的无效、无意义。这就给了我一个教训或者说教益,也可以说是个启示吧,就是:"我"想明白了,祥林嫂之问本来就是个悖论,这根源于祥林嫂的荒诞处境,因为她既需要有灵魂,从而能见到儿子阿毛,又需要无灵魂,从而没有地狱。这本身就是个无从选择的悲剧。而祥林嫂之死也是必然的,是"穷死的",是"我"没有能力缓解,也没有办法解决的。那么所以,那就还不如直面真实的状况,说出"我"的真实想法。一句话,这个反转是非常重要的,是属于思维方式的重大变化,而且是面向未来的,对今后的自己特别重要。这,也就是鲁迅后来在杂文里写得更清楚的,真诚地、深入地、大胆地看待人生。

但在我看来,这样一种"近"的理解,也显然有其不能完全自圆其说的地方。典型的如这一段,我来念一念:

> 不如走罢,明天进城去。福兴楼的清炖鱼翅,一元一大盘,价廉物美,现在不知增价了否? 往日同游的朋友虽然已经云散,然而鱼翅是不可不吃的,即使只有我一个……。无论如何,我决计明天要走了。

这个段落,便无论如何不能不读作是鲁迅反讽的笔触。所以,在小说叙述者"我"与鲁迅的距离问题上,我最终采取的看法是,这在小说《祝福》中并不确定,或者说时远时近,甚至于在同一个文本的细部,既可以读作远,也可以读作近。

我们前面之所以花那么大功夫、那么多时间来追究辨析这个问题,其目的也不是为了判明谁高谁低,而是——由此更充分更细致地打开文本,更深入地把握作品的复杂性与丰富性。事实上,正如小说叙述者"我"的形象和观念,还需要大量文本外的材料,比如鲁迅当年的思想状况来参照、来定位一样,在文本的内部,说到底,无论叙述者"我"与鲁迅的距离是远是近、多远多近,"我"这个知识者由祥林嫂所期待的拯救自己的最后一根稻草,而变成了压死祥林嫂的最后一根稻草，这个结论，则是肯定的。小说《祝福》由此将"我"的故事与祥林嫂的故事连接起来，使这两个原来不怎么完整的故事统合为一个完整的《祝福》故事，这个推论也是肯定的。

《祝福》通过"祥林嫂之问"照见了"我"的灵魂，通过"祥林嫂之死"逼使"我"这个知识者绝望，并在袒露绝望的过程中挣扎出轻松与舒畅，从而让写作者鲁迅在"彷徨"中走向了反抗绝望之途。

好，讲到这儿，轻舟已过万重山，下面将是《祝福》的最后一讲，请大家不妨先想一想，一篇《祝福》为什么会读得如此复杂？

学习《祝福》的启示——小说的读法

我们聚焦小说叙述者"我"，把"我"的心理故事竟讲得那么曲折、纠结乃至缠绕，实话说我也是始料未及。大家是觉得太烧脑，从而躺平放弃了思考，还是反而激发了好奇心，有意进一步搞清楚《祝福》为何可以读得如此复杂，那么多研究者怎么会有那么多复杂、深奥的阐释呢？我当然希望是后者，我们也就可以进入最后一部分了：学习《祝福》的启示——小说的读法。

这讲的就是一个方法的问题，而方法总是比较枯燥，或者说也比较干燥的，就像现在有一个词叫"干货"。但是，方法一旦掌握了，而且我强调不是掌握了它的语词，而是能在具体的阅读实践中多了理论武器，多了方法的武器，那肯定有助于你比原来更好地读鲁迅更多的小说，还可能包括其他更多的文学作品。

复杂的问题简单地来讲。普通读者也不必完全搞明白，研究者是怎么从《祝福》里读出那么多复杂深奥的东西来的，那么我想主要讲两大方面的问题。首先是珍视自己的阅读初感，也就是我们作为普通读者本真的阅读直觉，第一反应。

　　这个我们千万不能放弃,比起专业读者来,我们也许有的优势恰恰就在于我们是"天真"的读者。而且要给大家说一个其实是蛮重要的小秘密:普通读者的那样一种阅读的洞察力,说不定还要超过专业读者一门心思地去试图发明新的阐述。比如这篇《祝福》,我们拿起小说从头开始读起,我相信开头那一部分,"我"和祥林嫂相遇的那个场景,尤其是"我"的那种我们前面讲过的,非常复杂而纠结的心理活动,可能早就引起了你的联想,甚至会让你也有一点惴惴不安,莫名所以。

　　十几年前,我做《祝福》的教材设计的时候,就做过一些微型的调查,我发现那时候的高中生读《祝福》,他们就会讲到第一部分,读了很有感觉,虽然他们普遍不知道,这个感觉对《祝福》这篇小说来说意味着什么。而且当时我也去搜读了一些好教案,其中有一位徐振维老师,上海著名的特级教师,跟于漪老师、钱梦龙老师同辈的,可惜她英年早逝了。她有个教案我印象太深刻了,准确地说是一个课堂实录,记录的是 1980 年代初,特别久远了吧,十几年前,看到的又是 1980 年代初的。这个课堂实录很真实,记载了一个非常有意思的花絮:有名同学在徐老师讲课之初,就提出了一个问题,大家猜也猜得出来,是有关小说中的"我"怎么来看待的问题。

　　非常有意思,那个课例很真实,也很长,上了整整三节课,第一堂课就是让学生自己把《祝福》预习一遍。这个做得很精彩,文学作品的教学,学生自己阅读是第一位的。然后,才是徐老师讲《祝福》的主题思想和艺术特色。完了之后,也属于轻舟已过万重山,最后礼节性地问同学们,大家关于这篇小说还有些什么问题吗?结果,还是这名同学又举起手来了,问的是什么?还是执着地追问,老师把祥林嫂的故事挖掘得非常深刻了,那么,《祝福》那个

"我"在小说里面到底派什么用处呢？所以我说，我对大家普遍的阅读初感是很有信心的。我们也应该向这名 1980 年代初的高中生学习，不要轻易地放弃自己的阅读初感，这个是非常珍贵的，你的阅读的直觉。

说到这儿，可能会牵涉到学习文学，或者所有的学习里面都会牵涉到的，一个非常复杂的知识和直觉的关系问题。这个问题太复杂了，我仍然贯彻复杂问题简单来的原则。回到《祝福》，诸位肯定会说我有阅读初感，可我为什么会放弃呢？我告诉大家，这很可能恰恰是因为，你原来所拥有的关于小说阅读的知识，反而构成了你把《祝福》读得更好的障碍。

这话什么意思？就是我们读了《祝福》，对小说里的那个"我"、对"我"和祥林嫂的对话，一直是心有所感，但是，你更可能会面临这样的情境，心有所感，但不知道该怎么表达，尤其是要交作业了，要写阅读笔记了，要交预习的成果了，你就会发现我的妈呀，除了小说知识中学语文的四件套：人物、情节、环境、主题之外，你不知道从何说起，而用四件套那样的知识呢，又没有办法表达那个阅读初感。

不知从何说起，事实上就是你不知道用什么样的新范畴，也就是关于小说的新知识来表述你的感受。当然了，顺便一说，最牛的、最好的研究者是怎样的？就是能由新的独特的阅读感觉出发，而最终发明了新的知识范畴。

说回《祝福》，这就到了第二个方面，我把它称之为"建构小说阅读的新方法"，这下面也有两句话：一是从认知小说不等于故事开始；第二句话也很朴素，就是，要完整地读小说。

先说第一条，从认知小说不等于故事开始。大家可以试着做一件事儿，试着概括一下《祝福》的故事梗概，试试看。这个事似乎很容易，但一旦真去做了，就一定会发现不好概括吧，这是为什么？是因为《祝福》里有两个故事，而且这两个故事还不在一个层面上，不在一个叙述的层次上，你讲了这个好像就讲不进那个，所以，要把《祝福》这种故事里套故事的小说故事梗概写出来，可真心不那么容易。

再比如，中学语文老师可能就是这样教的，读完《祝福》仿佛就看到了祥林嫂的一生，是不是？这就是写实主义小说的魅力。但是如果我们做这样一件事，梳理一下祥林嫂的简要年谱，你就会发现，祥林嫂的一生仿佛是看到了，但事实上小说里只是抓住几个时间段，抓住一些片段来写祥林嫂的。再比如说你好像看到了一个叙述者"我"返乡的故事，但如果给"我"返乡的几天写日记的话，你就会发现，短短的四天好像也没做几个事儿。所以无论是写梗概，还是梳理年谱和日记，都会让你感觉到小说还真不简单地是故事。

有一部越剧电影，大家上网可以查一查，题目就叫《祥林嫂》。这位编导是很自觉的，知道他把《祝福》改编成电影的时候，完全删掉了叙述者"我"和"我"的故事，而剩下的是一个祥林嫂的故事。

小说不等于故事，这个是我们建构小说阅读新方法的开始。有了这个开始之后，接下来是第二个小点，就是要完整地读小说。这句话非常朴素，我们读一篇作品总是从头读到尾。在这篇《祝福》里，如果说只关注祥林嫂的故事，那么小说前面 1/3 上下的那些内容，不就没有用了吗？是不是？

所以小说的头尾当然要读全了，这是个从篇幅意义上关注文本完整性的意思，很简单，就是要把文本读全了。第二点，更小的一点是，我们反复强调的完整读小说，其实是想再次地提醒大家，阅读小说不仅要关注小说讲的是什么内容，还要关注小说是怎么讲的方法，关注小说的叙述者。很大程度上，叙述者也是小说里很重要的一个角色，一个功能性的角色。而在《祝福》里，还不仅是一个功能性的角色，叙述者还参与到了故事里。

那由这个落实到《祝福》，就还有第三点，是还应该关注小说的叙述结构问题。这也是我们前面多次讲的，每篇小说总是一个整体，关注叙述者很有必要，因为叙述者的创造与叙述视角的选择，往往关乎小说的全局，而《祝福》这篇小说，以"我"为叙述者把祥林嫂的故事和"我"的故事交织在一起的这样一个叙述结构，恰恰是这部小说成功的关键所在，或者说鲁迅也正是通过这叙述者的选择和叙述结构的创造，才实现了他要在《祝福》里面所表达的，起码是两方面的主题。回顾一下，第一讲强调什么？是祥林嫂的故事，强调它有一个底层妇女和劳动人民的解放这样的主题，而第二讲强调，《祝福》是以知识者为重要角色的小说，这里面就有知识者的自我反思主题，以及知识分子在中国现代的启蒙中，在中国人民的解放进程中的位置、命运之类的主题。

所有这一切，我们在讲读《祝福》这个过程里，提到或没提到有关主题的那许多阐释，其实万变不离其宗，可以说就是因为，有了比普通读者多出来的东西，是什么？很重要的就是阅读小说的方法，这个方法我再重复一下，必要的重复永远是必要的，就是，第一要认知到小说不等于故事，第二要完整地阅读小说，要关注小说的叙述者的选择和叙述结构的创造。

讲到这里，是不是有点枯燥？那么事实上我多次说过，我讲课是希望做到，一方面讲这个作品是什么内容、怎么读的，而另外一方面，还要把怎么读出来的背后的方法，努力地还原解剖给大家。当然了，建构小说阅读的新方法，我们也还只说到了一些必备的、必要的知识和方法，都只是基础，这方面的路还非常长。另外我其实也经常强调，有文学感悟力更强的朋友，可能并没自觉意识到他有那么多阅读方法,那他靠的是什么? 是靠他不自觉地拿自己的人生阅历和文学作品对话,这就是牵涉我喜欢说的另一个维度的关键词了,大家应该还记得,"想象和移情"。

好,鲁迅的名篇《祝福》我们收束在学习《祝福》的启示,收束在阅读小说的方法这里。但千万请注意,我们不能就方法说方法,更不能唯方法论。假如你还沉浸在前两讲里,假如你还沉浸在祥林嫂的悲惨遭遇中,或者纠结于知识者"我"的那种境遇和困窘里,那我也觉得很好啊,那或许更是文学和我们普通人连接的方式呢。

最后是彩蛋时间,或者说布置思考和作业时间。

一,我前面讲了,以简驭繁,是《祝福》艺术上非常重要的特点。我只选择性地分析了一点,留下了大片空白,请大家自己去细读文本、自己琢磨。

二,我说了《祝福》中的"我"的形象和观念,如果要确定的话,还需要大量文本外的材料,其中比较重要的就是鲁迅当年的思想状况。也就是说我们要对鲁迅这个人,要对鲁迅的传记比较熟悉。鲁迅的传记非常多,我给大家推荐王晓明老师的《无法直面的人生——鲁迅传》。王老师1990年代初写的这本《鲁迅传》,既把鲁迅看成平凡人,同时又不仅是平凡人,你读了就会知道,他把鲁迅写得还非常痛苦,然后如何如何,这个需要大家自己去看。

这里我给大家读一段这本传记里关于《祝福》的一番话:

> 到1924年写《祝福》的时候,他(鲁迅)的犹豫显然消除了。这篇小说似乎是继续《孔乙己》和《明天》的思路,借祥林嫂的故事来表现绍兴社会的一角。可是,就在用平实的白描手法写出祥林嫂的一生的同时,他又忍不住用了另一种繁复曲折的句式,对作品中的"我"细加分析,不惜将"我"的自语和

祥林嫂的故事隔成明显不同的两大块。

他是那样不怕麻烦,翻来覆去谈论"我"在祥林嫂面前的支吾其词,你就难免要猜想,他最关心的恐怕并不是祥林嫂。如果还记得他搬出八道湾时,与朱安做的那一番谈话,如果也能够想象,他面对朱安欲言又止的复杂心态,我想谁都能看出,他这种分析"我"的"说不清"的困境的强烈兴趣,是来自什么地方。

这段话,诸位听了是什么感觉? 我看似乎提示着《祝福》这篇小说另外的读法,是和我讲的差别非常大的。

我也请大家读这本《鲁迅传》时,也可以有现今推荐的所谓"批判性阅读"。这毕竟是 1990 年代初写的《鲁迅传》,你也可以读出传记写作的时代语境,或者读完之后你给王老师提出修改建议和意见。

(据 b 站"倪文尖老师"7 月 31 日、8 月 1、2 日视频整理,略有修订)

鲁迅的"怒其不争"和"反抗绝望"

——从倪文尖老师的《祝福》课谈起

马　臻　长沙市明德中学

华东师大的倪文尖老师在 B 站开课,分析了很多经典的文学作品,我都很喜欢。

例如,他讲鲁迅的《祝福》,有几个地方闪现新意,值得留心。一是祥林嫂是怎么死的,"穷死的",这个穷,牵涉到对于封建社会晚期经济衰败崩坏的分析,倪老师似乎对之前的各种社会论、文化论、礼教论,试图深化、修正。至少礼教之坏,也是有深刻的物质基础的原因,这一点很重要。二是对鲁四老爷和封建社会末期士绅阶层的分析,指出了地方士绅精英的虚伪和无责任感。三是分析了祥林嫂的"争",以及是否应该要对祥林嫂"怒其不争"。他讲得很清楚,"对祥林嫂还要'怒其不争',就太可怕了"。四是关于《祝福》中的叙事者"我"与鲁迅本人的关系问题,倪老师认为这个"我"与鲁迅时远时近、亦远亦近,很复杂,存在着新的理解空间。

这几点,或许在此前《祝福》层层累积的研究史上,都没得到深度开掘。倪老师限于视频授课的形式以及短暂的时间,也没有展开讲。我听完浮想联翩,也想谈一谈这个话题,算是交一份"作业"。

一

首先，我们要确定，祥林嫂"争"（抗争）了没有。

从这个视角来看，祥林嫂还真的是抗争了，而且细细一想，还很大胆，很勇猛地抗争过，远远超出了一般人。小说中有很多细节，但至少有四处值得注意：

一是"逃"。祥林嫂第一任丈夫死去后，她可能知道婆婆会卖她，所以断然逃走。在当时，"逃"也是颇为大胆乃至有一点"惊世骇俗"的了。小说中有一段对话：

> 四婶很惊疑，打听底细，她又不说。四叔一知道，就皱一皱眉，道："这不好。恐怕她是逃出来的。"
>
> 她诚然是逃出来的，不多久，这推想就证实了。

从四叔四婶的"惊疑"和"皱眉"来看，从卫老婆子和祥林嫂本人的隐瞒躲藏来看，"逃"本身是超出一般社会规范的、大胆的行径。果然，后来她被人直接非常暴力地捆回去了，大概她婆婆也知道祥林嫂的勇气和决心，知道劝说无效。

二是"死"。祥林嫂不愿被迫改嫁，到了以死抗争的地步。书中有对话：

> "祥林嫂竟肯依？……"
>
> "这有什么依不依。——闹是谁也总要闹一闹的，只要用绳子一捆，塞在花轿里，抬到男家，捺上花冠，拜堂，关上房门，就完事了。可是祥林嫂真出格，……祥林嫂可是异乎寻

常,他们说她一路只是嚎,骂,抬到贺家墺,喉咙已经全哑了。拉出轿来,两个男人和她的小叔子使劲的撵捺住她也还拜不成天地。他们一不小心,一松手,阿呀,阿弥陀佛,她就一头撞在香案角上,头上碰了一个大窟窿,鲜血直流,用了两把香灰,包上两块红布还止不住血呢。直到七手八脚的将她和男人反关在新房里,还是骂,阿呀呀,这真是……。"

从"可是祥林嫂真出格"、"祥林嫂可是异乎寻常"、"她就一头撞在香案角上,头上碰了一个大窟窿,鲜血直流"来看,祥林嫂不仅是真出格,而且是动了真格,敢于以死相争了。

三是"赎"。这也是倪老师着重强调的一点。但是我们要看看祥林嫂"赎罪"捐门槛的代价,也很惊心动魄了:

> 她整日紧闭了嘴唇,头上带着大家以为耻辱的记号的那伤痕,默默的跑街,扫地,洗莱,淘米。快够一年,她才从四婶手里支取了历来积存的工钱,换算了十二元鹰洋,请假到镇的西头去。

注意一下,祥林嫂的"快够一年"是指她下了决心之后又一年,事实上,在这之前,她在四婶家已经做了相当长一段时间。所以,祥林嫂很可能是拿着自己辛勤苦干了两三年的工钱去赎罪的。这种"默默的跑街"自有一种坚毅,低头拼命干活攒钱也很有韧劲,至于把数年工钱一把捐出,很可以称之为"豪捐"了。从这些细节来看,她算是很"勇猛"的,一般人做不到。

四是"坦然"。祥林嫂捐了门槛赎罪后,心情舒畅,没有负担。虽然在此前数年她在鲁镇饱受歧视、嘲讽和排斥,十分孤苦,雇主鲁四

老爷更是对她嫌弃之情溢于言表。但这并没有让她变得胆小、畏葸、猥琐。她其实是光明正大的,没有阿Q似乎的畏葸、猥琐之气:

> ……但不到一顿饭时候,她便回来,神气很舒畅,眼光也分外有神,高兴似的对四婶说,自己已经在土地庙捐了门槛了。
>
> 冬至的祭祖时节,她做得更出力,看四婶装好祭品,和阿牛将桌子抬到堂屋中央,她便坦然的去拿酒杯和筷子。

这个"坦然"其实很不容易,细想来,一般人也做不到。因为小说中描写,在这之前几年,她已经饱受全镇人的歧视、讥笑和排斥了。哪怕捐了门槛,要做到如此坦然,也并非易事。当然,这只是一例,但是细读小说中对祥林嫂形象的描写,可以看出,她绝不是阿Q那一类胆小、麻木、畏葸,甚至因为自己受着压迫的困苦,而欺侮他者(如小尼姑)的人。

因此,我们可以说,祥林嫂不仅有过"争",而且是颇为大胆、坚毅地"争"。

这与小说中因为一点小利益而违背自己原则的鲁四老爷,以及那个畏首畏尾、忐忑不安的现代知识分子的"我",形成了鲜明对比。

二

事实上,正如倪老师所简略提出的,祥林嫂不仅有"争",而且有"信"。

她对自己的价值、道德准则是有一种真正的相信和确信的。

所以她才有上述种种"异乎寻常"、"真出格"的反抗之举。这不免人想起鲁迅的那句名言:"伪士当去,迷信可存,今日之急也。"

青年时代的鲁迅写过《破恶声论》,批评过那些鄙视民众的"迷信",而自己却没有真正的"信"的士人:

> ……希伯来之民,大观天然,怀不思议,则神来之事与接神之术兴,后之宗教,即以萌蘖。虽中国志士谓之迷,而吾则谓此乃向上之民,欲离是有限相对之现世,以趣无限绝对之至上者也。人心必有所冯依,非信无以立,宗教之作,不可已矣。……顾民生多艰,是性日薄,洎夫今,乃仅能见诸古人之记录,与气禀未失之农人;求之于士大夫,戛戛乎难得矣。

"人心必有所冯依,非信无以立",这是一个很宏大的话题,此处不能深论。但至少在鲁迅这里,士大夫、读书人是没有真正的"信"的,反倒是"气禀未失之农人"有"信"。关于这一点,他曾再三强调:"征之历史,正多无信仰之士人,而乡曲小民无与。伪士当去,迷信可存,今日之急也。"鲁迅在士大夫身上看到的大多是"伪士",他赞许的是"乡曲小民"的"迷信",因为"人心必有所冯依,非信无以立"。

回到《祝福》,根据情节来看,小说中无信仰的恰恰也是"士人",是鲁四老爷和小说仓皇无措、匆匆逃离的"我",而非那个勇敢抗争、默默地勤苦地"赎罪"的祥林嫂。祥林嫂为此付出了自己的一切。当然,这反衬出了她所在的文化的荒诞与可怕。

也许有人会说,祥林嫂没有真正的"争",她只是遵循封建礼法的规法去抗争而已,而不能反思和抵抗封建礼教和传统文化本身。这未免对祥林嫂太过苛刻,是一种不可能的设想。祥林嫂生活在那样的年代和环境中，她接触不到任何能帮助她反思封建文化的信息。在这一点上如果去责备祥林嫂"不争"，那就如同责备一个人为何不扯着自己的头发飞离地球。这是不可思议的。这一点倪老师也提到了。

而且，即使从这一点来看，祥林嫂恐怕已经做出了最大的努力。她临死前毕竟有过"怀疑"，向压迫她的可怕的封建观念、封建文化进行怀疑。她甚至为此求助于有着现代科学知识的"我"。小说中描写：

> "这正好。你是识字的，又是出门人，见识得多。我正要问你一件事——"她那没有精采的眼睛忽然发光了。
>
> 我万料不到她却说出这样的话来，诧异的站着。
>
> "就是——"她走近两步，放低了声音，极秘密似的切切的说，"一个人死了之后，究竟有没有魂灵的？"

"没有精采的眼睛忽然发光了"，祥林嫂的追问是很不容易的。她在努力摆脱压在她灵魂深处的可怕的幻象。这是她最后的挣扎。可惜，小说中的"我""很吃惊，只得支吾着"、"匆匆的逃回四叔的家中"，没有任何定力与勇气，施以援手。

祥林嫂在她可能的范围内，恐怕已经作出了最真实、最努力的反抗。我想，鲁迅也不可能不近情理、脱离实际，要求祥林嫂有现代知识分子的批判和抗争意识。他也不可能因为祥林没有如此抗争，而感到"愤怒"。

那么，假使我们判定鲁迅对祥林嫂没有"怒其不争"，我们是否可以由此推进一步，讨论鲁迅对于一般下层民众是否有"怒其不争"的态度呢？

读鲁迅的小说,我们可以将他笔下受压迫的底层民众,简单地分为两类:

一类是质朴、勤劳、受苦、沉默的底层民众,如祥林嫂、闰土、单四嫂子等等;另一类是也受了压迫,但却狡猾、颟顸、可笑、怠惰,甚至欺侮他者的底层民众,如阿Q一类。

对前者,我们实在在鲁迅笔下看不出"怒",应该说,看到的是鲁迅深切的悲悯,是"哀其不幸",并由此反思深广的社会现实;对后者,我们其实也看不到"怒",在《阿Q正传》一类的作品中,我们看到的大多是悲悯冷峻或笑中带泪的揭露、讽刺。即使是那篇开山之作《狂人日记》吧,借狂人之口涌出的,也大多是恐惧、焦虑和呐喊,是对"吃人之人"(同时也是被吃的人)的深切焦虑和痛苦。

因此,其实在鲁迅的小说中,很少有"怒其不争"的"愤怒",鲁迅往往以冷峻或热切的揭露、嘲讽居多。

事实上,如果我们追问"哀其不幸,怒其不争"这八个字的来源,会发现,鲁迅从来没有用这八个字,表达过对自己笔下底层民众的态度。这八个字在鲁迅的文集里,只出现在1907年所写的《摩罗诗力说》中,他评论英国诗人拜伦时说:"(诗人)重独立而爱自由,苟奴隶立其前,必哀悲而疾视,哀悲所以哀其不幸,疾视所以怒其不争……"这是鲁迅说拜伦对他的不觉悟的英国同胞的态度。

鲁迅很坦率,谈论自己的小说,一般说的都是:

说到"为什么"做小说罢,我仍抱着十多年前的"启蒙主义",以为必须是"为人生",而且要改良这人生。我深恶先前的称小说为"闲书",而且将"为艺术的艺术",看作不过是"消闲"的新式的别号。所以我的取材,多采自病态社会的不幸的人们中,意思是在揭出病苦,引起疗救的注意。所以我力避行文的唠叨,只要觉得够将意思传给别人了,就宁可什么陪衬拖带也没有。

"多采自病态社会的不幸的人们中,意思是在揭出病苦,引起疗救的注意",似乎看不出有"怒其不争"的意思。即使他晚年说自己的《狂人日记》"忧愤深广"吧,那也是对历史和现实的"忧愤",而并非正对某一群人尤其是底层民众的"愤怒"。

<h1 style="text-align:center">三</h1>

但这绝不意味着鲁迅笔下没有对人和人世的"愤怒"。熟读鲁迅的人都清楚,鲁迅笔下文字,常常有一种极为深广的愤怒,指向人世。在这深广的愤怒之上,甚至由此还衍生出了独属于鲁迅的主题:"复仇"。

我们该如何理解鲁迅的"愤怒",以及这种愤怒带来的绝望和反抗?

也许,鲁迅笔下的愤怒,最直白鲜明的莫过于《淡淡的血痕中》的吧,这一篇卓绝的大文字,我们可以多引用一些:

> 目前的造物主,还是一个怯弱者。
>
> 他暗暗地使天变地异,却不敢毁灭一个这地球;暗暗地使生物衰亡,却不敢长存一切尸体;暗暗地使人类流血,却不敢使血色永远鲜秾;暗暗地使人类受苦,却不敢使人类永远记得。
>
> 他专为他的同类——人类中的怯弱者——设想,用废墟荒坟来衬托华屋,用时光来冲淡苦痛和血痕;……几片废墟和

几个荒坟散在地上,映以淡淡的血痕,人们都在其间咀嚼着人我的渺茫的悲苦。但是不肯吐弃,以为究竟胜于空虚,各各自称为"天之僇民",以作咀嚼着人我的渺茫的悲苦的辩解,而且悚息着静待新的悲苦的到来。新的,这就使他们恐惧,而又渴欲相遇。

这都是造物主的良民。他就需要这样。

叛逆的猛士出于人间;他屹立着,洞见一切已改和现有的废墟和荒坟,记得一切深广和久远的苦痛,正视一切重叠淤积的凝血,深知一切已死,方生,将生和未生。他看透了造化的把戏;他将要起来使人类苏生,或者使人类灭尽,这些造物主的良民们。

通篇读下来,当然可以感受到鲁迅那种"愤怒"的深度和强度。他愤怒于"造物者"以及"造物者的良民们",这些受苦的、受压迫的良民们是"怯弱者",是善于遗忘的、"咀嚼着人我的渺茫的悲苦"的顺民,他们不敢"正视"、不敢铭记、不敢看透,更不敢叛逆。而"叛逆的猛士"的选择更是决绝得惊世骇俗,他"要起来使人类苏生,或者使人类灭尽",这是何等的愤怒。所谓"地火在地下运行,奔突;熔岩一旦喷出,将烧尽一切野草,以及乔木,于是并且无可朽腐。但我坦然,欣然。我将大笑,我将歌唱",这背后汹涌澎湃的思想感情,可谓惊世骇俗,深广无比。

但是,这一篇作品我们至少要注意三点:一,这些文字写于"段祺瑞政府枪击徒手民众后",正是激于时局的愤怒之笔,这个具体的事件背景不能忘。二,鲁迅在文字中,涌动着对人的某种品性的愤怒,和对这个世界的根底性的一种反抗。注意,他反抗的是人心的普遍性质(所谓"良民")和世界的整体结构(造物主和良民之间的怯弱），这种具有象征性的写法，确实是指向"猛士"之外的一般所具有的品性，而不是单纯针对某一个阶层或者某一种人。三，即使这样，他也没有怒，或者说，他的怒，不是我们一般意义上的"怒"，他尤其是没有怨恨性狭隘的怒。在这篇文字中，他的深广无比的愤怒是现实的，也是超现实的，指向宇宙、世界、人间（造物主），也指向人群、世俗（良民们）。他指向世界和人心的根底和整体。这种大怒，在中国的文学史上，似乎独属于鲁迅。

要理解鲁迅这种对在宇宙世界、世道人心的根底性的批判、拒斥和大怒，我们必须更为简洁地回顾几篇鲁迅的作品。在那篇奇特的谈论自己之所以创作小说的《呐喊·自序》中，鲁迅说过一句话：

> 有谁从小康人家而坠入困顿的么，我以为在这途路中，大概可以看见世人的真面目；我要到 N 进 K 学堂去了，仿佛是想走异路，逃异地，去寻求别样的人们。

这是鲁迅在现实上，对人群、世俗的批判和拒斥的起因之一。他曾受过伤，要"走异路，逃异地，去寻求别样的人们"。他为什么要逃离？他寻求的到底是什么？

《过客》中说，他必须要"逃离"，他必须要"走"，永不停歇地走，他是绝不能"回转"的：

> 那不行！我只得走。回到那里去，就没一处没有名目，没一处没有地主，没一处没有驱逐和牢笼，没一处没有皮面的笑容，没一处没有眶外的眼泪。我憎恶他们，我不回转去。
>
> 翁——那也不然。你也会遇见心底的眼泪，为你的悲哀。

客——不。我不愿看见他们心底的眼泪，不要他们为我的悲哀。

鲁迅的内心深处，洞察了、憎恶了、也容不了任何的虚假、牢笼、压迫、做作（作戏），这于他而言，几乎是一个根本性的东西。他看的太深广。这宇宙人间，对于鲁迅而言，既是悲悯之地、责任之地、行动之地，但也是痛苦之地、虚无绝望之地、拒斥逃离之地，二者交响在他的心中，衍生出一段宏伟无比的二重奏，融入了他自己的血肉灵魂之中，也切入了社会深层次的权力批判和革命之中。

但这不是怨恨。《颓败线的颤动》一篇最为明证，那是一种直面人心和宇宙的大怒、深怒，一种永不可妥协的根底性的愤怒和反抗，需要有巨大的思想和心灵力量做支撑，是一个孤绝有力的灵魂对我们这些庸众的拒斥。《颓败线的颤动》中，那个牺牲自我的老妇人最终受到了儿女们的背叛和鄙斥，她是如何选择的：

她开开板门，迈步在深夜中走出，遗弃了背后一切的冷骂和毒笑。

她在深夜中尽走，一直走到无边的荒野；四面都是荒野，头上只有高天，并无一个虫鸟飞过。她赤身露体地，石像似的站在荒野的中央，于一刹那间照见过往的一切：饥饿，苦痛，惊异，羞辱，欢欣，于是发抖；害苦，委屈，带累，于是痉挛；杀，于是平静。……又于一刹那间将一切并合：眷念与决绝，爱抚与复仇，养育与歼除，祝福与咒诅……

当她说出无词的言语时，她那伟大如石像，然而已经荒废的，颓败的身躯的全面都颤动了。这颤动点点如鱼鳞，每一鳞都起伏如沸水在烈火上；空中也即刻一同振颤，仿佛暴风雨中的荒海的波涛。

这才是鲁迅的愤怒,这种绝大无比的愤怒,是"将一切并合:眷念与决绝,爱抚与复仇,养育与歼除,祝福与咒诅",是爱与恨、悲与喜、自由与禁锢、爱抚与复仇、绝望与反抗的交相融会。这种强力而决绝的"无词的言语",是独属于鲁迅的。这里有先知似的对人群最大的愤怒、憎恶与拒斥,也有最深的悲悯、眷恋与义无反顾的牺牲。老妇只是出走了。她的心在人间和荒野之间。这里藏着鲁迅"非人间"的一面,超越性的一面。

当然,也许有人会联想起《孤独者》,并指出这篇鲁迅"写给自己"的小说里,有着对人世的愤怒与复仇。是的,我们读《孤独者》,大多会惊异于小说开头结尾的"惨伤里夹杂着愤怒和悲哀"的描写。

> 大殓便在这惊异和不满的空气里面完毕。大家都怏怏地,似乎想走散,但连殳却还坐在草荐上沉思。忽然,他流下泪来了,接着就失声,立刻又变成长嗥,像一匹受伤的狼,当深夜在旷野中嗥叫,惨伤里夹杂着愤怒和悲哀。这模样,是老例上所没有的,先前也未曾豫防到,大家都手足无措了……

> 我快步走着,仿佛要从一种沉重的东西中冲出,但是不能够。耳朵中有什么挣扎着,久之,久之,终于挣扎出来了,隐约像是长嗥,像一匹受伤的狼,当深夜在旷野中嗥叫,惨伤里夹杂着愤怒和悲哀。

这种"惨伤里夹杂着愤怒和悲哀"的处境和情绪,最后甚至让魏连殳在绝境之中选择了"复仇","躬行我先前所憎恶,所反对的一切,拒斥我先前所崇仰,所主张的一切了",这种"复仇"是自我毁灭式的,是嘲弄他者,也毁灭了自我。

但我们要注意,《孤独者》只是情绪上象征意义上的"复仇",只是让他最爱的孩子们磕头作揖而已,只是让那些讨厌的世俗之人"有新的宾客,新的馈赠,新的颂扬,新的钻营,新的磕头和打拱,新的打牌和猜拳,新的冷眼和恶心,新的失眠和吐血……",这里并没有对他人实质性的伤害,恰恰相反,他"迎合"了他人和世俗,他所有的只是嘲弄,在这种嘲弄中埋葬了自己。他其实恰恰是因为爱之深,才带来如此的绝望之感。

这个话题很深,几段话讲不清楚。总之,怒和复仇,都是属于鲁迅的独有的表达,有着深广的情感和思想内涵。这种独特性,在中国文学史上,极为罕见,似乎没有第二例。当然,这种愤怒背后有着非常深刻的绝望,以及由绝望带来的"反抗"。

四

愤怒、绝望、反抗,这三者是连为一体的。倪文尖老师大概也是对此有深入地体会,于是他在讲解《祝福》的过程中,还处理了小说中"我"与鲁迅本人的关系问题,试图从这一关系中,探寻《祝福》的复杂性以及鲁迅"反抗绝望"的可能性。

因此,倪老师在第二讲中,着重处理小说中的"我"和鲁迅自己的关系的问题。确实如倪老师所说,在此前的研究中,有两条思路:一是认为"我"和鲁迅距离很远,是作者鲁迅反讽、批判的对象;二是认为"我"和鲁迅其实比较近,有鲁迅自身的透射,因此,鲁迅也是借这个"我"在反思自己。

倪老师的独特之处：一，他在探讨"我"与鲁迅自身的关系时，认为上述两条思路都有一定的道理，在文本中都能得到一些支撑，因此，他认为二者是时远时近、亦远亦近、可远可近的。"二者不可分出高低"，我们要充分"打开文本的复杂性"。二，他认为"我"的存在，对祥林嫂而言，从"拯救自己的最后一根稻草，变成压死祥林嫂的最后一根稻草"，"将我的故事和祥林嫂的故事结合起来，统合为一个完整的祝福故事"。于是，通过祥林嫂之问，照见了"我"的灵魂；通过祥林嫂之死，逼使"我"绝望。并在袒露绝望的过程中，进入反抗绝望之途。

这观点比较辨证、深入，深化了我们对于《祝福》以及鲁迅"反抗绝望"的精神的认识，这也引发了我一些思考。

首先，诚如倪老师所说，我们要处理"我"与鲁迅自身的关系问题，除了细读文本，必须有更多文本外的资料的支撑。那么，我们要问一问，在鲁迅小说创作的序列中，他是怎么处理这两者关系的。我们可以对《呐喊》和《彷徨》稍加梳理：

1. 鲁迅《呐喊》《彷徨》中，以第一人称之"我"来做小说叙事的，有13篇之多。也就是说，《呐喊》《彷徨》中过半是以"我"的口吻来叙事的。于是，"我"的故事就是小说中其他主人公的故事熔于一炉，形成学术界喜欢说的"复调"小说。

2. 这十几篇作品中的"我"，基本上是现代是知识分子，也就是说，和鲁迅地位、形象比较接近的那一类人。只有《孔乙己》中的"我"是个旁观的小孩。也就是说，鲁迅很关注知识分子，大部分作品中都写到现代知识分子。而且，在近一半的作品中，以第一人称写知识分子，这些知识分子与他自己是比较相近的一类人，大多是中年知识分子，有过漂泊，有过呐喊，有过彷徨（只有《伤逝》中是两个年轻知识分子）。显然，鲁迅有意将自己的一部分投影到小说中,以之来思考、叩问社会与自我。

3. 在这些以第一人称口吻之"我"来写作的小说中,又大致可以分为两类,一类是通过中年知识分子之"我",来叙述、旁观、感受乡土社会、底层人民。如《故乡》《祝福》之类,"我"与闰土、祥林嫂之间的关系。第二类是通过知识分子之"我",来叙述、旁观、感受与我关系非常密切的知识分子,这些被观察和叙事的知识分子,几乎和那个"我"是同一类人,是亲密的、思想情感很接近的朋友,如《在酒楼上》《孤独者》《伤逝》等,也就是说,这一类知识分子之"我",其实是用来反观和反思自身的。因此,虽然同样是"复调"小说,但是处理的主题不一样,投入内在自我的程度和深度也不一样。事实上,哪怕是同样的题材,鲁迅每篇小说的主题都会不一样。诚如茅盾说过的,鲁迅一篇与一篇都不一样,都有创新,作为新文学一代开山宗师,他不重复。

4. 记得以前读过《探寻"诗心":〈野草〉整体研究》,书中提到,鲁迅因为新文化运动转入低潮、兄弟失和、家庭问题、自身健康等问题,遭遇了生平的第二次精神危机,或者叫做"呐喊"之后的第二次绝望①。当时结合自己的阅读体验(尤其是《彷徨》《野草》),觉得这个说法也有一定的道理,作者的分析也极其细致深入。于是,我查了一下《祝福》所在的小说集《彷徨》,梳理了一下这部小说集的写作时间表。

其中的小说创作时间,排列如下(鲁迅自己就是这么按时间排的),从时间段落来看,可以分为三组:

第一组:《祝福》1924 年 2 月 7 日《在酒楼上》1924 年 2 月 16

①　汪卫东《探寻"诗心":〈野草〉整体研究》第 12—18 页,北京大学出版社,2014年 10 月。

日《幸福的家庭》1924 年 2 月 18 日《肥皂》1924 年 3 月 22 日。都写于 1924 年初，集中在一个多月的时间内。

第二组：《长明灯》1925 年 3 月 1 日《示众》1925 年 3 月 18 日《高老夫子》1925 年 5 月 1 日。写于 1925 年初。

第三组：《孤独者》1925 年 10 月 17 日《伤逝》1925 年 10 月 21 日《弟兄》1925 年 11 月 3 日《离婚》1925 年 11 月 6 日。都写于 1925 年下半年。

可以看出，写作时间比较集中，呈现阶段性。1924 年 3 月 21 日写完《肥皂》，到 1925 年 3 月写《长明灯》，几乎隔了一年的时间才动笔。而 1925 年年中也有 5 个月时间没动笔。而 1925 年 10 月 17 日到 11 月 6 日，仅仅在 20 天的时间内，鲁迅完成了《彷徨》中的第三组小说。

这其中隐藏着什么奥秘？

或许，我们初步界定为：《呐喊》《彷徨》中都有"我"的影子。但是，因为种种现实和自我精神困境的浮现，到了《彷徨》的年代，"我"的显然融入更多了，鲁迅的思想和精神发展到这一阶段，面临了新的问题和困境，他必须在小说中反观自我、处理自身的问题。这倒并不一定是指在篇幅上更多了，而是指在程度上更深了，鲁迅投入自己更多了。这个更多，是指把自己的情感、困惑、内在的境遇和挣扎，投入得更深，与所塑造的人物有更深的碰撞、矛盾、交融，展现出更为深广的自我反省的意识，并借以在困境中自我探索，寻找反抗绝望的路径。《狂人日记》《一件小事》《头发的故事》《故乡》《阿 Q 正传》《兔和猫》《鸭的喜剧》《社戏》《祝福》等等，都有"我"，但这个"我"，是乡土社会、民众的观察者。只有到了《彷徨》中的《在酒楼上》《孤独者》《伤逝》等小说，这个"我"才极为深切的变成鲁迅的自我矛盾、自我辩诘、自我探索。

从这一条脉络来看,《祝福》恰恰是在一个前后相继的临界点上,因为他是《彷徨》的第一篇。它上承《呐喊》,下启《彷徨》。

五

或许,我们结合《野草》来看,能看得更清楚。

众所公认,《野草》是鲁迅生命哲学、人生哲学乃至宇宙观、世界观、人生观等等的集大成者,是他探索自我内在心魂、展现自我最内在的困惑与绝望的一组文本。这本书大多是描写黑夜、梦境和奇异的景象。在夜色中、在梦境里、在幻境内,他展示自己深切难言、卓绝奇异的心路历程。

心,不是死的,是随着时间发展而流动的。《野草》里的心路,也有一个发展变化的微妙历程。

我们观察这个时间表,会发现《野草》里,第一篇《秋夜》是1924年9月15日写的,到倒数第三篇《蜡叶》,是1925年12月26日写完的。只有最后两篇《淡淡的血痕中》和《一觉》写于1926年4月,是激于段祺瑞政府枪杀徒手民众而写。这个写作时间段,和《彷徨》时间高度重合。我们可以进一步将二者对照:

1. 1924年的写作。从《彷徨》来看,1924年上半年,他动笔写相关小说,《祝福》写于1924年2月7日;《在酒楼上》写于1924年2月16日;《幸福的家庭》写于2月18日;《肥皂》写于1924年3月22日。

从《野草》来看,1924年9月15日夜写下了《野草》的第一篇《秋夜》,接下来的几个月,写了不少散文诗,开始表达、探索自己的心魂。

2. 1925年上半年的写作。从《彷徨》来看,《长明灯》《示众》《高老夫子》等写于上半年。从《野草》来看,上半年写了《过客》《死火》《失掉的好地狱》《墓碣文》《颓败线的颤动》《死后》等,这一段时间写的篇章,是《野草》中的核心篇章,从最初绝望的分裂与彷徨,到开始探索"向死而生",这一组文本中的最后一篇《死后》写于当年7月12日。

3. 1925年下半年的写作。从《彷徨》来看,《孤独者》写于1925年10月17日;《伤逝》写于1925年10月21日;《弟兄》写于1925年11月3日;《离婚》写于1925年11月6日。从《野草》来看,《死后》之后,作者停笔5个月,然后在1925年12月14日写出《这样的战士》。到《这样的战士》,洋溢着执着无比的战斗的意气,反抗了绝望,发展到1926年4月的《淡淡的血痕中》,则凝聚成"叛逆的猛士"形象,"天地于是在猛士的眼中变色"。

上述对比给我们的启示在于,1925年是鲁迅比较集中地探索自我心魂困境的一年,上半年他主要通过《野草》写作来探索,从绝望走向"绝望反抗",再走向"反抗绝望",下半年在《彷徨》中推出了《孤独者》《伤逝》等代表性篇章,并在《野草》中推出《这样的战士》这样的篇章,渐渐走出绝望性的处境。

而问题就在这里:倪老师认为在写于1924年初的《祝福》中,"我"的存在,对祥林嫂而言,从"拯救自己的最后一根稻草,变成压死祥林嫂的最后一根稻草","将我的故事和祥林嫂的故事结合起来,统合为一个完整的祝福故事"。于是,通过祥林嫂之问,照见了"我"的灵魂;通过祥林嫂之死,逼使"我"绝望。并在袒露绝望的过程中,进入反抗绝望之途。在这一点上,值得商榷。

商榷的核心点在于:那个"我"在《祝福》结尾,并在袒露绝望的过程中,进入反抗绝望之途。这里需要商榷的有两点:第一,我觉得《祝福》中主要能够表达的,不是那个"我"或者鲁迅自身的绝望,即使有,也是不明显的,不是主要的。第二,那个

"我",也没有进入真正坦然、放松的状态,没有在绝望之中能够进入反抗之途。从鲁迅个人的思想状况来看,《孤独者》《伤逝》里得追求"新生的路"和"坦然"才是真正的坦然,才能达到倪老师所说的那种境地。

事实上,鲁迅 1924 年初写《祝福》时,刚刚面临和进入他的第二次精神危机,彼时《野草》尚未开笔,而《彷徨》中那些真正面对和探索自我的小说,也都还没动笔。在《祝福》这个临界点上,鲁迅笔下的"我",观照的主要还是乡土社会的底层民众,而不是和他自己极为接近的中年现代知识分子。

六

我们回到《彷徨》中的小说细节之中,可以得到很多佐证。

首先,我们分析从《祝福》开始,鲁迅笔下以"我"为叙事人称的小说的结尾。《祝福》之后那些以第一人称反思知识分子的小说的结尾,具有某种微妙的共同性:

> "那么,你以后豫备怎么办呢?"
>
> "以后?——我不知道。你看我们那时豫想的事可有一件如意?我现在什么也不知道,连明天怎样也不知道,连后一分……"
>
> ……我们一同走出店门,他所住的旅馆和我的方向正相反,就在门口分别了。我独自向着自己的旅馆走,寒风和雪片扑在脸上,倒觉得很爽快。见天色已是黄昏,和屋宇和街道都织在密雪的纯白而不定的罗网里。
>
> ——《在酒楼上》

敲钉的声音一响,哭声也同时迸出来。这哭声使我不能听完,只好退到院子里;顺脚一走,不觉出了大门了。潮湿的路极其分明,仰看太空,浓云已经散去,挂着一轮圆月,散出冷静的光辉。

我快步走着,仿佛要从一种沉重的东西中冲出,但是不能够。耳朵中有什么挣扎着,久之,久之,终于挣扎出来了,隐约像是长嗥,像一匹受伤的狼,当深夜在旷野中嗥叫,惨伤里夹杂着愤怒和悲哀。

我的心地就轻松起来,坦然地在潮湿的石路上走,月光底下。

——《孤独者》

我愿意真有所谓鬼魂,真有所谓地狱,那么,即使在孽风怒吼之中,我也将寻觅子君,当面说出我的悔恨和悲哀,祈求她的饶恕……

……我活着,我总得向着新的生路跨出去,那第一步,——却不过是写下我的悔恨和悲哀,为子君,为自己。

……我要遗忘;我为自己,并且要不再想到这用了遗忘给子君送葬。

我要向着新的生路跨进第一步去,我要将真实深深地藏在心的创伤中,默默地前行,用遗忘和说谎做我的前导……。

——《伤逝》

我们会发现,三个结尾都是离开和分别。与"我"的对应的主人公分别。三个结尾似乎都有倪老师所说的进入绝望,得到某种释放,进而进入反抗绝望之途的意味,因为《在酒楼上》的结尾用的是"倒觉得很爽快"这样的字眼;《孤独者》用的是"我快步走着,仿佛要从一种沉重的东西中冲出""终于挣扎而出""我的心地就轻松起来,坦然地在潮湿的石路上走,月光底下"这样的句子;《伤逝》用的是"我总得向着新的生路跨出去,那第一步,——却不过是写下我的悔恨和悲哀"、"我要向着新的生路跨进第一步去,我要将真实深深地藏在心的创伤中"这样的抒情句子。但是,我们会发现,这三部作品的情绪有深浅之别。从"倒觉得爽快",到"挣扎而出"、"轻松""坦然"等等情绪,最终有了"向着新的生路跨出去"的意味。从这个角度来看,这三篇小说的心绪是在同一个链条上不断发展的。

这与《故乡》《祝福》的结尾中的句子和情绪结构,是很不一样的。《故乡》《祝福》里没有这种经过困境和绝望,然后又"向死而生"的心理、情感结构。当然,借用"向死而生"这样的流行的字眼来形容鲁迅的心理,可能还不是很精确。我们不能够笼统地说"向死而生"。对此,可以略作一点分析:

其一,小说中,与鲁迅相似者、自我投影者的死,才能带来舒畅。那种描写现代知识者的死难病加以反思的,带有自我对话的可能性的,才能给他带来爽快或欢喜。因为鲁迅在观察、省思、探索自我的内在困境,将之引申到绝境。而不是他者的死,或者底层人民的死,能给他以"爽快"或"坦然"。因为那是他者,是与他决然不同、却又血肉相连的他者、民众。在我的感觉中,闰土的麻木、阿Q的猥琐荒唐、祥林嫂的勤苦可悲,大概都不足以带来这种"向死而生"的生存升华。

其二,这种死,不是"顺民"的死,而必须是抵抗、反抗中的大爆发、大毁灭,是一个命运悲剧及其反抗的呈现。《在酒楼上》中的吕纬甫,曾经有过抵抗,而如今全面沉沦,毫无斗志和振作的希望,这一篇作品的结尾的"爽快",虽有自我对话、自我辩诘之后的释放,但是还没有将这个大冲撞、大悲剧用强有力的力量展现出来。虽然有"向死而生"的意味,但我很怀疑,在1924年初刚刚面临第二次精神危机的鲁迅,可能是在这种"向死而生"中得到更多的摆脱的"爽快",但迎面的依然是扑过来的风雪,"我"行走在"大风雪"之中。而《孤独者》中魏连殳抵抗了社会,向社会"复仇",最后在自我嘲讽和毁灭中病亡,这个悲剧进入高潮,因此,魏连殳死后,"我"才能那么"坦然"、"轻松",而且是"走在月光地下"。为皎洁清冷的月色所洗浴;《伤逝》中,年轻的子君才是真正无畏的拥有过爱情,并凭借这爱情的美好幻影,勇敢地向社会反抗过的人,你可以反思她并没有真正独立的启蒙意识、自我意识,她对独立、人格、启蒙、人生、理性并没有深刻的领悟。但是,那份真的爱情,对她而言,却是一种真正的"信仰",而不是那个更有思想性的"我"(涓生)所能拥有的。子君用她的死,反映了时代的现实、反思了知识分子自身启蒙的困境,在这个绝大的悲剧中,她有过抵抗和行动。所以,这个最后的"向死而生",其面向"生"的程度增长了很多,向来严峻的鲁迅,竟然思考并写出了"新生的路"这样的词汇。

其三,结合鲁迅个人的精神发展历程来看,这种"向死而生",在《祝福》和《在酒楼上》的写作时期(1924年初),还没有真正出现。从《彷徨》和《野草》内在的脉络发展来看,这个"向死而生",在死亡和悲剧的大冲撞、大毁灭中,领悟生存的另一重可能性,要到1925年下半年,即《彷徨》中的《孤独者》《伤逝》写作的时间段,或者说是《野草》中写作《死火》《失掉的好地狱》《墓碣文》《颓败线的颤动》《这样的战士》的阶段。细读《野草》,也能发现这一向死而生的大脉络,蜿蜒在整本《野草》的山长水阔、月黑天高的风景间。这个过程中,有内在自我的分裂和冲突、撕扯和挣扎、绝望与希望,是一个在不断的层层否定中瓦解一切,在最彻底的瓦解中,又不断获得绝望性的力量的过程,是一个独特的"抉心自食,欲知本味"的过程。

如何能让绝望中的鲁迅"倒觉得很爽快"? 在此,我们应该能够明白一点了。

综上所述,无论是结合《彷徨》《野草》来考察鲁迅的精神发展轨迹,还是回到《彷徨》内部的小说细节来窥看鲁迅的心绪特点,我都认为,在《祝福》中,作者鲁迅对小说中的"我"的描写和心理刻画,仍以"反讽"为主。但这个"反讽"并不意味着鲁迅将他自己和小说中的"我"拉远了距离,恰恰相反,鲁迅常常不惮于在小说中省视、反思自我,因此,正如倪老师所言,这个"我"与鲁迅自己的距离,是亦远亦近,时远时近的。《祝福》最后的那一个绝大的反讽,或许未尝不是鲁迅对自己的一个省视和警醒。

祥林嫂的临终前的怀疑和询问,以及她最终孤独悲惨的死亡,虽然给小说中的"我"提出了巨大的逼问,但这个逼问,还不是鲁迅内心深处最绝望、最内在的投影。应当说,这个逼问,事实上是在拷问现代启蒙知识分子的限度和弱点。是探讨一个知识分子和民众之间关系的话题,而不是内在于鲁迅自我生活、命运、灵魂最深处的绝望挣扎。

这一点微妙的区分,可能就是我们容易忽略的地方吧。

《孔乙己》叙述者立场的语用学分析

——兼谈叙事学理论在语文阅读教学中的限度

刘　辉　上海师范大学人文学院

《孔乙己》这篇小说发表于 1919 年,至今已过百年。一百年来,对《孔乙己》进行解读分析的文章数量庞大,且还在不断产生。这种情况在很大程度上应当归因于这篇小说的复杂性,尽管其篇幅并不大。在所有这些探讨当中,最令我们感兴趣的问题是:这篇小说中的叙述者究竟是以何种情感态度(即立场)看待孔乙己的?

无论在文学界的还是在语文教学界,对这一问题的回答都存在着对立的两极。其中一方认为,"我"在叙述时已经和其他看客一样,对孔乙己抱有冷漠、麻木的态度。持此观点的最具代表性的著作当属钱理群先生的《〈孔乙己〉叙述者的选择》,[①]这篇论文在文学界和语文教学界都产生了巨大的影响。而另一方则认为,"我"在叙述时其实是同情孔乙己的。就我们所知,这种看法至迟在 20 世纪 80 年代就已出现,比如日本学者丸尾常喜在其著作中就提出,全文具有"清澄的抒情性"正是因为"孔乙己的生活与来路原来是透过篇末小伙计清澈的目光映照的"。[②] 进入 21 世纪之

---

① 钱理群:《〈孔乙己〉"叙述者"的选择》,《语文学习》1994 年第 2 期,第 15—18 页。

② 丸尾常喜著,秦弓译:《隔绝与寂寞——孔乙己的后影》,《鲁迅研究月刊》1992 年第 10 期,第 44—50 页。

后,持此观点的研究者逐渐增加,其中以李铁秀为代表。他在《叙事:〈孔乙己〉——兼与部分研究者对话》①《〈孔乙己〉:是谁在如何叙述?》②这两篇论文中,对文本进行了比较细致的解读分析,借助叙事学理论论证"叙述者同情孔乙己"这一主要观点。

"叙述者同情孔乙己"的主张尽管产生了一定的影响,但并未在文学界和语文教学界成为定论,完全取代相反的观点。统编版教材九年级下册的教师教学用书或许为这种并存胶着的状态提供了一个最好的注脚。在《教师教学用书》第 63 页一道习题的参考答案中,编写者给出了全文最后一句话"流露出小伙计对孔乙己的同情"的答案,但同一页另一道习题的参考答案却又给出了如下说法:

> 作者以一个不谙世事的酒店小伙计的口吻,不动声色地讲述着孔乙己的凄惨遭遇,让人体会到,连一个小孩子都这样冷漠,可见当时社会的世态炎凉。③

在我们看来,这一局面主要源于双方在论证中对文本证据的使用情况:无论是论证中的哪一方,对于文本信息的使用都存在着量和质的不足。从量上说,文本中的很多信息在分析叙述者立场时未被充分利用。从质上说,这些论证对文本信息的处理主要是依靠研究者的阅读直觉,对文本中的诸多语言特征和语用(交

---

① 李铁秀:《叙事:〈孔乙己〉——兼与部分研究者对话》,《文艺理论与批评》2004 年第 1 期,第 57—62 页。

② 李铁秀:《〈孔乙己〉:是谁在如何叙述?》,《黑龙江社会科学》2008 年第 6 期,第 101—104 页。

③ 《义务教育教科书(五·四学制语文九年级下册)教师教学用书》,人民教育出版社 2019 年,第 63 页。

际)特征缺少审慎、细致的分析。对于持"同情"说的研究而言,还有一个因素影响了观点的接受度,那就是持此观点的研究者没有就这一观点在文本内部和文本外部所能产生的关联进行充分展开,于是令人不得不产生一个疑问:在文本内涵上的理解上,叙述者同情孔乙己这一论断会带来什么后果呢? 实际上,有的研究者就是从这一角度对"同情"说进行反驳的。①

从观点上说,我们认可"叙述者同情孔乙己"的看法,但我们认为,这一观点的论证仍需完善。我们的具体完善思路是:对文本的语言特征和语用特征做出必要的分析,用以确定文本信息;根据语用学中关联理论的主张构建语境,将语境同文本信息结合进行加工,并简要评估加工结果是否属于讯递者(包括叙述者和作者)意图。我们的结论是:相比"冷漠"说,"同情"说与文本的语言和语用特征更加吻合,是更具关联的解读;且"同情"说本身也能在文本内涵方面进一步达成更多的关联;以上分析所依赖的语境在叙述者与受述者之间、(隐含)作者与(理想)读者之间均是互为显明的,将"同情"归为讯递者意图是合理的。

本文主体部分安排如下:第一节依据《关联:交际与认知》一书②简要介绍关联理论的部分观点,并对若干基本文本要素做出说明;第二节基于文本展开语义、语用分析,论证叙述者同情孔乙己的结论;第三节将所得结论作为新的出发点,分析该结论引发的更多的解读(达成更多的关联);第四节为余论,将初步探讨叙事学理论在语文教学中的作用。

---

① 蒋祖霞:《有同情心"小伙计"就毁了——〈孔乙己〉再读》,《语文学习》2018 年第 11 期,第 51—53 页。

② (法)丹·斯珀波、(英)迪埃珏·威尔逊,《关联:交际与认知(第二版)》(蒋严译),2008/1995,中国社会科学出版社。

一

作为最重要的语用学理论之一,关联理论内容十分丰富,概念间的逻辑关系也极为严密。出于本文目的的考虑,也鉴于目前已有大量介绍类文章,本文不对"定识""正面认知效果""关联""关联原则"等核心术语展开介绍,有需要和有兴趣的读者可以查阅《关联》一书或相关文章自行了解。(当然,相关的概念、观点在我们的后续分析中依然具有指导作用。)此处我们主要聚焦于关联理论中和语境有关的内容。

关联理论的核心观点是:人类的认知和交际均倾向于追求最大关联。如果一个讯息要对认知主体产生关联,就必须由认知主体(包括受讯者,即接收讯息的交际者)在某一语境中进行加工。关联理论所说的"语境"是认知语境,即认知主体为了加工一个讯息而调用的定识集合。在交际中,理解语句的语境不是在交际发生之前就客观给定的,而是受讯者在交际过程中根据语句信息实时地选择定识构建的。这就意味着,受讯者在选择定识构成语境时必须遵循一定的原则。这里有两个方面特别值得注意。一是从定识的形式上看,构成语境的定识应当能和语句信息或其他定识形成演绎推理,因为在关联理论看来,人在交际时唯一能自动调用的加工机制就是演绎推理。二是从定识对交际双方的认知状态看,要想正确复原讯递者(传递讯息的交际者),应当保证被选入语境的定识对交际双方是互为显明的。(以下简称为"互显"。)在关联理论中,"显明"指的是定识和个人(认知主体)之间的一种状态:一个定识在某个时刻对某个人显明,就是说此人在这一时刻能够感知到或推出这个定识。而"互为显明/互显"则是指如下情况：

    （1）a. 某一定识对交际双方分别显明；

        b. a 这一定识也对交际双方显明。

上述观念是我们分析的制约条件，也是指导原则：第一，对文本信息和解读结果的加工应当尽量追求更多的正面认知效果；第二，我们所构建的语境，其中的定识既要能与文本信息（也是定识）形成演绎推理，同时也要在不同层次的交际上满足对交际者的互显性要求。这里所说的"不同层次的交际"，是指文本内部叙述者和受述者的交际（较低层次的交际）、文本作者和读者的交际（较高层次的交际）。从语用学的角度看，叙述者和作者都属于讯递者，而受述者和读者都属于受讯者。只有我们用于分析的语境在这两个层次上都是互显的，我们才能认定相关解读结果出自两个讯递者的意图。出于阅读体验的考虑，后文的分析过程不会逐一指明推理步骤、正面认知效果类型，也不会逐一评估每一条定识的互显性，需要读者自行判断，或是我们今后另文说明。

    为了便于后文分析的展开，这里还要先对与叙述者相关的一些基本信息做出分析，并顺便说明一下后文要用到的一些提法。

    我们曾经在《从语言学的角度看语文知识》一文中根据文本信息推出（语境蕴涵）：叙述者"我"在 T_N 时是一个三十多岁的中年人。[①] 而作为亲历孔乙己境况的"我"应当是个少年。尽管，这两个"我"实际上是一个个体，但是从思想情感来说却可能是不同的，因此有必要做出区分。为了避免"小伙计"这个提法可能产生的误

---

① 刘辉：《从语言学的角度看语文知识》，《语文学习》2016 年第 9 期，第 8—12 页。

解（比如：这个词究竟是指外延还是指内涵？），我们在后文中将叙述者称作"中年我"，将亲历者称作"少年我"。这一区分进而会带来时间上的切分。在同一篇文章中，我们也指出：文本所述的孔乙己的事迹，其时间下限距离叙述时间有至少二十年的间隔。另外，根据丸尾常喜的看法，"少年我"在孔乙己最后一次到店时产生了立场的转变，我们后文的分析也认可这个看法。为了后文讨论方便，我们先将文本内部的时间做出第一层切分：

T_N：叙述时间，"中年我"叙述孔乙己事迹的时间点。

T_E：事件时间，从"少年我"到咸亨酒店做伙计起直到叙述时间的时间段。

然后再对 TE 进行二次切分，分为三个更小的时段：

T_{E1}：孔乙己最后一次到店前的时段。

T_{E2}：孔乙己最后一次到店的时段。

T_{E3}：孔乙己最后一次离开咸亨酒店后直至叙述时间的时段。

接下来要解决的一个问题是叙述地点的问题："中年我"是在哪里讲述孔乙己的事迹的呢？教师教学用书认为叙述地点应该是一个远离了鲁镇的地方，但并未给出理由。朱亚梅认为，[①]这一判断的依据是文本第一句话：

鲁镇的酒店的格局，是和别处不同的……

———————

① 朱亚梅：《叙述间的温情与希望——再读〈孔乙己〉和〈故乡〉》，《语文学习》2018 年第 5 期，d 第 62—64 页。

并据此推断："中年我"已经去过了很多别的地方。这个推断本身是成立的，因为如果不知道别处酒店格局如何，就不清楚二者的区别。但据此说"中年我"在 T_N 不在鲁镇，其实依据不足。从语用上说，只要受述者不知道鲁镇酒店格局独特性，这句话就是可以对受述者说的（因为提供了新信息）。而满足"不知道鲁镇酒店格局独特性"的人，当然可以是别处没到过鲁镇的人，但还可以是从别处初到鲁镇的人，甚至可以是从小在鲁镇而没去过别处的人。后两种情况都允许叙述地点就在鲁镇。此外，远离了鲁镇的说法也和文本最后一段有矛盾。

　　　　我到现在终于没有见——大约孔乙己的确死了。

这里的"现在"就是 T_N，破折号前的分句意为"中年我从 T_{E3} 到 T_N 一直没有见到孔乙己"。更重要的是破折号前后两个分句构成了论证关系："中年我"根据自己始终没见到孔乙己推断孔乙己可能真的死了。但是，要把始终未见当作推断生死的依据有一个前提："中年我"必须一直处于能见到孔乙己的地方，直至 T_N。因为如果"我"在 T_N 之前就远离了鲁镇（这是孔乙己唯一会出现的地方），就失去了见到孔乙己的条件，自然不能用"终于没有见"来推断孔乙己的生死——孔乙己完全有可能在"我"离开鲁镇后出现过。可见，"中年我"只能在鲁镇做出这个表述，叙述地点自然也就是鲁镇的某处。借助这个结论，我们还可以顺便推断出受述者最有可能的身份——从别处初到鲁镇的人或从小在鲁镇而没去过别处的人。

　　至此，我们得到了小说中叙述行为的基本信息："中年我"在鲁镇（"我"和孔乙己共同生活的地方）向从别处初到鲁镇的人或从小在鲁镇而没去过别处的人讲述二十多年前自己在少年时期亲历的孔乙己的事迹。

二

在"中年我"的叙述中,下面这一段话受到了"同情"说支持者的普遍关注(文本第5段)。

> 听人家背地里谈论,[孔乙己原来也读过书,但终于没有进学,又不会营生;于是愈过愈穷,弄到将要讨饭了。幸而写得一笔好字,便替人家钞钞书,换一碗饭吃。可惜他又有一样坏脾气,便是好吃懒做。坐不到几天,便连人和书籍纸张笔砚,一齐失踪。如是几次,叫他钞书的人也没有了。孔乙己没有法,便免不了偶然做些偷窃的事。]但他在我们店里,品行却比别人都好,就是从不拖欠;虽然间或没有现钱,暂时记在粉板上,但不出一月,定然还清,从粉板上拭去了孔乙己的名字。(方括号为笔者所加。)

不少研究者注意到了"幸而""可惜""免不了"等表达态度立场的词语,也注意到"中年我"给予了孔乙己"品行却比别人都好"这样极高的好评,据此认为,这里突出表现了"中年我"对孔乙己的同情。对于这个结论,我们是完全赞同的,比如品行最好这一评价绝不可能出自一个对孔乙己漠不关心甚至轻蔑鄙视的人。但我们仍然认为相关分析有改善的余地,特别是这样分析前面五句话会错过一些微妙的叙述效果。

我们首先关注的是孔乙己生平信息的来源:"听人家背地里

谈论"。这个引导语意味着方括号内的信息是"我"听说的,这些话也是"中年我"做出的转述,亦即间接引语。由于转述者有权利在间接引语中改变被转述话语的面貌,而谈论又是私密、不公开的("背地里"),因此受述者无法指认间接引语中哪些成分来自原话,哪些成分来自转述者"中年我"。这就使得"幸而""可惜"等词语所表达的同情不能直接归结为"中年我"的立场,而应该首先认定是"人家"的。读者不妨自己做个对比实验:假如删去"听人家背地里谈论",方括号中的信息无论是真实性还是情感立场,都会立刻被归结到"中年我"身上。

不过,如果再仔细考虑间接引语中立场表达的限制的话,我们就会回到最初的结论:这些同情立场是转述者所认可的。设想如下情形:甲乙两队今天将要进行辩论比赛;甲队队员张三辩论水平极高,乙队对其非常忌惮。但临近比赛开始,两队突然得到消息:张三因病不能参赛了。甲队成员李四无意间经过乙队休息室,听到乙队队员在表示庆幸。李四打电话给张三,用间接引语的方式向他转述乙队队员的话。

(2) a. 我刚才听乙队的人说,幸亏你病了。

b. 我刚才听乙队的人说,"幸亏"你病了。

(2b)里的双引号是书面形式,表明这一部分是直接引用。在口语中,双引号的作用可以用韵律等其他手段实现。但无论如何,(2a)并不符合我们对李四转述的理解,因为(2a)没有将"幸亏"标记为对手的立场。这意味着:如果转述者不认可被转述话语中的立场表达,那么这些表达就不能自然地就在间接引语当中。由于"中年我"在间接引语中自然地使用了"幸而""可惜"等词语,因此他是认可这些词语表示的立场的。或许有读者会认为这个分析过分繁琐：反正最后的结论是一样的，何必多做这些分析呢？我们在这里先卖个关子，等到第三节再做回答。

除开"幸而"等词语外，方括号中还有一处隐含了"中年我"对孔乙己的同情，那就是"偶然做些偷窃的事"。假如这一信息确实可靠，就意味着孔乙己的偷窃频率很低。然而这一信息的可靠性却值得推敲。根据"中年我"前面的叙述，孔乙己脸上的"皱纹间时常夹些伤痕"（第四段）。这表明孔乙己时常受伤。再根据其他叙述可知，孔乙己受伤的唯一原因就是因偷窃而被打，便可以推出孔乙己时常因偷窃而被打，最终推出孔乙己时常偷窃这一结论。而这一结论与"偶然做些偷窃的事"不可同时为真！进一步考察叙述中的其他内容，我们认为"时常偷窃"是更为可靠的，至少在鲁镇是人所公认的。我们的依据有两个。第一个依据是，当孔乙己进店时，店内的人笑着喊出"孔乙己，你脸上又添上新伤疤了！"这样的话（第四段）。这里笑的反应和"又"的使用只有在相同情况经常出现的时候才是自然的。显然，鲁镇的人对于孔乙己被打受伤依然习以为常了。第二个依据来自第十段。酒客在告诉掌柜孔乙己被打断腿之后，说"他总仍旧是偷"。"总仍旧"表明了孔乙己偷窃行为的持久性、一惯性。而这个评价并未引起任何形式的反驳。这两处叙述内容都表明，鲁镇的人公认孔乙己时常偷窃。很明显，"中年我"也应当知道并且认可这一认识的，否则他就不应该提供"皱纹间时常夹些伤痕"）。这就意味着，"中年我"自己都不会认可孔乙己只是"偶然做些偷窃的事"。尽管这一信息是"中年我"转述的（至少表面如此），但由于提供信息的目的在于帮助受述者了解孔乙己，因此转述者仍然有责任提供自认可靠的信息。可见，"中年我"在转述时撒了一个有利于孔乙己的谎。显而易见，这样的谎言不会出自漠视、鄙视孔乙己的人，只能出自同情孔乙己的人。顺便说一句：这并不是"中年我"在叙述中的唯一谎言，后文会有进一步的分析。

以上对"偶然做些偷窃的事"的解读支持了"中年我"在 TN 时同情孔乙己这一论断（增力），而叙述中也有明确的证据表明"少年我"对孔乙己的蔑视态度（第七段），由此产生了一个问题："我"对孔乙己的态度（立场）是在何时发生的转变呢？自丸尾常喜以来，一些研究者认为这一转变发生在孔乙己最后一次到店时，也就是 T_{E2}，理由是这里虽然也说了"笑"，但只有掌柜和聚集来的"几个人"笑了，却没有说"少年我"也笑了（第十一段），因此当时的"我"没有嘲笑孔乙己，从而体现出"我"立场的转变。对此，我们仍旧认可其结论，但要完善其解读。

在我们看来，没有说"少年我"笑了并不能直接得出"少年我"在 T_{E2} 没有嘲笑孔乙己的结论。比如在第八段的叙述中，"中年我"同样没有明说"少年我"也参与了"笑声"，但一般读者都会认为"少年我"此时很可能笑了。究其原因，不是因为笑这一行为是否被直显地表达出来了，而在于语境的影响："中年我"此前表示过，在大家调笑孔乙己的时候"少年我"是可以笑的（第七段），而后在"这一群孩子都在笑声里走散了"则接了一句"孔乙己是这样的使人快活"。由于这一部分没有任何线索显示"少年我"对孔乙己的态度有过转变，因此最自然的解读就是态度如一———会"附和着"嘲笑孔乙己。我们认为，第十一段的叙述之所以会让人认为"少年我"在 T_{E2} 没有再附和掌柜等人，同样是来自语境的影响。具体来说，就是第九至十三段的叙述显明了"少年我"对孔乙己关注转态的变化，而这一变化可以作为依据推出"少年我"没有在 T_{E2} 嘲笑孔乙己，并开始以同情的态度看待孔乙己。

"少年我"对孔乙己的关注状态在叙述中没有任何直显的表达,但可以联系第九段和第十段的相关信息推断出来。

> (3) a. 孔乙己是这样的使人快活,可是没有他,别人也便这么过。(第九段)
>
> b. 我才也觉得他的确长久没有来了。(第十段)

(3a)这个转折表明:孔乙己对别人的生活一点儿都不重要,因此别人不会特意关注他。(3b)是"少年我"听到掌柜说"孔乙己长久没有来了"之后的心理活动。这里最值得注意的是"的确"一词。(这是"的确"第一次在文本中出现,第二次则是在"大约孔乙己的确死了"一句中。)我们曾经给出过"的确"的语用条件和其自身的意义(参考文献[8]):"的确"是对语境中关于一个信息的质疑做出肯定的确认。具体到(3b),就是"少年我"对掌柜"孔乙己长久没有来了"这一信息产生了质疑或不确定,经过思考之后做出了肯定的确认。这意味着"少年我"在 T_{E1} 并没有特意关注孔乙己是否到店。根据前面的叙述,此时的"少年我"对待孔乙己的态度与别人一般无二,因此也可以推知其他人也不会特别关注孔乙己,从而佐证了第九段的说法(增力)。(值得一提的是,(3b)中的"才"意为"事件的实际发生时间晚于讯递者预期的发生时间",也就是说,"中年我"认为"少年我"应该更早注意到孔乙己长久没有来了。)

但这种情况到了 T_{E2} 中发生了变化。变化最先体现在"少年我"对孔乙己的观察上——对孔乙己外貌、穿戴、神情的观察都意味着"少年我"投入了相当的关注。更重要的是,当"少年我"从孔乙己手中接过四文铜钱时,不但注意到了孔乙己手上沾满了泥,还据此推断孔乙己是如何来到咸亨酒店的。这也意味着"少年我"在尝试了解孔乙己更多的境况。不但如此,在孔乙己喝完酒之后,"少年我"依然对孔乙己给予了一定时间的注视,否则他不会知道孔乙己是"坐着用这手慢慢走去了"。值得一提的是,这也是全部叙述中唯一一次提及孔乙己是如何离开咸亨酒店的。

如果说第十一段表现了"少年我"对孔乙己从不关注到关注的转变,那么第十二、十三段则表现了这种关注的延续。先看第十二段:

> 自此以后,又长久没有看见孔乙己。到了年关,掌柜取下粉板说,"孔乙己还欠十九个钱呢!"到第二年的端午,又说"孔乙己还欠十九个钱呢!"到中秋可是没有说,再到年关也没有看见他。

这一段给了五个时间坐标,其中三个都是用了否定句报道当时的情况。用否定句报道新情况有一个条件,就是讯递者预期事件会发生或很可能发生。这一段中的三个否定句就反映了"少年我"在孔乙己离开咸亨酒店后的一年多的时间里对孔乙己的预期:预期孔乙己会再次到店,预期掌柜会在中秋再提孔乙己还欠十九个钱。这两个预期又各自蕴涵同一个预期:孔乙己还活着。这个预期同"孔乙己会再次到店"的关系十分明显,但与"掌柜会在中秋再提孔乙己还欠十九个钱"这个预期的联系则不够显豁,有必要略作说明:孔乙己是孤身一人,如果他死了,"人死债消",掌柜就不会在算账的日子提孔乙己的赊欠了;因此,只要掌柜还提孔乙己欠着钱,就意味着孔乙己还活着。也就是说,在孔乙己离开之后,"少年我"一直期盼孔乙己活着,期盼孔乙己能再来店里。这些期盼都指向孔乙己获得更好的生存状态,因而蕴涵着同情的态度。

而第十三段"我到现在终于没有见"这个否定句则把这些期盼延续了二十年。（当然，第十二段的两个肯定句也可以反映出"少年我"在 T_{F2} 对孔乙己的关注：如果不是对相关信息给予了足够的关注，一个人不可能在二十年后仍然清楚地记得这样一句话何时说了，何时没说。）

我们认为，关注状态的改变和带有同情的预期的出现表明了"少年我"立场的转折点就是孔乙己最后一次到店，也正是这些因素导致读者认定"少年我"在当时并没有参与嘲笑孔乙己。

至此，我们基本完成了对本文核心观点的论证："中年我"对孔乙己是同情而非冷漠的，这一转变是在"我"的少年时期完成的。在下一节，我们将以这一观点为前提，探索它能够带来的关联，从而更好地为这一观点辩护。

三

本节将主要从两个角度巩固上一节的成果。第一个角度就是探索"同情"说在文本中能够带来的更为丰富、深入的解读。

如果"中年我"是同情孔乙己的，我们会遇到一个矛盾：根据前面的解读，在能够附和着嘲笑孔乙己的时候，"少年我"对孔乙己是漠不关心的，以至于连孔乙己多久没有到店都印象模糊，怎么会因为只有孔乙己能让"我"笑而把孔乙己的言行事迹记上二十多年呢？而当"我"对孔乙己给予足够关注的时候，"我"已经不会去笑他了。可见，"只有孔乙己到店才能笑几声"不可能是"我"一直记得孔乙己的真实原因，真实的原因只能是孔乙己的凄惨境遇给"我"带来了巨大的震动——"中年我"在这里撒了谎。（这就是前文预告的另一个谎言。）一般而言，人只有在说谎比说实话更有利于自己的时候才会说谎，由此可知，"中年我"在叙述时不敢说出自己一直记得孔乙己的真实原因，至少认为说出真实原因对自己不利。联系我们在第一节关于叙述地点和受述者的分析以及文本内容，不难做出如下推断：除了"我"以外，鲁镇中没有一个人是同情孔乙己的（至少在公开场合是这样），而"中年我"是在鲁镇进行叙述的，受述者中可能有鲁镇的人，甚至其他鲁镇的人也可能知道"我"的叙述内容；一旦"中年我"公开自己记得孔乙己的真实原因，就等于把自己放到了和全鲁镇的人相对立的立场上了（和孔乙己的立场是相同的）；如果鲁镇容许这样的对立，"中年我"是可以大胆说出实话的；但既然"中年我"选择了撒谎掩饰，就说明至少在他看来，鲁镇不容许存在这样的对立。很多研究者和读者都认为《孔乙己》的叙述让人感觉格外地"冷"，从我们的解读看，这或许是因为叙述中存在着双重的"冷"：对孔乙己的"冷"和对同情孔乙己的"冷"。如果把对孔乙己的同情看作一种觉醒，这种"冷"就是对觉醒的压抑和排斥。我们在第二节中留了一个疑问：为什么要仔细分析"听人家背地里谈论"对叙述者立场的影响？此处对"中年我"的处境分析做出了回答：正是因为"中年我"要避免与鲁镇人的直接对立，他才需要用"听人家背地里谈论"为自己的立场稍作掩饰。

如果"中年我"是同情孔乙己的，那么不但整个叙述都充满了叙述者的自我审视，而且某些细节还会因为汇聚了多重态度而产生非常复杂的理解，进而产生诗意效果。比如第八段中这部分叙述：

> 孔乙己着了慌，伸开五指将碟子罩住，弯腰下去说道，"不多了，我已经不多了。"直起身又看一看豆，自己摇头说，"不多

75

不多！多乎哉？不多也。"于是这一群孩子都在笑声里走散了。

孔乙己这里所引用的"多乎哉？不多也"出自《论语·子罕》,完整形式是"君子多乎哉？不多也"。受述者和读者如果具备这一知识,就可能在如下方向上对这一叙述做出理解:

(4) a. 孔乙己没有像引用"君子固穷"那样保留"君子"一词,是隐晦的自比君子,还是无奈的自嘲?

b. 酒店里其他的人只把这句话看作是孔乙己不合时宜的卖弄。

c. 那时的"我"应该也会因为这一举动而笑话孔乙己,但能否想到 a 中的两种可能? 如果想到了,那时的"我"会作何感想?

d. "中年我"有可能会想到 a 中的两种可能,或许会因此生出无奈(对于自比君子)、怜悯(对于自嘲)。

e. "中年我"对 b、c 作何感想?

f. "中年我"对那些在笑声中散去的孩子抱有什么样的看法和态度?

在上面的理解中,我们预设《论语》的相关知识对叙述者是显明的,因为"我"读过书,从十二岁起开始谋生,与旧时私塾结业年龄相当,所以"我"应该是读过私塾的,也就应该读过《论语》。(一个佐证是,"我"记得的孔乙己用过的两句文言均出自《论语》。)因此,(4)中的理解方向也就可能是"中年我"意图让受述者(进而是作者意图让读者)领会的,并希望受讯者沿着它们继续探求更多意蕴。其中,(4d、 e、f)成为可能的必要条件就是"中年我"对孔乙己是同情的。

我们巩固成果的第二个角度是对反对意见做出回应。就我们所见,蒋祖霞的《有同情心,"小伙计"就毁了——〈孔乙己〉再读》(以下简称"《再读》")是唯一一篇专门反驳"同情"说的文章。因此,我们有必要在这里对该文做出回应。

概括起来,《再读》一文提出了三条反对意见,我们逐一进行回应。

《再读》的第一条意见是:孔乙己最后一次到店买酒时,"少年我"把酒放在了门槛上,而没有递到孔乙己的手里,这是作者特意用来刻画、批判"少年我"的"恶"的,与"同情"不能兼容。

我们对这条意见的看法是:论者未能结合生活常识和文本信息来评价"少年我"把酒放在门槛上这一行为。在日常生活中,饭馆服务员在上酒水时,规范的做法是把酒水放在顾客面前的桌面上,而不应把酒水直接递到顾客手中。这是因为直接递到手中这个动作体现了支配顾客双手的强烈意图,而这一意图与服务员的服务功能相冲突。在《孔乙己》的第十一段中,"中年我"明确交代,孔乙己当时"在柜台下对了门槛坐着"。由于孔乙己此时已不能站立,无法够到柜台台面,掌柜也不可能允许把孔乙己架到店面里面的餐桌旁,因此这时的门槛就临时充当了桌子,"少年我"把酒放在门槛上也不过是伙计的正常行为,并不能表明"善""恶"等立场。

《再读》的第二条意见是:如果小伙计同情孔乙己,就应该去了解和调查孔乙己的生死,而不是只留下一句无所谓的"大约孔乙己的确死了"。

我们对这条意见的看法是:论者忽视了同情可能带来的不同反应。论者设想的是一个能够采取积极行动的同情者形象,但并非所有的同情者都一定会有行动,因为有些情况下,行动会为同情者自己带来无法承受的损失。所以同情者还有一种可能的表现：不忍心去查证那个更有可能发生的坏的结局，给自己留下一丝希望。此外，我们曾经分析过"大约孔乙己的确死了"的句义和语境蕴涵，并不体现"无所谓"的态度，就不再展开了。

《再读》的第三条意见是：《孔乙己》在《呐喊》中居于《狂人日记》和《药》，如果小伙计/老伙计同情孔乙己，就会弱化作品的批判意义（"改造社会的呐喊"），无法延续《狂人日记》"救救孩子"的呐喊。

我们对这条意见的看法是：本节对"中年我"处境的解读恰恰可以对此做出否定的回应。《狂人日记》中并没有"孩子"的形象，"孩子"只是需要拯救的对象；《药》中出现了两个"孩子"形象，其中夏瑜不仅自己觉醒了，还和同伴们一起甘愿献出生命去唤醒他人。如果《孔乙己》中的"我"对孔乙己的态度存在转变，那么这个"孩子"形象不仅恰好在《狂人日记》和《药》之间形成了一个过渡，而且也与《〈呐喊〉自序》中的思想颇为吻合："我"是鲁镇这个"铁屋"之中寂寞的自我觉醒者，通过讲述孔乙己的遭遇努力增加毁坏"铁屋"的希望。比起单纯塑造一个逐渐被同化的"小伙计"的形象，我们所理解的"我"的形象更能引发人们对社会和改造社会的深刻思考。

四

以上就是我们基于语用学特别是关联理论对《孔乙己》中叙述者立场做出的解读分析。我们选择的语境主要是公共的语言规约和一般的生活常识，在叙述者和受述者之间、作者和（理想）读者之间是应当互显的。加之我们对语境的使用始终是密切联系文本信息的，而文本是讯递者意图最强的证据，因此，我们解读所得的结果基本都可以视作讯递者(包括叙述者和作者)意图传递的讯息。

最后,我们想稍稍讨论一下叙事学理论对语文阅读教学的作用。近年来,越来越多的研究者主张将一些叙事学理论引入语文教学,特别是小说阅读教学当中。但就我们这次研究过程来看,将叙事学理论引入语文阅读教学应当注意叙事学理论的限度——能做什么和不能做什么。我们在研读《孔乙己》的叙事学研究文献时注意到:所有文章中的叙事学理论都是在对文本内容进行细读之后才介入的,其作用主要是从解读结论中提炼出文本的叙事特征,而不是为文本内容与主旨的研读提供驱动或指引。这可能与叙事学特别是经典叙事学的研究重心有关:叙事学研究主要是叙事行为的构成要素和效果的分类描写。这就意味着,当教学聚焦于文本内容与主旨分析时,语用学可能比叙事学更适宜用作知道理论;而当教学聚焦于叙事文本的效果分析和写作时,叙事学理论或许能提供一个比较直观、便捷的操作体系。当然,以上想法还是我们在有限经验内获得的管见,是否恰当仍需检验。

教学案例

《安塞腰鼓》教学实录

执教者：步根海　上海市教委教学研究室

师：上课！

生：起立！

师：同学们好。

生：老师好。

师：请坐。

师：今天我们一起来欣赏雄浑的、豪迈的、惊心动魄的安塞腰鼓。我看刚刚大家已经在读了，说明我们对它已经很熟了，是吧？那我要问的是，你在读的过程当中，尤其是当你大体了解了文章内容之后，你关注到了哪些语言形式？

▲学生思考

师：大家直接告诉我就可以了，关注到了哪些语言形式？

生：我关注到了排比句，文章运用了很多排比句。

师：嗯，排比句，很有文学色彩的一种语言形式。还关注到了什么？

生：还关注到了比喻。它这里面运用了非常多的"什么一样……什么一样……"。

师：又是一些文学的语言表现形式，还关注到了一些什么？

83

生：我还关注到了有很多拟声词，像"隆隆"。

师：好，一种拟声词。还关注到什么？我们读一篇散文，当然需要关注这些语言表现力特别强的语言形式，但是，不只是关注这一类的语言。读一篇散文，我们更重要的是，要理出贯穿在全文的这一条情感脉络。怎么去关注这个情感的脉络呢？除了刚才大家所说的那些很强烈的文学色彩的语言形式之外，还应该关注一些看似平常的，然而又不得不引起我们重视的语言形式，比如说，我们看看第5段，独立成段的是个什么词？

生："但是"。

师："但是"是个什么词啊？

生：转折。

师：是个关联词。我们在使用关联词的过程中，一般不会单独使用、独立成段吧。我们把这叫做"独词句"也好，"独语句"也好，但一个虚词、一个关联词独立成段，这个应该是语言运用中的反常处。（板书：反常）一旦发现反常处，我们就要思考，为什么要如此反常地运用这样一种形式呢？我并不是说我们一定要回答这个问题，而是说我们应该如何思考。第一个，"但是"是转，它转到哪里结束了？A.第7段。B.第7、8段。C.第7、8、9、10、11段。应该转到哪里？这是我们在读的过程中应该要思考的。特别强烈的、鲜明的一个转折，那么我们一定要思考：它转到哪里？刚才我提供了ABC，你们说说看，A还是B？还是C？练习本拿出来，第一个问题是需要回答的。ABC写不写无所谓，你想想看，它转折到哪里结束。

▶学生做练习

师：那么，你要思考，讲转到哪里，你首先需要解决什么问题？"但是"不管反常不反常，"但是"前面总归加得上"虽然"吧。你先

加加"虽然"看。刚刚第一个问题是转到哪里。如果你回答不
出，那么"虽然"在哪里？"虽然"怎么回答？你试试看。

生：我认为"虽然"是在第 4 段。

师："虽然"在第 4 段，读读看。

生：他们的神情沉稳而安静，紧贴在他们身体一侧的腰鼓，呆呆
的，似乎从来不曾响过。

师：神情：沉稳安静；腰鼓：呆呆的。同意吗？（生点头）都同意
啊？那么，1—3 段写了什么？1—3 段不写也罢咯？虽然表演
前那一群后生神情是怎样怎样的，腰鼓是怎样怎样的，就可以
了？1—3 段不是废话吗？那么，你再提炼提炼，你说"虽然"
要加上去，虽然表演前，后生们的神情是怎么怎么的，腰鼓是
怎么怎么的，但是 1—4 段仅仅是在讲后生，在讲腰鼓吗？你
看，像镜头转换一样：第 1 段"茂腾腾的后生"；第 2 段，高粱
地，"他们朴实得就像那片高粱"；第 3 段，南风吹动高粱叶子，
吹动他们的衣衫，这与第 4 段没有关系吗？因此，这个"虽
然"应该指向哪里呀？指向后生、指向腰鼓，同时也指向——
高粱，也就是地理环境吧？于是想想看，"虽然"应该怎样来表
述？不一定现在马上表述出来，但一定要作为我们的思考。
因此，后生们是安静的，腰鼓是安静的，而这个环境也是安静
的，尤其是"噝溜溜的南风吹动了高粱叶子"，看起来是动态化
的，看起来是有声音了，然而这个声音更表现出环境的安静
吧？那么，既然是讲到了后生、讲到了腰鼓、讲到了环境，"但
是"也是依据它来讲的吧？因此，你看，是第 7 段，第 7 段加第
8 段，还是第 7 段加第 8 段一直加到第 11 段？这个问题能解
决了吗？如果第 7 段主要是讲后生、讲腰鼓，表演前和表演中
的一种强烈的反差，那么第 8 段讲什么？——环境变化是吧，

那样安静的、那样困倦的、那样冰冷的都发生了变化。因此，我们通过这个反常首先就知道，这个"但是"前后的内容的提炼，这只是内容，这个内容形成强烈的反差。我们是在读课文、在学语文啊，仅仅关注内容是不够的，你还要关注到在语言形式上，1—4段与7—8段有什么不同？（板书：反差）所形成的强烈的反差，这个反差不仅体现在内容上，同时也体现在语言形式上，我们从表达方式的角度来思考：1—4段主要的表达方式是什么？是描写吗？

生：叙述。

师：是叙述为主。拿句子的形式来说呢？是散句。而到了第7、第8段呢？表达方式是什么？

生：描写。

师：描写为主。而且是整句为主的，尤其是五个比喻。所以我们除了关注到你们平时经常关注的这些语言形式，我们还要关注到一些看似很普通的、无需多关注的。不仅要关注，在关注的同时要思考，再往下走。往下走，恐怕我们又可以一边读、一边提出一些问题来了。我刚才用了A. 7，B. 7、8，C. 7—11，那么我们又可以提出一些什么问题呢？转，转到第8段结束了，场面热烈了，环境改变了。那么接下来，9、10、11是不是也应该提出来一些问题了？拿出练习本。读这9、10、11三段的过程当中，我们可以产生哪些问题？关注到三个"使人想起"，谁来提提看？这三个"使人想起"，跟前面的转折前后的内容联系起来思考，我们可以提出什么问题？谁来提提看？想到过吗？读的过程中想过吗？没想过，没关系，现在开始想。当然，没那么多时间给大家想，回去以后可以继续想。第一：9—11段与前面的强烈的反差之间构成了怎样的一种逻辑联系?(板书 9—11)也就是说,这个场面怎么使人想到这些东西? 第二,这三个"想起",角度有什么不同?"落日照大旗,马鸣风萧萧"知道吧? 出自杜甫的哪首诗啊?

生：《后出塞》

师：《后出塞》是你知道的还是看注释的?

生：看注释的。(师生笑)

师：看注释,那还不够啊。《后出塞》的"落日照大旗,马鸣风萧萧"是指的什么? 夜间急行军的这样一个场面,跟前面的这种壮阔的、豪放的、火烈的场面,有那么一点关联。那样地急速、那样地庄重、那样地充满豪情地往边塞走啊,那么"千里的雷声万里的闪",这恐怕我们在读的过程中是需要思考,跟边塞的夜行军联系在一起,跟高原的雷声、高原的闪电,那种雷霆万钧的气势联系在一起,跟我们的认识"晦暗了又明晰、明晰了又灰暗,尔后最终永远明晰了的大彻大悟"联系在一起。写下来。第二,需要我们进一步思考。再读下去,我们又关注到了什么? 比如,从第 12 段开始,一直到 24 段,在这些内容当中,我们又关注到了哪些语言形式?

生：我在这些段中关注到了一些重复出现的语言形式。

师：重复? 反复。反复出现的,比如说什么?

生：比如说"好一个安塞腰鼓"。

师：第三个,关注到了反复出现的。(板书：3.反复)尽管是反复出现,但是这个"好一个安塞腰鼓"所包含的意思,不尽相同吧。因此我们就要思考,这些反复出现的是怎么一步一步地推进的,这个推进的是鼓点所表现出来的这样一种气势、这样一种内容,同时也是听鼓者对安塞腰鼓感受的一步一步推进。怎么把我们对一步步推进的内容表达出来? 第三个题目。看看第24段上的那样的语言形式："好一个痛快了河山、蓬勃了想象力的安塞腰鼓"，在这样一个艺术的享受过程当中感受到了痛快了河山、蓬勃了想象力的安塞腰鼓。那么，第一个"好一个安塞腰鼓"，也如同24段那样，给它加上一些修饰性、限制性的，怎么加？第13段的"好一个安塞腰鼓"，我们可以表述为好一个怎么怎么的、怎么怎么的安塞腰鼓。在括号里加加看。

生：我不知道可不可以用前文的一些词语。大家看到第7节的倒数第2行，是他形容安塞腰鼓是"多么壮阔、多么豪放、多么火烈的安塞腰鼓"，所以我觉得应该也可以用来修饰13节的。

师：可以到2—7节去找对不对？大家同意吗？你请坐。同意还是不同意？总归表个态略。同意还是不同意？

▲学生点头

师：都认可了？那么我们就要来思考，第7段爆发出一场多么、多么、多么的舞蹈哇，更多是指向这个场面本身，而这个场面后面加了"使人想起、使人想起、使人想起"，这个"使人想起"的内容要这么思考：它之所以这个场面能够"使人想起、使人想起、使人想起"，是因为（板书：是因为）？为什么使人想起啊？这个场面为什么能使人想起啊？因为这个腰鼓打出的是什么？第12段，对，是那么一股劲儿，那急促的鼓点当中让人感受到的是那么一股挣脱了、冲破了、撞开了的那么一股劲儿。因此好一个怎么样、怎么样的安塞腰鼓，是因为急促的鼓点当中，让人感受到了怎么样怎么样的一股劲儿啊。同理，17段，要怎么加？

▲学生思考

师：可以加上什么？那么些内容，14、15、16，组合起来，你可以加

88

上一些怎样的修饰语啊？能加吗？我们一起来读一读。从
14 段开始，"百十个腰鼓发出的沉重响声"，预备读。

▲学生朗读 14—17 段

师：感受到了什么？如果说前面我们感受到的是这样的一股劲
　　儿，那么这里我们感受到的是什么？这个腰鼓是承载着什么
　　的？比如说豪情、严峻的思索、土浪以及阵痛的发生和排解，
　　是不是？当然，还要往下读，我们进一步思考，如果说 13 段的
　　"好一个安塞腰鼓"、17 段的"好一个安塞腰鼓"，是让观众从
　　鼓点当中所感受到的力量、所感受到的它的负重、承载的这些
　　东西，是从鼓声当中感受到的，那么 18 段以后呢？

生：后生

师：只是后生吗？

生：黄土高原。

师：怎么把它组合起来啊？

▲学生思考

师：他是用"好一个黄土高原！好一个安塞腰鼓！"来表述的，我
　　们将这样的语言形式转换一下，还是转换这样一种语言形式，
　　更多的指向的是后生们的舞姿，以及能够释放出这么极为磅
　　礴的能量的后生——生养他们的土地，于是又要回过去思考
　　了，"使人想起、使人想起、使人想起"中有着那么厚那么厚土
　　层的黄土高原生养的元气淋漓的后生们的这么一种气势。因
　　此，这四次的反复，不只是简单的重复，而是鼓点在推进着，是
　　思索在不断地推进着，尤其是特有的黄土高原生养的这么一
　　群茂腾腾的后生，因此到最后呼唤出来，叫"痛快了河山、蓬勃
　　了想象力"，因此他反复将这个场面、将舞蹈者、将鼓点与观众
　　联系在了一起，引发人们的深深的思考。反常处的第四，尽管

89

有许多词语不是简单的反复,但是意思是相近的,叫近义的再现。有哪些词语是一而再再而三地出现的? 找找看,比如 12 段当中,比如 16 段当中,当然,15 段、16 段,一直往后,25 段,哪些词语是近义一而再再而三地出现? 比如说 12 段的"束缚""羁绊""闭塞",15 段的"冗杂",16 段的"阵痛",25 段的"沉重",把它圈一圈。他用这样的一些词语要想告诉我们什么? "晦暗了又明晰,明晰了又晦暗,尔后最终永远明晰了的大彻大悟","大彻大悟"的是什么? 是经过了怎样一个过程才有这样一个"大彻大悟"? 在这样一个过程当中我们是经历了一个怎样的心理变化? 经历了怎样的对人的、对自然的、对社会的、对时代的、对我们的文化的一种理解? 因此,这里我们在读的过程要关注的这些语言形式,与他要表现的永远明晰的大彻大悟之间到底是怎样的关系? 继续思考,我们要关注这些近义的、一而再再而三出现的语言形式,而后再去感受作者所要表达的情感、所要表达的思考、所要表达的对我们文化的理解。来,读到这里再往下读,我们还可以关注什么?

生:我认为我们还可以关注这篇文章中的标点符号。

师:比如说?

生:比如说他用到了很多的感叹号。

师:嗯,尤其是 25 段是吗? 你把这七个词读读看。

生:交织! 旋转! 凝聚! 奔突! 辐射! 翻飞! 升华!

师:把这些都融在了一起,所以他后面用了两个句子:"人成了茫茫一片,声成了茫茫一片"。(向全体学生)他是从标点的使用以及这样一个整句的使用,所引发的进一步的思考。而后我们要回过去,这次思考就使这个安塞腰鼓达到高潮之后戛然而止,是不是又形成一个强烈的反差。前面的强烈反差是让我们感受到什么？这里的强烈反差又让我们感受到什么？

▲学生思考

师：照理来讲，到"痛快了河山"基本可以结束了，是吧。这种壮阔、这种豪放、这种火烈，都已经把它表达出来了，表现出那样一股劲的、承载着曾经有过的种种的思索的沉痛的黄土高原生养的这样一群茂腾腾的、元气淋漓的后生，好像已经结束了，而后面戛然而止，又给读者留下怎样的一个思索的空间？尤其是最后一句，我们仔细看这个句子，你从中感受到什么？你说说看。

生：我觉得他后面在写这个腰鼓结束以后的这个情况，他是想做一个比较强烈的对比，就是这样来表现出这个腰鼓它带给人的影响之深，以至于它在结束以后还没有把它给从这个情绪、气氛里把它给拔出来，所以他说"以致使人感到对她十分陌生了"，而最后一节的这个"一声渺远的鸡啼"，是以动衬静，就是突出这个环境的。

师：以动衬静，你这个词语当然也可以。如同9—11段里面，我们可以想想看，这一声渺远的鸡啼，使人想到……使人想到……使人想到什么？练习本上面写一写。因此今天我们不是来具体分析这篇课文，而是我们怎么走进文本，怎么读出语言文字背后的作者的情感以及与作者情感相关的我们的审美的情趣和丰富的文化内涵。这大概是我们读这篇散文更为重要的。

师：好，时间关系，今天这个课我们就学到这里，但是要留下进一步思考的东西，要交作业的。同学们写一写，第一个，把这堂课（因为时间关系，没法完成）没法完成的这些内容补充完整。第二个，梳理一下我们今天走进《安塞腰鼓》的这个过程，我们应该关注什么？怎么去关注？关注之后发现了什么？做一点梳理。第三个,做一点小儿科的事,做一点词语的比较。词语比较1:第8段之中有一个叫"使恬静的阳光立即变得飞溅了","恬静"圈一圈,把它改成"慵懒"(板书:慵懒),比较比较看,第一个比较。第二个比较:第11段,"晦暗了又明晰,明晰了又晦暗,尔后最终永远明晰了","尔后"圈一圈,删掉,你们觉得怎么样? 第三个比较:第26段,"以致使人感到对她感到十分陌生了","对她"的"对"圈一圈,删掉,比较比较看,你更同意怎样的一种语言表达形式? 行不行?

生:行。

师:回去以后,因为今天课上没那么多时间,大家回去再读读看,也许会产生一点新的感觉。好,就这样吧。下课!

生:起立!

师:同学们再见。

生:老师再见。

《安塞腰鼓》教学实录

执教者：郑桂华　上海师范大学人文学院

师：好，上课。同学们好，

生齐：老师好。

师：请坐！嗯，今天我们要学习的是《安塞腰鼓》，大家是不是学过这篇文章了？

生齐：是！

师：请你们把书合上，检查一下自己的学习成果。在作家刘成章的笔下，安塞腰鼓，这个集音乐、武术、舞蹈于一体的民间艺术形式，有哪些特点？

（PPT 出示问题：作家笔下的安塞腰鼓有什么特点？）

师：不着急，回忆 5 秒钟左右，请至少说 3 个词语，愿意接受挑战的同学赶紧举手！

师：你愿意接受挑战吗？好，试一试，把话筒给他。

生 1：我认为安塞腰鼓是非常的有活力的——

师：接着说

生 1：非常有激情，它的气势非常恢宏

（转身板书：有活力、有激情、气势恢宏）

师："恢宏"二字非常棒，棒在哪里？你们慢慢体会。你贡献了 3

93

个,能不能贡献第 4 个?

生 1:不行。(师生笑)

师:已经很了不起了,在这么短短的几秒钟里面。请坐!

师:有没有同学贡献第 4 个、第 5 个? 现在就不一定讲 3 个了,不要紧张,他已经讲 3 个了,后面就只用作加法就行了。

生举手

师:好,小姑娘尝试!

生 2:嗯,我认为这个安塞腰鼓是非常热烈的。

师:(板书:热烈)好! 来,请接着话筒。

生 3:她把我的讲了。

师:哦,相同的想法。有没有不同的? 姑娘,来!

生 4:富有想象力。

师:(板书:富有想象力)还有什么特点呢? 你们应该听过江南的评弹。这个单元有《社戏》,记得吗? 社戏的演出和安塞腰鼓的演出各有什么特点? 大家也可以比较比较。

生 5:安塞腰鼓是强有力的。

师:(板书:强有力)强有力的,你觉得它和有活力的区别在哪里? 请做一点比较。

生 5:嗯……就是……这个文章里面描写他们的动作,这个幅度是很大的。

师:(板书:幅度大)你换个角度往下讲了,幅度大。请你不要回避我的问题。我的问题是什么?

生 5:嗯……区别。

师:对呀,区别在哪里? 你如果暂时没有想清楚,你可以找一个你想陷害一下的人,让他来替你讲一下。(同学们笑,生 5 将话筒转给另一个男生)

师：来,请说。"强有力"和"有活力"区别在哪里?"强有力"描写的是打腰鼓的,而"有活力"是指什么?很难吗?再找一个人,现在你想"陷害"谁?好,请坐。其他人赶紧想,这个问题不解决,你们就别想下课啊。

生 6：有活力,它指的是他们打安塞腰鼓时的精神,给人带来活力。

师：你们前面两个人下课之后请他吃冰淇淋!我们在回忆学习内容的时候,可以稍许有那么一点层次?这里指一种精神面貌,精神状态。现在我就不再为难你们啊。下课两个小时之后,百分之七八十都会忘掉,这是正常的。难道你们不想做正常人吗?现在打开书,两两交流自己的学习收获,在刚刚这些词语的基础上,还能添加哪几个词语?并且想一想,你添加的词语是针对哪个方面的?

师：各位同学,任务清楚没有?别忙着看,一要回忆什么? ——词语。二要给这些词语——

生 7：分类。

师：噢,比我讲得好。分类!好,开始吧,两个人一起讨论,一起找。

(学生活动 2 分钟,教师巡看同学们讨论情况)

师：差不多了吧。我看你们都是孤军奋战,那就赶紧努力来回答问题,从最后一排开始传话筒,我们来开火车。来,最后一排开始。

生 8：我归纳的词语是"热情澎湃"。

师："热情澎湃",跟"有激情"有什么区别?

生 9：这个"激情"是他们的舞蹈动作,就很富有那种豪迈之情。

师：那你说的热情澎湃指的是什么呢?跟这个不一样在哪里?

生 10：不一样在他们……

师：嗯，"热情澎湃"指的是谁？

生 10："热情澎湃"指的是舞者。

师：那跟"有激情"是不是只有细微的差别？

生 10：是。

师：好，那我们不再往上添，大家下面的交流一定要考虑上面讲过的不再重复，好吗？有细微的差别，我们也不做重点交流了，可以吗？好，请接着再贡献！

生 11：跌宕起伏。

师：跌宕起伏！好厉害，解释一下。（板书：跌宕起伏）

生 11：就是他们的舞姿变化无穷，然后给人一种跌宕起伏的感觉。

师：那你能不能把跌宕起伏这种感受在上面那个地方加一个词？哪个词可以写到这儿？其他同学听出来没有？

师：你，好厉害！来，说！

生 12：刚刚才那位同学提到了安塞腰鼓这个舞蹈动作中变化非常丰富。

师：很好！（板书：变化多）一定要随时把同学的关键点听到，并且做笔记，下次保不准就是别的人来考你。好吗？好，火车开到第二排，来。

生 13：我觉得安塞腰鼓跟黄土高原一样，比较厚重。

师：（板书：厚重 黄土高原）你觉得这个可以归到哪个角度？

生 13：我觉得可以归类到……人的感受。

师：这其实是黄土高原的一个特点。好，请坐，贡献不小，提到了黄土高原，从打腰鼓人的动作已经又增加了一个对象，看，现在有三个对象了！这个是后生们，第一个对象；刚刚讲到观众的感受,第二个;第三个对象是黄土高原。很好!

师:来,第三排的同学!话筒有吗?

生 14:嗯,我认为安塞腰鼓有一种排山倒海的气势。

师:你觉得跟哪个有点接近?

生 14:我们的感受。

师:跟哪个词语意思上很接近? 板书看得见吗?

生 14:跌宕起伏

师:"跌宕起伏"与"气势恢宏"是不是更接近? 好,那有没有其他的贡献?

生 14:嗯……

师:不过你的表达比气势恢宏要形象得多,大家感受到了吗? 排山倒海,用了什么手法? 夸张! 还有呢? ——比喻。他的表达要形象得多,所以我还是写一下,大家也可以记一记啊。前面同学,来,继续开火车。

生 15:我认为安塞腰鼓是具有完美的艺术性的。

师:请再凝练一下,我写什么?

生 15:使人叹为观止。

师:(师生,笑)噢,你好厉害,一下子讲了两个角度,有强烈的艺术性,是指安塞腰鼓表演的水平,而使人叹为观止,又是从观众的感受来说的。非常好! 正因为刚刚你讲的有很强的艺术性,所以他才有这么一些表现。为什么你一转,讲到第二个,老师们就笑了,是因为你转得特别妙。好,来,小姑娘!

生 16:我认为安塞腰鼓是节奏急促,欢快的。

师:写在哪里?

生 16:写到——后生那边。

师:好的,节奏特别急促!(板书有点乱)好,小姑娘!

生 17：我认为安塞腰鼓是和那群后生的一样，元气淋漓。

师：后生们的元气淋漓！这跟厚重一样，都是给人感受，对吧？一组火车开下来，大家有没有发现，我们通过自己独立回忆和翻开书看，对安塞腰鼓这个表演，我们已经有比较多的感受了，对它的特点也有比较多的概括。从几个方面，关注不同对象，讲了它的变化，讲它的力量，讲它的幅度，讲它的节奏。如果再往前看，为什么那么恢宏？场面那么给人以震撼，表演的人是怎样的？

生：茂腾腾！

师："茂腾腾"这个词好！还有呢？人数上，是不是要很多？我们还可以再写，但是这不重要了，我们写多一点少一点没有关系，大致几个方面都有了。刘成章这个作家，用哪些方法把安塞腰鼓写得这么气势恢宏、有活力？这回不开火车可以吗？谁愿意先讲？

（PPT 呈现问题：作者运用哪些方法写出安塞腰鼓的这些特点？）

生 18：我认为作者运用了大量的比喻，请大家看第 7 段，"骤雨一样，是急促的鼓点；旋风一样，是飞扬的流苏；乱蛙一样，是蹦跳的脚步；火花一样，是闪射的瞳仁；斗虎一样，是强健的风姿。"他用了骤雨、旋风、乱蛙、火花和斗虎来比喻安塞腰鼓给人的一种感受，或者是安塞腰鼓打起来的那种气势磅礴。

师：（板书：比喻）为什么这几个比喻的喻体就能够给你——给读者带来这样一个气势磅礴的感觉呢？

生 18：我认为这几个喻体它本身就有一种吸引人视线的感觉。

师：就是视觉感特别强，这样的喻体让我们即使不在现场，没有看

到演出,通过这个文字能够感受到那个画面那个场景。我们
再把这些文字看一看,七年级我们也学过《春》,也有很多比
喻——"红的像火,粉的像霞",还有"雨是最寻常的,一下就是
三两天。可别恼。看,像牛毛,像花针,像细丝"。感觉到与这
篇文章中比喻的区别了吗?

生 19: 我觉得他是用短句的形式。

师: 好!请你再接受一下挑战!

生 19: 排比。

师: 排比,这个也很清楚,不算挑战。

生 20: 请大家看第 7 段,"骤雨一样,是急促的鼓点","鼓点"和后
面的都是把喻体前置。

师: (板书:喻体前置)太厉害了!请不要忙着坐下去,高明的人
要再继续努力一下。你的语感这么好!喻体前置的用意在哪
里?刚刚有同学还说了短句。作者为什么有意把它们分开?
好,有同学说突出强调的效果!太了不起了啊,小姑娘!刘成
章在写自己的创作体会的时候,就讲到这一点,他有意识地去
模仿《阿房宫赋》里面的手法。《阿房宫赋》因为你们现在还没
学,将来到高中要学,现在你们也可以看一看啊,那么好的文
章。还有其他同学贡献吗?小姑娘你来试试吧。

生 21: 我觉得还有对比。

师: (板书:对比)请说一说?

生 21: 请大家看到第 4 段。"他们的神情沉稳而安静",这和他们
在第 7 段"一捶起来,就发狠了,忘情了,没命了"形成了强烈
的对比。

师: 还有没有其他的对比?

生 21: 还有在他们演奏完腰鼓后,请看到第 28 段"当它戛然而止

的时候,世界出奇的寂静,以致使人感到对她十分陌生了"这个鼓声好像是给读者留下了很多的思考空间,运用了对比。

师:从演出时和演出结束,是不是?

生 21:对。

师:一下子给人感觉像是到了另外一个星球。这个对比太鲜明了!请你继续贡献,还有什么对比?

生 21:请大家看到第 18 段,"它使你惊异于那农民衣着包裹着的躯体,那消化着红豆角角老南瓜的躯体,居然可以释放出那么奇伟磅礴的能量。"

师:什么和什么对比?

生 21:他们消化着红豆角角老南瓜的躯体,看起来也许不是那么的强壮,但是他们表演出的安塞腰鼓却是那么的蓬勃有力。

师:有道理吧,吃"红豆角角老南瓜"一般表示这个生活怎么样啊?有些贫困,所以他得出的结论就推测出身体不那么强壮,还是他的生活条件是怎样的?生活质量是比较简朴的,是不是?但是他们表现出来的生命力是极为让我们震撼的。

师:好,你休息一下吧,你的好朋友来说,你们这种互相支持太好了!

生 22:我想补充一下刚才那个同学的话,请大家看第 20 节,"多水的江南是易碎的玻璃,在那儿打不得这样的腰鼓",第 21 节,"除了黄土高原,哪里还有这么厚这么厚的土层啊",我觉得他是把"多水的江南"和"黄土高原"形成了一个对比,突出了这个黄土高原,就是那个安塞腰鼓的活力和激情。

师:你已经讲得够好了,我无需重复。我们找了 4 个对比,其实还有。请你们把这 4 个对比,按照我们刚刚的方法来分类,这回我真心希望你们前后一起讨论一下。

(学生思考、讨论,教师巡视指导)

师：我问了三组,一组已经很清楚,两组还没想法。请有想法的人做出贡献小伙子,你说 1

生 23：我觉得是 1 和 2 一组,3 一组,然后 4 一组。1 和 2 是时间上对比,1 是他们表演前和表演后的对比,2 是演出时和演出结束时候的对比。然后 3 是物质上的对比,是他们生活条件虽然不是那么富裕,但是他们生命力很磅礴。4 是地点上的对比,江南和黄土高原放在一起做对比,突出那个黄土高原的厚重和安塞腰鼓的热烈。

师：(板书：时间,物质? 地点?)他有非常清楚的分类标准。1、2 放在一起有一个时间的标准,这是考虑问题非常好的一个维度。能不能把 1、2、3、4 按照时间先做一个划分之后,再看看 3、4 还有没有再分的可能? 或者按照你说的时间维度是一种分法,4 和前面 3 个明显不一样,不一样在哪里?

生 23：4 它是实际的东西,前面 3 个它都不是用实际的东西来作对比。

师：请坐,你已经贡献很大了。

生 24：大家可以看一下左边这块黑板,就是这个对比,刚才那个 1、2 是写后生的,所以对应黑板上的第一条,然后这边的 3 写人的感受,对应第二条,然后 4 写江南和黄土高原做的对比,对应这边黑板上面写的第三条。所以我也可以认为 1 和 2 一组,3 一组,4 一组。

师：4 写的是黄土高原,是生活条件,生命力是针对谁啊?

生 24：也是后生,但是说人的感受的意思就是说他们的这个舞蹈啊,磅礴的生命力,带给人的这个感受。

师：(板书:关注对象)这个也是一个分类的方法,好的。第一个从时间的角度,第二个是从关注的对象,是从后生、观众的感受,还有一个就是黄土高原这个整体的对象,这也是一个分类的方法。很好啊。还有没有第三种分类的方法?

生25：我认为1和3是一组,然后2一组,4一组。1和3它讲的是后生,它主要就是讲了打安塞腰鼓的人。然后2的话它就是时间上的顺序,演出前、演出时和演出后。然后4的话它其实是根据一个客观的、地理的一个角度来分的。

师：是不是她的表述比刚刚我们的表述更严谨了,演出是整个的状态,不只是后生的状态。我们同学越来越厉害啊,你愿意尝试吗?刚才你说没感觉。现在有没有感觉啊?

生26：还是没感觉

师：没关系。旁边同学来拿着话筒试一试。

生27：其实我觉得1、3、4也可以分成一类,一方水土养育一方人,可能就是因为这样的黄土高原,养育了他们这些茂腾腾的后生。

师：我们同学的感觉非常好!这个是作者写到文章的2/3左右开始着力要写的。你们再把文章看一看?"好,一个黄土高原",那几段里多少次出现了?

大家有没有发现,4组对比,它各自有各自的特点的,对比这个手法是很丰富的。作者的表达有着一种神奇的创造。如果说安塞腰鼓的表演是一个视听的盛宴,那么作者刘成章的表达就是一个语言的盛宴。同意不同意?同意!我们再往下看。(板书:视听的盛宴 语言的盛宴)

师：好。刚刚不是有同学提到排比吗?是你提的吗?啊,没关系。

你是不是觉得一下子就由你来承担重任？我也整理了一些排
比句。请看。（板书：排比）

（PPT 出示例句）

师： 第 7 段：一捶起来就发狠了，忘情了，没命了，三个短语组成
排比，是不是这样的？不同意马上反对，同意就要回应啊。那
下面是句子组成的排比，没问题吧？是什么什么样的句子？
短句，还有呢？倒装。刚才不是讲到了，喻体前置？下面这两
种都是短语，还有段落组成的排比，在哪里？找到了吗？一起
来念一下？

生齐读： "使人想起：落日照大旗，马鸣风萧萧！

使人想起：千里的雷声万里的闪！

使人想起：晦暗了又明晰、明晰了又晦暗、尔后最终永远明晰
了的大彻大悟！"

师： 好，这三段。我们发现刚刚第一点是什么？有的是短语，有的
是句子，有的是段落。这里面有的是三句，有的是四句，有的
是五句。还有第三点吗？小伙子们，挑战来啦，容易讲的，我
都先讲掉了。下面就考验你们，还有什么不同的类别？

师： "急促的鼓点，飞扬的流苏，蹦跳的脚步，闪烁的瞳仁，强健的
风姿。"这 5 句之间是什么逻辑关系？请你说一下？"鼓点、风
姿、流苏"什么关系？

（生沉默）

师： "脚步、眼神"什么关系？这样为难你们，我太不合适了！大家
发现没有？"发狠了，忘情了，没命了"是什么关系？递进关
系！那这些是什么关系？并列关系。

师： "一捶起来就发狠了，忘情了，没命了"，写的是后生，是一个对
象，不同程度上的递进，而"骤雨一样"，下面写了几个对象？5

103

个对象。

师：好，请看第3和4组！"后生们的胳膊、腿、全身，有力地搏击着，急速地搏击着，大起大落地搏击着。它震撼着你，烧灼着你，威逼着你。"有力的搏击着，急速的搏击着，大起大落的搏击着，这几句是什么关系？它重复的词语是什么？

生28：搏击

师：第一个"有力"，是从力量；"急速"是从节奏；"大起大落"是从幅度。它重复的一个词是"搏击"。下面这组呢？它震撼着你，烧灼着你，威逼着你。转到哪个角度了？"你"是谁？

生29：观众

师：观众的感受！所以从对象上来说，有的是单一的对象，有的是多个对象，连着两个排比，作者会把表述重点进行调整。体会到语言的盛宴了吗？还有很多地方可以体会，但是我们一节课的时间快到了，这节课有什么感受？学到什么了？

生30：这节课我学到了通过分析一篇文章作者的一些写作手法写作技巧，来感受到作者对写作对象的一个整体的评价和对他们的一些描写，从而表达作者自己对对象的感情。

师：好，作者对黄土高原的感情，你们觉得用什么词来表达比较好？

生：赞美，热爱……

师：（板书：赞美 热爱）有人说"赞美"，有人说"热爱"，你们觉得哪个合适？

生31：热爱

师：你看有人震惊了嘛，"赞美"怎么就不行呢？"赞美"是一种什么状态？"热爱"是什么样的状态？

生 32：我认为赞美是针对他描述的这个事物的某一些优点，他觉得这个事物很棒很好，而热爱呢，就是以一种更贴近的距离，更近距离地表示出自己对这种物质痴迷的一种感觉。

师：我觉得你贡献了更好的词语，什么词啊？

生 32：痴迷。

师：（板书：痴迷）请问各位同学，当你看到"多水的江南是易碎的玻璃"的时候，你痴迷吗？你是什么感觉？你来说！你觉得很舒服吗？

生 33：还行。

师：还行？你没有热爱，也没有赞同，没有欣赏，你觉得那个"还行"背后有点什么？小小的遗憾？来，小姑娘。你什么感觉？跟痴迷一样吗？跟热爱一样吗？

生 34：有点惋惜，就是在这儿看不到这么气势磅礴的舞蹈，感受到作者的那种对黄土高原的热爱。

师：那你听到作者说"多水的江南是易碎的玻璃，在那里打不得这样的腰鼓，"看到这句话的时候，你作为江南人，你是什么感觉？

生 34：有点向往。

师：除了向往到黄土高原去看一场演出之外，你觉得作者对江南的评价你认同吗？

生 34：认同。

师：请坐，全都认同是吧？还是有人举手说不认同的意思啊，那你先说吧，女生先说好吧。

生 35：我其实不大认同作者的这句"多水的江南是易碎的玻璃"，我觉得江南有江南的好，黄土高原有黄土高原的好，在黄土高原上可以看到气势磅礴的这种安塞腰鼓的表演。当然，你也可以去体会到那种吴侬软语的、那种评弹的、那种别样的风味,他这么说"多水的江南是易碎的玻璃",虽然没有错,因为在江南的确打不过安塞腰鼓,但是就是感觉有一点点有点惋惜,就是觉得他有点贬低江南不是特别好,但是我觉得就是因为他是喜爱黄土高原,那我也喜爱江南,所以我不是很认同他这么说。

师：你有补充吗？来,请说。

生36：我觉得我很气愤,因为我特别热爱江南,我看不惯那些黄土高原的那种强有力的这种磅礴,我还是喜欢江南的柔情。

（师生笑）

师：小伙子,我们可以赞美黄土高原的安塞腰鼓,我们也可以热爱江南的丝竹。在我们痴迷黄土高原的安塞腰鼓、痴迷江南的丝竹的时候,我们就要开始想一想。这篇文章的作者在1977年第一次看到安塞腰鼓非常震撼,他一直想写,一直觉得写不出。直到1986年,他花了半天不到的时间一气呵成,因为他的内在就是我们女孩子讲的"痴迷",他太热爱了！大家记不记得这个单元的单元导语？翻开看看,它是讲一个地域有一个地域的文化。对这个地域的文化,我们要持什么样的态度呢？这恐怕是我们学这个单元非常要紧的内容。要理解作者的情感、态度,但是我们也不能被作者完完全全带着跑。同意吗？不同意也没关系啊,我不想勉强你们。

其实还有很多东西我们是可以继续推敲的。比如说这个段落的层次,大家已经注意到,因为你们一上来就有这些感受,先是写表演的后生们,然后写周遭的世界,再下面是写观众的感受联想,看到没有？另外的段落也有这样的一些层次,你们可以回去再推敲。不是有4次"好一个安塞腰鼓",从"好一个安塞腰鼓"，到最后"好一个痛快的山河，蓬勃了想象力的安塞腰鼓"，我们也可以回去再推敲。

我最后还是要把这一张 PPT 翻出来，就是——"我们如何看待地域文化"。

我们今天的回家作业，就是把《社戏》里面的看社戏的那一段，从他们划船划到了赵庄远远的看见了戏台，到他们离开，有一千字左右，《安塞腰鼓》也是有一千零几十个字，我们可以从表演者、表演的场面、观众、作者、"我"的态度，因为《社戏》是个小说，所以我用的是"我"。好，今天的回家作业就尝试着去做一个比较梳理，来看一看我们怎么看待地域文化？好，下课，同学们再见！

生：老师再见。

《安塞腰鼓》教学点评

曹　　刚　　上海市教委教学研究室

各位老师好。今天,我们就这两节课做一些探讨。听课之前,我想了三个层次的问题。

第一,这两节课是概念课。我们有一种车叫概念车,概念车不一定马上就能开到路上去;模特在时装发布会穿的衣服不一定马上就穿到大街上去。但它们都传递了一种观念。同样,概念课也是在传递一些教学观念。今天,我是从概念课的角度来审视这两节课。我需要思考:执教者的语文教学观念是什么? 具体地说,我需要思考:"执教者认为语文课程的价值是什么?""这样的价值是通过什么去实现的?""这样一节课对于学生后续的语文学习的价值和意义是什么?"等等。

第二,将自己设定的教学内容与执教者设定的教学内容作比对。这篇课文,我也上过,那么,我就需要进一步思考:今天这两位老师所确定的教学内容会是什么? 与我自己确定的教学内容的差异是什么? 哪些是值得我学习的?

第三,将自己的教学设计与执教者教学设计作比对。我要反思自己的教学实施过程及教学实施的手段,探究执教者是用怎样的教学实施手段使学生达成预设的教学目标。

这些是我听课之前思考的一些问题。学习了两位老师的课，我尝试着回答这些问题。

在教学内容的确定上，我觉得步根海老师核心是抓语言。他并不是零零碎碎地在这里找一个词，在那里找一个句子，而是关注行文思路的梳理，即梳理一篇散文的思想情感脉络。步老师提醒学生要关注第五段的"但是"。此处的"但是"独词成段，是反常的语言形式，而这个"但是"又是第1—4段和第7—28段之间建立逻辑关联的一个重要的抓手。步老师引导学生探索建立前后两部分内容转折关系的思考步骤，即首先要找到"虽然"部分事实，其次要找到"但是"部分的事实，然后要找到有多少层"这样的转折"，最后推断不同层次转折中隐含的意义。

第1至4段，共六个句子，关注了三个要素，分别是后生、腰鼓、周边环境，交代了三层意思：在捶鼓之前、站在高粱地前的、茂腾腾的、朴实的后生的神情是沉稳而安静的；鼓是呆呆的、无声息的；周边的环境是安静的。"看！"所统领的第一层次是文章的第7至第13段。这部分所看的内容是三个要素，后生、腰鼓、周边环境。聚焦这三个要素，作者表达了三层意思。这些后生一捶起来就发狠了，忘情了，没命了，如百十块被强震不断击起的石头，狂舞在你的面前。这腰鼓发出急促的鼓点、节奏不断变化，震撼人心。周边的环境变得燥热、飞溅、亢奋。这三层意思与第一部分的三层意思构成了三个转折。步老师引导学生借助"但是"构建起三个转折句。虽然在捶鼓之前、站在高粱地前的、茂腾腾的、朴实的后生的神情是沉稳而安静的，但是这些后生一捶起来就发狠了，忘情了，没命了，如百十块被强震不断击起的石头，狂舞在你的面前。虽然在表演之前的鼓是呆呆的、无声息的，但是一捶起来这腰鼓就发出急促的鼓点，节奏不断变化，震撼人心。虽然表演之前的周边的环境是安静的,但是,表演时的腰鼓,使冰冷的空气立即变得燥热了,使恬静的阳光立即变得飞溅了,使困倦的世界立即变得亢奋了。这是第一层次的转折。第一层次的转折彰显了安塞腰鼓中蕴含的"冲破了"一切的一股劲儿,这就是第一层"好一个安塞腰鼓"的意义。

学生经历这样的思考过程,就会慢慢意识到在读散文的过程中,怎么抓住一个转折词将前后内容之间构成一种关联,并推断这种关联所表达的意义。

这种建立关联的训练并没有结束,而是不断推进。步老师又引导学生从第 14 段开始关注"这样的表演"对于观众内心的情感的撞击。在表演之前,观众的内心可能是相对比较沉静的,但是观看了"这样的表演"之后,观众的内心受到了巨大的冲击。换而言之,虽然表演前的腰鼓是无声息的,观众的内心是平静的,但是,百十个腰鼓发出的沉重响声,碰撞在遗落了一切冗杂的观众的心上,使观众感受到挣脱束缚、冲破羁绊、撞开闭塞后的豪情、思索、土地的新生、阵痛的排解。这构成了第二层次的转折,聚焦沉重的响声引发的观众的内心的剧变凸显了"好一个安塞腰鼓"的第二层内涵——表达挣脱束缚、冲破羁绊、撞开闭塞后的那样的一种豪迈、激动、欢快。

这样的训练还没有结束,步老师进一步指导学生梳理出最后一个层次的转折。虽然表演之前,作者感受到后生是朴实的,生养他们的黄土高原是朴实的,但是看到后生们有力、疾速、大起大落的搏击,感受到的是生命的存在、活跃和强盛,感受到的是奇伟磅礴的能量,感受到厚厚土层的黄土高原生养了这些元气淋漓的后生,承受如此惊心动魄的搏击。这就阐释了"好一个安塞腰鼓"的第三层次意义,也就是要引导学生关注安塞腰鼓中呈现出的一种生命状态及文化内涵,即这样一种释放出奇伟能量的生命,以及生养这样生命的一种黄土高原的厚重的文化。

步老师的文本解读是抓住一个"但是",引导学生建立多个层次的转折,推断出"好一个安塞腰鼓"的三层意义,进而理解作者的思想情感。

步老师还特别让学生关注到了一个"想到",从"明晰"到"晦暗",从"晦暗"又到"明晰",理解作者(或观众)内心的起伏跌宕,感悟文章的高潮部分连用那么密集的感叹号、那么密集的短句所表达的一种情绪。

步老师引导学生不断地建立语言之间的复杂关联,让学生能够理解文本深层的意义。他还不只是要让学生得出这些解读的结论。他的课堂教学中常有这样一些问句,"你总该思考什么问题吧""要解决这个问题,之前需要思考什么"……这就是告诉学生结论很重要,但比结论更重要的是推导出这个结论的思考过程。这样的教学设计是教会学生怎么学习,怎么思考。

如果学生经历这种持续训练,那么他就慢慢地知道读文章不是一个被动的学习状态,而是应该主动地提问,主动地探索解决问题的方法。当然,学生最初不是一个成熟的读者,所提出的问题不一定到位,或者问题之间缺乏一定的关联性。不要紧,老师就是要引导学生思考如何提问,如何分解问题,如何建立问题之间的关联。

步根海老师的教学内容和教学实施所隐含的教学观念是:我们的语文学习要从语言的学习进去,在语言的学习过程中训练学生的逻辑思维,在语言的学习过程中体验作者的思想情感,通过这样的思想情感去推断这些语言中所蕴含的审美情趣和文化意义,我们的语文学习要教会学生学会思考,学会将一篇典型文本的思考方法迁移到一类文本的阅读,掌握解读一类文本的思考方法。

以上这些是我在学习步老师的课堂教学时的一些体会。步老师的教学观念及在这样的观念支配下形成的教学内容的确定方法、教学设计与实施的方法,是我们市教研室这些年在初中语文教学中所提倡的。

在听郑桂华老师的课时,我也关注郑老师是怎么解读这个文本的。她特别关注一些局部的语言表达。而她又不是拘泥于给这些语言贴一些概念式的标签,而是不断地让学生要意识到:首先要进入到抽象层面,提炼出对这个鼓、对这个后生、对作者笔下的这个人群的认识,以及作者对这个文化的认知,抽象出一些概念,并注意这些概念之间的关系,其次,将这些概念重置到具体的文本中,思考作者是用怎样的语言形式去呈现这些概念的,比如语序的颠倒、一个喻体和另一个喻体之间的关系、喻体之间的一种排序、标点之间的差异,以及这样的语言形式所反映出的内心的思想情感。郑老师特别重视引导学生品析语言,比如关于排比的分析,她不只是让学生知道排比具有增强语势的作用,而是要引导学生发现排比也是有差别的——有短语式的,有句子式的,甚至还有段落式的;排比可以是围绕一个内容展开的,也可以是围绕多个内容展开的;而这些排比句之间也可以构成一种推进性的。这样的分析都不只是局限于静态的知识概念的分析,而是在品味文本的语言形式。郑老师反复强调"语言的盛宴",引导学生读出这种语言的特质及这种语言特质与它所传递的思想文化之间的关系。

郑老师不断地让学生进行分类讨论。分类就逻辑训练,就是要设定分类标准,然后根据这个标准,发现语言的差异。但分类不是目的,目的是要通过这样的分类,进一步建构起语言之间的逻辑关系,推断文本的意义。这种分类也不仅仅拘泥在一篇文本。郑老师今天也努力将《安塞腰鼓》与《社戏》之间建立关联，引导学生发现同样是在写一种表演，两个文本在语言节奏上的差异，在语言呈现形式上的差异，以及这样差异背后所反映的作者的一种思想观念的差异。

步老师曾说过"上课是要带着问题进课堂，同时要带着问题出课堂。"存疑很重要。因此，我听完两节课，我也在想几个问题。第一，两位老师的课之间有通约性吗？换而言之，找得到两者之间的最大公约数吗？第二，两位老师各自的语文教学的观念是什么？这样的观念之间，它们的相似和差异又在哪里？第三，如果从课程层面上看，学生持续经历这样的训练，其学习的结果会是什么？我还将继续思考这些问题。

两位老师今天不是用讲座的形式给我们阐释他们的教学观念，而是用上课的形式阐释他们的教学观念。这很了不起。每一轮课程的改革，都会有一些新的提法，而我们一线教研员、教师需要用更多的教学实践检验这些想法的合理性、可行性——哪一些提法，真正有利于学生学习；哪一些提法，还可以不断修正、不断完善。课堂实践无比重要。两位老师用自己的课堂实践传递着他们对课改的理解与探索，这是难能可贵的。这也是今天开展这个教研活动的意义之所在。最后，我想表达的是对两位执教老师的感谢。

细化认知过程层级，逐阶培养分析能力

——以《天文学上的旷世之争》教学为例

高翀骅　上海师范大学人文学院

　　"分析"是语文教学和测评中的常用词。制定学习目标、布置学习任务、表述测评内容以及课堂问答时都可能提出以"分析"为行为动词的要求，例如："分析人物的性格特征及典型意义""分析典型的细节描写，并作简要点评""分析词、句、段在文中的作用"等。但"分析"究竟是怎样认知、加工知识的？学习者在分析时会表现出哪些区别于其他认知类别的行为？在教学中是否可以逐阶培养学生的分析能力？这些问题依然有待阐明、有待探索。

一、"分析"概念的厘定

　　2019 版高考语文考试大纲的"考核目标与要求"中有这样的表述："高考语文科要求考查考生识记、理解、分析综合、鉴赏评价、表达应用和探究六种能力，表现为六个层级"，"C. 分析综合：指分解剖析和归纳整理，是在识记和理解的基础上进一步提高了的能力层级。"[①]对此，我们可以追问："分解剖析"的对象是什么？

---

① 　教育部考试中心：《2019 年普通高等学校招生全国统一考试大纲（语文）》，2019 年 10 月 27 日，https://gaokao.neea.edu.cn/html1/report/19012/5987-1.htm

依据什么标准或规则来分解？"剖析"是指说具体、说细致吗？和"解释""阐述"有何区别？将"分析"与"综合"并举是要强调两者间密切的联系抑或突出"分"与"合"的差异？

　　更为明确的对"分析"的解释可以在《汉语大词典》(第一版)中找到："分解辨析。今指把一件事物、一种现象、一个概念分成各个部分，找出这些部分的本质属性和彼此之间的关系。"这一释义与安德森修订的布卢姆教育目标分类学对"分析"的解说接近——"分析涉及将材料分解成它的组成部分，并确定各部分之间的相互关系，以及各部分与总体结构之间的关系。"[1]换言之，作为一项认知过程的"分析"偏重对于知识结构的认识和构建，它包括确定信息的组成部分、区别这些部分的重要与否、发现各部分的组织方式甚至原则，进而发现信息提供者的意图或目的。由此，我们认为考试大纲将"分析"的层级置于"理解"之上有其合理性："理解"一般停留在对信息的表征和基本特点的判定上，而"分析"则要对其进行细化、分类、组织，甚至改编。当然不同的分类体系对认知过程类别的划分存在差异，但较多的分类框架的设计者保留了"分析"这一认知维度并试图补充和改进，比如马扎诺的教育目标新分类学对"分析"的定位同样强调把握知识各部分之间的关系，不过新分类法中"分析"认知范畴的覆盖面更广，还包括了"差错分析""概括""认定"等过程[2]。

　　如果我们接受教育目标分类学对"分析"的基本定位，也就是

　　①　(美)安德森(Anderson, L. W.)等编著；蒋小平等译：《布卢姆教育目标分类学：分类学视野下的学与教及其测评：完整版(修订本)》，外语教学与研究出版社，2009年第60页。

　　②　(美)马扎诺，(美)肯德尔著；高凌飚，吴有昌，苏峻译：《教育目标的新分类学：第2版》，教育科学出版社，2012年第39—44页。

把教学中"分析"理解为"将事物、现象、概念分门别类，离析出本质及其内在联系"，就可以对学习目标和行为过程给出更清晰的判定：有些目标或要求中没有出现"分析"一词，但仍隶属于"分析"这一认知维度，例如"梳理概念之间的关系""把结论与支撑性论据联系起来"；而面对"分析典型的细节描写，并作简要点评"这一任务，如果学生只是"结合例子，较为详细地用自己的表述重现细节描写"，而未能发现该细节与前后文的关联、未能确定它在文本中的重要性，或者未能把握细节背后作者的倾向和意图，那么就没有完成"分析"过程。

二、逐阶培养"分析"能力的教学示例

分析是理解的延伸，也很可能是应用、创造的开端，"学会分析"是语文学习的重要目标之一，而明确分析的概念，把握这一认知过程的下位类别有助于教师构建有效教学。基于分类学的已有成果，本文将分析的下位类别划分为定位、差错分析、概要三个具体的过程，其中定位指的是依据信息构成因素之间的共性与差异将信息组织成有意义的类别；差错分析指确定信息的逻辑、合理性或准确性；概要指的是寻找信息的模式或连接，并对之进行解释，这往往需要学生确定并呈现信息提供者的意图。

本文选用《天文学上的旷世之争》一课的教学来具体展示"定位—差错分析—概要"这一逐阶培养分析能力的过程。课文隶属于高中语文统编教材选择性必修下册第四单元，该单元所对应的是科学与文化论著研习任务群。课文标题中的"旷世之争"指的是中国天文学史上"浑天说"和"盖天说"之间旷日持久的争论。除了这两种学说，文章还介绍了"天圆地方"的主张和"宣夜说"。

借助已有的天文知识,多数学生可以通过自习理解各类学说对宇宙结构的认识,知道它们出现时间的先后,需要进一步研习探讨的是把握观点与材料之间的关系,体验概括、归纳、推理、实证等科学思维方法。而这篇课文又是教材中唯一的科学史文章,教师应引导学生关注作者对史料的选择和运用,并发现其中所蕴含的对科学理论、思想发展演变的见解——因为并不是过去发生过的事,而是对过去事件的理解和叙述才是让历史得以重构的关键。基于上述认识,这一课的学习目标确定为:梳理文中对宇宙结构模式学说的评论,分析评论所蕴含的科学思维方法和研究方法,把握阅读科学史文章的意义。教学环节如下:

(一) 定位

在课的开始,教师可以展示一些宇宙结构模式的图示,请学生与相关学说相匹配,以此来确认他们是否理解了课文所涉及的四种宇宙结构。完成这一步骤后,要求学生将文中所引述的史料一一罗列并快速浏览,辨别它们的出现是为了说明相关学说的内容,还是对学说进行评论。学生发现,用以说明内容的仅"天了无质……而北斗不与众星西没也"(介绍宣夜说)和"天似盖笠,地法覆槃,天地各中高外下……分冬夏之间日所行道为七衡六间"(介绍盖天说)这引自《晋书·天文志》的两则,其余多为对宇宙结构学说的评论。

随后,教师请学生聚焦这多则评论,再次阅读,以明确它们各自的观点和评论者的态度。学生发现,在十来则评论中,一则否认天圆地方说是宇宙结构,一则指出宣夜说被抛弃的事实,一则主要围绕汉武帝朝堂上由制定《太初历》引发"浑盖之争"一事展开,一则提出更多的宇宙学说,其余六则或是支持浑天说,或是支持盖天说。其中，杨雄否定了自己原本信奉的盖天说转而支持浑天说，王充质疑盖天说，而他的看法又被葛洪、何承天所驳斥这一部分，相对攻辩，尤为精彩。

在这个环节，学生两次对关键信息进行"区分"，第一次是区分所引史料是对古代宇宙结构学说的"介绍"还是"评论"，第二次是区分评论背后的学术立场。做出区分需要他们把握相关史料的重要信息，确定彼此之间的相同和相异处，以及可能存在的关联，然后把这些材料组织为有意义的类别——这里的意义是指对于学习者的意义，而非文本本来的意义——而这正是"分析"的第一个下位类别：定位，即把握信息构成因素之间的共性与差异，将散布在文章各处的细节重组为有意义的类别。在将史料定位的过程中，学生可以更清晰地看到古代中国宇宙结构理论和思想演进的形态——争；而其时间之长、范围之广、参与者之众、论说之纷纭，确实如作者在文章开头所说的"波澜起伏、曲折复杂、扣人心弦"。学生还可以看到，浑天说在汉武帝朝被提出后就对盖天说形成有力挑战，并逐渐成为学界对宇宙结构认识的主流，尽管如此，它还是不断遭到驳难——这些认知不仅让学生对这段天文史的认识更为细致，也推动他们对所形成的总体结构展开进一步的思考：浑天说为何不曾说服所有的研究者？

（二）差错分析

为了解答这一问题，师生需要进阶到"分析"的第二个下位类别：差错分析。它指的是对信息进行逻辑性与合理性的判定，而这一判定又有赖于我们对信息的来源、支撑性的原因进行检视。在教学中，教师可以引入逻辑工具来帮助学生梳理、检视对相关学说驳难的有效性。

面对《隋书·天文志》中记载的东汉至南北朝学者间的攻辩，不妨借助反证法来梳理各家提出的判据。反证法是通过断定与论题相矛盾的判断为假，来确立论题的真实性的论证方法。一般步骤是：设定与原论题矛盾的反论题并假设它成立，然后从这一假设出发进行推理，检验推理的结果，发现与事实之间的矛盾，由此证明反命题的虚假；最后根据排中律，既然反论题为假，那么原论题就为真。

王充的批驳可以这样来呈现：假设浑天说是成立的，也就是说"天转从地下过"是成立的。结合当时人们的共识"太阳依附在天球之上"，就能推出：太阳也从地下经过。接着，王充结合了其他几项时人的认识：其一，地下是有水的；其二，太阳是大火球；其三，水火不相容，就可以继续推出：倘若太阳确实从地下经过，必然出入于水中，水火相接，则会导致太阳熄灭，或者天球之水干涸。然而这样的结果是不成立的，前者与太阳依旧东升西落的事实矛盾，后者和浑天说自身"天在外，表里有水"的说法矛盾。由此可见，假设浑天说成立的说法是错误的。

葛洪的反击则可以呈现为：假设盖天说是成立的，那么依据盖天说的见解，"大地中间隆起形成最高峰"，"太阳附着于天壳平移"这两点也是成立的。由此可以推导出的结果是，当太阳平移转入最高峰背后时，它逐渐隐没的形态，应该接近竖着裂开的镜子。但事实上，我们可以看到太阳在西方没入地面，落日的形态有如横着裂开的镜子。盖天说的推论与事实观测到的现象相反，因此盖天说无法成立。

这一学习环节可以让学生具体地体会差错分析的过程和典型的方法，对"旷世之争"的理解也有所深入：浑天说和盖天说虽然都能够解释一些自然现象，但也还是与一些事实或当时普遍的认知矛盾，而正是因为现有的理论和实际情况不符，推动了人们进一步的思考。争论不息，实则是理论在向前发展。

（三）概要

此时，学生对"旷世之争"已经有了较好的把握，但仍未触及作者对这段天文史的"理解"。教师需要向学生指出，不仅是文学作品中总是隐藏着作者的真正意图，科学文化论著同样蕴含着作者的态度、倾向和立场，而把握这一点，就要寻找信息的模式或连接，并对之进行解释，这就是"分析"的第三个下位类别，姑且称之为"概要"。

教学可以从文中位于第 14 段的一句话起步："纵观中国古代的这场旷世学术之争，我们发现，古人在这场争论中，秉持着一个重要原则：判断一个学说是否正确，关键在于其是否符合实际情况，而不是看其是否遵循某种先验的哲学观念。"追问"作者发现的这一原则是不是具有普遍存在于浑盖之争的史料中"这一问题可以引导学生在细读史料的过程中印证作者的发现，并发现这些史料的新的联系维度，进而对作者的写作意图进行推断。

师生可以解读祖暅所说的"窃览同异，稽之典经，仰观辰极，傍瞩四维，睹日月之升降，察五星之见伏，校之以仪象，覆之以晷漏，则浑天之理，信而有征。""观""瞩""睹""察""校""覆"等动词，"辰极""四维""日月""五星"等观察对象，"仪象""晷漏"等检验器材，都强调了"信而有征"也就是"真实有依据"的学术态度。

也可深入分析杨雄对盖天说的批驳：杨雄先排除了一些主观因素，如"人眼会因观察对象的距离远而产生视觉错乱"，然后选取了客观的观测对照物，即"水平面和光线的传播是客观的，它们是不会出错的"，并采用实验的方法"在高山顶上取一个水平面，以之判断日的出没。"可见：观测对照物是客观的，以实验证明的研究方法是切实的，这就很好地证明了"判断一个学说是否正确，关键在于其是否符合实际情况。"

还可以细读文中朱熹的论述："有能说盖天者，欲令作一盖天仪，不知可否"指出实物证实和运用盖天说理论的困难。"或云似伞样。如此，则四旁须有漏风处，故不若浑天之可为仪也。"则是以可能的仪器形制与浑天仪进行比较，指出盖天仪的不足。从天文观测仪器的制作角度进行驳难，也就是在以理论与实际的匹配度衡量两种学说的高下。

交流了对这一组史料的认识后，还可以回到作者在文章开头论及"天圆地方说"时对《大戴礼记》中曾子之言的征引，并与朱熹的论述相联系。作为理学家的朱熹在参与浑盖之争的研讨时也是以理论是否符合实际情况的标准来参与的，可见这场旷世学术之争不以遵循某种先验的哲学观念为原则。而曾子将"天圆地方"理解为天地所遵循的规律，以"转动不休"定义"圆"，以"安谧静止"定义"方"，这恰恰是在用某种观念来解释宇宙，因此，作者马上说了这样一句话："孔子师徒的说法，固然可以弥补'天圆地方'说在形式上的缺陷，但这种修补却也使该说丧失了作为一种宇宙结构学说而存在的资格，因为它所谈论的已经不再是天地的具体形状了。"曾子解说在文中的作用，其实并不指向对知识的介绍，却有助于传达作者的所认同的或否定的对待科学问题的态度。

讨论到这里，教师不妨让学生自拟表格，将这一课的学习过程记录整理出来，并总结自己对"在这篇科学史文章中，作者为何引入诸多对宇宙结构学说的评论"这一问题的思考。学生或许就可以做出这样的概要：本文所征引的史料不仅将"浑盖之争"的内容、波折具体清晰地呈现在读者眼前，还展示了学者们如何在这场争论中阐释、修正、补充自己的观点，推进了对宇宙的认识。更重要的是，作者在处理史料时强调了学者们对"实际校验"的重视，肯定了科学研究在不受到非学术因素的介入的情况下能走得更为深远，让我们体会到中国古人对待科学问题的态度。

三、对在教学中落实认知过程维度做法的反思

在上述教学示例的介绍中，我们可以看到，教师能够细化"分析"这一认知过程，就能引导学生梳理史料，并由浅入深地挖掘出史料的价值，也更可能让学生体会到阅读科学史的意义，包括"科学史可以带来包括科学本身以及其内外相关因素更全面、更深刻的认识"以及"作为诸如像科学哲学、科学社会学等相关学科的知识背景、研究基础，或者说认识平台"[①]。当然，认知类别在学习中常常不是单独存在的，在这个示例中，理解和分析这两个认知过程类别相互联系，在反复中彼此促进，进而完成认知任务，在其他教学过程中，可能关联到更多认知过程类别，那么在教学设计时强调单线推进还是多线交织，是需要教师斟酌的。

而更值得思考的是这样一种以培养某一在测评时被列为能力层级的认知类别为目的而开展的教学，还有其先天不足处。很难回避的一个问题就是对认知过程维度、对能力层级的界定还有待进一步研究。在学术界，"分析"这一概念的边界存在不同的说法，布卢姆教育目标分类学的拥护者可能就会建议将前文"差错分析"归入"评价"过程而非"分析"，而现行的高中语文课程标准似乎也认为"分析"是不包括"辨识""比较"的，在对课程目标

---

① 江晓原主编：《科学史十五讲》，北京大学出版社 2006 年，第 3—4 页。

进行解释时,有"能够辨识、分析、比较、归纳和概括基本的语言现象和文学现象"①这样的表述。而这样的一种分歧,会让我们的思考在与他人交流的过程中产生不便。

解决这一问题的方法当然不是强求一致,而是说我们需要对于在语文学科中如何运用教育目标分类学的一些成果进行进一步的探究,知识维度也好,认知过程维度也好,进入语文学科的教学和测评时是否应该有适应性的转化。比如在阅读具体作品时,学生面对大量的知识属于信息中的"细节",而处理细节的认识过程和处理原则、理论、模型或者技能是不同的;又如我们历来视"鉴赏"为重要的能力层级,这和现有的认知过程维度又如何关联。

这样,问题就进一步转化为我们对于语文教与学中的重要概念需要有更清晰的界定和剖析。我们可以这样做,是因为概念词语来自于历史经验及其理论和实践的浓缩形式;而我们有必要这样做,是因为我们希望学生能够把语言这种人类的共同经验作为一种工具去描述他们自己的新的经验。

---

① 中华人民共和国教育部:《普通高中语文课程标准(2017年版2020修订)》,人民教育出版社2020年,第6页。

附：教学中学生的梳理成果示例

序号	史料	出处	学说内容	对学说的评论	学术立场	理据
1	"如诚天圆而地方……"	《大戴礼记》			否认天圆地方说是宇宙结构	"天道""地道"
2	"宣夜之书亡……"	《晋书·天文志》	√			
3	"宣夜之学，绝无师法"	蔡邕		√	指出宣夜说被抛弃的事实	
4	"其言天似盖笠……"	《晋书·天文志》	√			
5	《太初历》之争			√	学者各执一词　浑天说成为《太初历》的依据	根据哪个学说制定的历法更　符合实际天象加以检验
6	杨雄批驳盖天说	《难盖天八事》		√	信奉浑天说　反对盖天说	观测依据　实验
7	"旧说，天转从……"	《隋书·天文志》		√	支持浑天说　反对盖天说	与水火不容的常识矛盾
8	"又日之入西方……"	《隋书·天文志》		√	支持浑天说　反对盖天说	与日落的形态矛盾
9	"是故百川发源……"	《隋书·天文志》		√	支持浑天说　反对盖天说	百川归海的常识
10	"盖及宣夜……"	《隋书·天文志》		√	提出更多宇宙结构学说	
11	"有能说盖天者……"	《朱子语类》卷第二		√	支持浑天说　反对盖天说	天文观测仪器的制作
12	"自古论天者多矣……"	《隋书·天文志》		√	支持浑天说　反对盖天说	典籍，自然现象，仪器

《棉花岩上的光》教学设计点评

黄雅芸　南京市玄武区教师进修学院

这次有三位教师上了同一本图画书《棉花岩上的光》,但也各有特色,算是一种同课异构,可以给我们不少启发。这里我先从文本解读方面谈些看法,再以表格形式梳理出三位教师的教学思路以及我个人的一些点评。

一、关于文本解读

赖老师做了相对详尽、细腻的分析,从文本的主题、人物、绘图的细节、作者背景等角度做了思考和诠释,很不错。她对主题的解读是:有时候我们苦苦追求的梦想与愿望,可能等实现的那一天才发现,我们早就拥有了不曾发现的美好。

陆老师在教学设计前面呈现了简要的文本解读。她对主题思想的解读是:童心和梦想让我们向往更广阔的天空,而爱与温暖,才是我们内心的基石,让我们有勇气去往更远的地方。

施老师的教学设计没有呈现文本解读,但通过设计的主要问题,也可以看出老师想要引导学生通过阅读,理解主人公所找寻的神奇和美好是身边的爱。

我认为,几位老师的文本理解都是很有道理的。在此向老师致敬。我略微补充几点我个人的想法。

1. 小希为什么会产生想去外太空的想法?大家是否需要细致分析一下。

施老师很有心地设计了一张表格,帮助学生梳理小希的人生三阶段,便于比照,探究理解人物前后的心情变化。

	是否遇到飞船	心　情	结　局
小女孩时			
成年后			
老年时			

但我觉得很可惜的是没设计"为什么想乘太空船飞走?"

通过梳理,我们会发现,至少有两个方面的原因。一是年幼时外星球对她的吸引力(对神秘宇宙的兴趣、向往非常强烈,这也代表了人类共同的探索未知的欲望);二是长大后有时候会有的对地球的抗拒心(基于对现实的不满、失望,想要逃离地球、逃离当下的愿望),这一点,也是人类的天性,在难过、生气、孤独的时候,谁都想要离开此地。而到了老年呢,她内心增添了对老朋友的牵挂。这是不是有点像我们的人生?少年时勇往直前、向往未知;中年时一地鸡毛、总是纠结于现实中的各种碰壁;老年了放不下对老友的牵挂。回到几位老师的教学设计,好像大家都有点忽略了主人公同样的愿望背后心情的不同。

2. 小希对外太空为什么那么向往?恐怕因为那是一个理想之地,一个幻想之地,一个流光溢彩、无比美好的理想国。而通常来说,我们心中的幻想之光总是很容易

你看,小希读了有关外太空的一切,
还有外星人偶尔会乘着宇宙飞船来到地球,带着人离离开的故事。

遮蔽现实之光的。因为幻想是五彩斑斓、美轮美奂的,当我们沉浸在向往中时,大都是美好的想象(小女孩读的外星书籍中恐怕没有战争、屠杀、病毒啥的,虽然她认为自己"读了有关外太空的一切");而现实呢,就像黑夜不可避免那样,现实总是有令人沮丧的一面。翻阅图画,我们会发现,作者分别用热情洋溢的暖色调和相对阴郁的冷色调画出了小希内心对外太空和地球的整体感觉。关于色彩的对比这一点,赖明婷老师也在文本解读中提到了。

关了　　　　又……

3. 虽然跟幻想世界相比,现实世界要乏味得多,但是现实依然是有光的。我们可以在这样的画面中体悟到现实的光彩:

无论是孩童时代模模糊糊的感觉,还是做了母亲后对亲子之情的温暖体认,还是老年后对家人的无比珍视、难以割舍,亲情这一永恒的主题反复回响,形成了整部作品的主旋律。

《棉花岩上的光》,这光既可以理解为梦想之光,也可以理解为亲情之光,看起来平常无奇、天天伴随、甚至会被习惯忽略的亲情,是现实世界中最迷人的光辉。

4. 故事的最后,小希在梦想和现实之间,选择了现实。这个有点像《失落的一角》,缺失了一角的圆,先是有对一个理想、梦想、愿望的追寻,这个追寻过程当然是不容易的,终于也得到了,圆满了吧,其实不然,前面叙述所有的追寻都是伏笔,都是虚晃一枪，得发展到之后才是重点，作者最终逼迫我们审视内心、思考一个关于取舍的问题。看起来把主人公放在两难境地，实际上也是在拷问每个读者的心灵：要是我，我会怎么选？恰恰只有在这种不得不面对的、二选一的、可能无论怎么选都会留下遗憾的问题面前，我们才能知道自己更在乎的是什么，看清自己是什么人。

在今日语境下，我甚至觉得这个故事有一定的隐喻性，也许身边的世界很不完美，令人生气，有时甚至想让你弃它而去，但是我们还是离不开它。原因很简单，这里是我们的家，这里有我们的家人。从这个角度说，外太空的奇幻绝伦、外星伙伴的友好可爱，都成为一种参照和对比，帮助我们更深切地感受到亲情可贵。

作者把这本书献给自己的亲人，也寄托了浓浓的亲情。

以上我说的是个人对文本的一点补充思考，有可能不对，仅供大家参考。

二、教学设计

几位老师的设计都是框架式的，比较简略，有时候只能看到问题的提出，看不到对问题的推进，老师的设想中想把问题推进到什么程度，更是不得而知。这就是只看教学简案的遗憾了，这和看实际的上课完全不同。接下来，我只能从目标定位、环节安排、学习方式三个角度大略比照着谈谈自己的看法。

纯属个人意见，供大家讨论。

	赖老师	陆老师	施老师
目标定位	1. 感受追逐梦想的纯真与坚持; 2. 引导学生试着体会去享受生活中细微的美好瞬间; 3. 发现生活中平淡的美,也许比梦想和奇迹更重要。	1. 有感情地朗诵绘本,分小组朗诵。 2. 通过绘本欣赏,猜测绘本中主人公小希跟随外星人乘坐飞船来到太空后,发生的故事以及所见所闻,说说飞向太空主题画的创作思路和想法。 3. 用基本图形和线条结合的方式,画一画小希穿着宇航服和外星人在太空的故事,创意表现太空场景。	(推测) 观察图片,结合文字,大胆想象,理解"美好"。
教学环节及主要问题	1. 作家导入,观察封面,环衬。 2. 教师读故事。 3. 讨论三个主要话题: (1) 坚持: 小希为什么那么想要去外太空呢? 她做了哪些努力呢? 为什么小希要一直重复着这些动作呢? 总结: 年手电筒到底代表着什么? 总结: 小许下的梦想是值得敬佩实现的,总会有奇迹的那一天。 (2) 生活细节: 她有想过放弃吗? 也曾想过放弃,不过她还是坚持了	(二三年级) 1. 作者导入。 2. 反复朗诵: 听朗诵,分小组朗诵绘本。 3. 整体梳理: 小希愿望,奇幻之旅。 4. 想象故事。 (1) 想象中的太空世界有哪些神秘或者令人想一探究竟的地方? (2) 猜测小希跟随外星人来太空会做些什么? 5. 绘画指导	1. 了解作者 2. 听读绘本,在纸上写下自己想要了解的信息。(未不及记,而且有的问题后面有解决) 3. 梳理问题,互答。 4. 小组填表,交流,增进体验: |	是否遇到飞船	心情	结局
小女孩时	是	开心	被爸妈叫回家
成年后	否	沮丧→开心	
老年时	是	不抱希望→开心	主动回地球	

（续表）

	赖老师	陆老师	施老师
教学环节安排及主要问题	下来,是什么让她继续了纯真的太空梦想呢?(儿子)说说她和儿子的太空美好。在棉花岩下画画,听音乐,看太空书籍,甚至打开尘封已久的手电筒,他们一起拾起了那份坚持。 (3)心中美好:为什么她没有选择梦寐以求的太空?对于小希来说,她生命中最美好的事儿到底是什么呢? 总结:守护心中的纯真与爱。	(1)教师示范绘制飞向太空主题画A字宇宙飞船或者航天飞机B穿上宇航服的小希和戴上宇航员帽的外星人C太空背景。 (2)学生动手组合设计画面,画一画小希穿着宇航服和外星人住在太空的故事,发挥想象添画适合的太空场景。 6.学生作品展示,展示时为作品配上一段自己的文字说明。 7.总结:画家绘画经历,画风。 请学生多体会生活中的美好	中年:儿子陪伴,儿子在逗她开心。分角色体验角色,分享感受。 老年:同桌表演,互动评价。 5.问题讨论:为什么小希终于坐上了飞船,去外太空生活,却主动放弃了呢?(因为她要找寻的美好,一直在地球上) 进一步引导:小希口中的美好具体指什么?(亲情?) 方法指导:观察图片,结合文字,大胆想象。 6.聚焦主题,分享感悟。 (1)作者想通过这个故事来送给我们那些像小希一样的孩子,不知道你感受到了吗?把你的感悟和我们说一下吧。 (2)如果想要把这本书推荐给你身边的人,你会怎么推荐呢? 7.展示成果。 演一演《棉花岩上的光》 画一画《棉花岩上的光》宣传小报(自愿选择)
学习方式	看图听故事+问题讨论	读故事+学画画	听故事+梳理+讨论问题+表演,分享感悟。

（续表）

	赖老师	陆老师	施老师
设计观感	比较心累。学生被动，思考空间小。教师把自己感悟到的东西转化为问题讨论，用总结的方式告诉学生。越优秀的教师越容易这样。假限讨论不如不讨论，夹叙夹议地讲述可以试试。	学生一直在活动，但是前后环节割裂了。文学欣赏课的感觉不足。这里需要美术老师吗？这是一位美术学科教学要挖掘跨学科教学的结合点。譬如可以考虑：什么时候用大图，什么时候用漫画格小图？要用一幅还是几幅图来表现故事？对图画的利用都应该有自觉的意识。	表格给的好，初读后需要适当梳理。运用表格的设计侧重于角色扮演，感性体验，比较符合中年级学生。分享感悟和展示成果环节看不大懂设计意图。
设计建议			1. 建议年段：中高年级。 2. 更多关注学生阅读感受（可否有一句分享环节），从学生感受中捕捉，产生话题（主题阐释：友情、亲情、梦想、选择；图画的奥秘：色彩、构图、细节、构造等）。小组共聊，班级分享，总之，全员思考，全员讨论。教师在其中穿插，追问，控制师生之间的平衡关系。 3. 班级板书会结构松散点，内容少点好。整体设计两三个学习活动，考虑个体阅读，小组活动与全班交流的有机安排，合理组织。 4. 本书内容理解较简单，可加强对图画的叙事作用的感受（营造悬念，转折等）；通过明暗对比调对比表现人的心情；关注无文字儿合。（适合想象表演） 5. 特别小心将文本解读统统化为教学设计，要有基于学情的恰当取舍。

文学的，也是思辨的

——《猜猜我有多爱你》等图画书教学点评

詹　丹　上海师范大学光启语文研究院

前面老师的点评相当全面，我好像没有多少话可说了，那么就文本的理解方面来补充几个细节吧。

刚才冯老师的提问，我觉得是提给我们的。点评究竟对参赛老师有什么帮助？我一直在反思这个问题。所以我就想讲一些比较实在的东西，究竟对老师有没有参考性，也只能由大家来判断。

首先从我相对熟悉的《猜猜我有多爱你　你愿意做我的朋友吗?》开始说起。

我想谈谈怎么在阅读教学中，体现出这本书的文学性。

相对于《猜猜我有多爱你》来讲，《你愿意做我的朋友吗?》是比较简单的。《猜猜我有多爱你》是讲小栗色兔子和他父母之间的情感，内容比较丰富，想象力也很丰富，而且贴近实际。但是对于续集《你愿意做我的朋友吗?》，我觉得它的故事整体上来说比较单薄，所以老师在教学过程中加进了许多学生活动，在一定意义上填补了故事本身的单薄，这样的设计当然是有道理的。但是我们还可以对这个故事本身进行挖掘。

这个故事实际上涉及了一个非常重要的人生阶段：孩子们在家可以和父母找到情感的安慰，但当他们走向社会，他们如何和社会中的他人来交流感情呢？其实，当孩子需要独自面对世界时，开始他们首先面对的是另一个自我，这可能是我们每个人都经历过的人生阶段。

所以故事里说，当小栗色兔子在没有大兔子陪伴的情况下走向外面世界时，它一开始就看到了水中的自我，看到了呈现影子状态的自我。我认为这些"看到"都是孩子心理发展过程中一个无法超越和跳过的阶段。现在回想起我小时候独自一人时，经常是自己给自己讲故事的，我一会儿是讲故事的人，一会儿又是听故事的人。所以有时我父母会说我："你的嘴巴怎么老在动?"其实我是在给自己讲故事。特别是没有人和我玩时，我会自己和自己玩起来。这个阶段实际上是孩子走向社会的预演，或者说是一种彩排。就像小栗色兔子离开父母找到了它真正的朋友——那只白兔子，经历的那个阶段。这个阶段小孩子可能都经历过。如果带领小孩子学习到这样的内容，调动起他们的想象力，让他们回忆并展开想象，在课堂中呈现出来给其他小朋友分享，可能是非常丰富的。在某种意义上，这个故事的这个段落，为我们走进"跟自己对话"的阶段提供了切入点。这个故事同样有意思的，也是作者要强调的，就是小栗色兔在云朵山找到了他第一个朋友，那只白兔子。他们在山上玩起来了捉迷藏，并且让这个游戏一直延伸到故事的终点。当小栗色兔子回来时，它似乎和白兔子达成了默契，那只白兔子就一直跟着它，默默地跟到了栗色兔的家里，尽管小白兔并没有把自己的跟踪告诉栗色兔。然后接下来的几段文字非常有意思：

这时，附近好像有什么声音。

有谁来了吗？

"是一只白色的小兔子!"大兔子说。

"她是从哪里来的呢?"

小栗色兔笑了。
因为他知道。

"她是从
云朵山来的
她的名字叫
亭亭,是我的
朋友。"

第一段,是从悬念开始。栗色小兔回家后,外面的世界被暂时悬置了,又被陌生化了。于是,附近的声响似乎对大家而言都成了一种疑问。第二段,大兔子在继续疑问中,提供 一点信息。"是一只白色的小兔子!"而跟着的第三段两句却非常有意思: 小栗色兔子笑了,"因为他知道"。这里,"他"可以作重音读,而"知道"则可以处理成"次重音",当然,也可以强调"知道",而把这读成最强音。这句话的潜台词是,当孩子走向一个新的世界,他们就会有自己的秘密了,而父母反过来要向他们的孩子请教。一直以来都是小孩向大人发问,现在反过来,大人要向小孩发问。于是小栗色兔子得意地笑了——因为他有了大兔子不知道的秘密,而这个秘密,是他走向外面的世界很重要的一步。最后一段是小栗色兔的回答。这段文字处理得很好,不清楚原文是怎样的,但至少从译文看,文字干净,而且如诗的分行形式,凸显了小栗色兔的心情:

我们可以把这一段重新排列后跟原文加以对照,就可以发现其特点：

原　文	改　文
她是从 云朵山来的	她是从云朵山来的
她的名字叫 亭亭,是我的	她的名字叫亭亭
朋友	是我的朋友

　　大家可以发现,原文中,小栗色兔是属于有话不好好说的,把要告诉家长的几个信息都形成了较大的停顿,这种停顿,就是以分割成跨行的两段呈现的。为什么这么处理,他得意呀,他有了第一个朋友,而且在家长不知道的情况下就交上了。所以他得向家长卖卖关子。而且,有些分割处理,也带来了理解的歧义,具有了诗的张力,比如"亭亭,是我的"这一行,既有上下的衔接,但这一行本身,也是可以单独来理解,这样,"是我的"就变得意味深长了。

　　我看到老师在跟学生讨论这个问题的时候,关注到其中的一些信息、一些要素,比如小白兔是哪儿来的? 两只小兔子是什么关系? 小白兔的名字叫什么? 这当然是可以引导学生去掌握的,但我们还可以思考的是,书中以这种排列方式来呈现小栗色兔子的回答,到底意味着什么。

　　图画书的表现形式非常简洁,因为文字不多,作家的写作可以说是"惜墨如金",如何使这类图画书的教学达到一个最好的效果,需要我们深入地钻研。如果我们把图画书中间出现的文字仅仅作为信息的提供,可能会把它理解地简单化了。而当我们把图画书的形式琢磨得更透,文学性和趣味性就都有可能品鉴到。

　　这次比赛,不少老师都提到了一个遗憾,说是文学课上到后来,又把它上成了语文课。梅子涵老师在讲评时,也提到了老师的这个遗憾，但这里可能有一点误会。我始终不认为文学课和语文课是对立的，如果老师觉得这堂课上下来还有遗憾，这不仅仅是文学性把握的遗憾，也是语文课把握的不足。为什么我要这么说？因为我们可能对语文课的理解、定位本来就出了问题，我们没有在语文课上，对文本的形式、对文本的"有意味的形式"作细细的品味。我们关注了文本呈现的信息，却没有探究这些信息是以怎样的方式呈现的，这种呈现的方式，到底意味着什么，没有这一步的教学推进，那么无论对文学课还是语文课来说，都是有缺憾的。

不把形式和内容割裂开来分析，可以说是体现出了文学特点，也是语文课堂应该做的。但有时候，遇到篇幅较大的作品，我们又往往遇到了另一种割裂，就是把一个长故事切割成片段来讨论。比如教师在带领学生读《野葡萄》就遇到这种情况。

《野葡萄》是一篇童话故事。这种比较长的故事在课堂上教通常会有这样的问题：我们会不时停下来让学生讨论，这就会不断地分割故事。读一首短诗就不会存在这样的问题，一下子就读完了。分割式地教学会让这个故事显得有点碎片化。梅子涵老师一直主张故事是应该讲出来的，讲出来的故事就比较完整。当然，梅老师的讲述能力比较强，他可以把一个故事从头到尾讲一遍，始终吸引着我们的注意力。但我们让每个人都来讲这个故事的话，可能效果就没这么好。但不管怎么说，故事首先是用来讲的，不是用来解释的，甚至也不是用来进行活动式体验的。老师要练着讲，小孩也要练着讲。最重要的一段故事，可以让几个同学一起来讲，让他们回忆性地讲，这样你会发现有些同学会漏掉一些细节，而有些同学会凸显一些细节；在讲故事的过程中，有人有意无意屏蔽掉一些信息，就暗示出一种价值判断。听梅老师讲故事，如果把原来的故事拿来对照,我们会发现他每次讲的都不太一样。其实,讲故事的过程就是一个改写的过程,在讲的过程中已经把自己的理解充分地融会进去。我觉得训练学生讲的能力是阅读故事、阅读童话的基本能力。

但我们现在面对的是图画书,图画书有其自身的特点。有着纯粹是文字所无法表现出来的图画内容。那么在教一本图画书时,我们对于图画应该从哪几个角度切入呢?比如图画书的构图、色彩、形象的处理等。从色彩角度讲,《野葡萄》中最黑暗的两幅图是白鹅女的眼睛被弄瞎的时候,但接下来图画就渐渐明亮起来,不是如我们所想,眼睛瞎掉以后,色彩全部是暗淡的,直到她恢复光明那一刻,画面才变得明亮起来。为什么这本图画书不是这样处理?我觉得,画家可能想暗示,白鹅女虽然眼睛瞎了,但心中是有希望的——她知道山中有着野葡萄,只要采到野葡萄,就可以重新见到光明。对于白鹅女来说,最大的打击是那一瞬间的突然失明,那是最黑暗的时候。之后就生出希望,感觉就不一样了。反映到色彩感的处理、明暗的变化,可以帮助我们去理解图画书的内涵。

我刚才说,理解故事最好的方法是把故事从头到尾讲一遍。但如果课堂上不这样做,如果老师要把故事分割开来加以解释、评析,就需要我们抓住故事的几个关节点。

在《野葡萄》中,第一个关节点是婶娘为什么要把白鹅女的眼睛弄瞎?因为婶娘的女儿是瞎子,这是妒忌心在作祟。国外研究妒忌心起源的理论说,妒忌心总是产生于同行或平辈,因为只有同行或者平辈获得的成就也是"我"可能拥有的。所以斯宾诺莎说:我们不会去妒忌一棵树的挺拔,我们也不会去妒忌一头熊的雄壮,因为我们再怎么努力都赶不上一棵树那么挺拔,也赶不上一头熊那么雄壮。婶娘为什么会妒忌、残害白鹅女?找到婶娘妒忌心产生的根源，这是其中一个关节点。这个关节点抓住了之后，文章的结局就是一个回应：当别人产生妒忌心的时候，你会怎样去回应它？是以直报怨还是以德报怨？最后，白鹅女治好了妹妹的眼睛，这在某种程度上是把婶娘妒忌的根源铲除了，这样，故事前后就有了一个逻辑的呼应关系。有一个问题值得我们思考，当白鹅女回到家乡前，为什么故事交代说她婶娘已经病死。那么作者为何这样处理？如果婶娘活着，她会有怎样的反应？她会后悔自己对侄女做的坏事吗？现在侄女治好了她的女儿，她又会有怎样的反应？这些问题比较复杂，所以我觉得作者这样写，采用的是一种逃避矛盾的方法。

作者表现白鹅女用野葡萄来治好她堂妹的瞎眼，写她从山里出来，一路治好了许多瞎眼的人，但这都是为了烘托她最终治好堂妹的善良，因为她并不计较瞎眼的堂妹母亲，也就是她的婶娘曾经弄瞎自己的眼睛。但仔细想来，如果从冤冤相报的传统看，白鹅女即使想采用以直报怨的方式，也不应该惩罚婶娘的女儿，婶娘的女儿是无辜的。所以，在教学中，我们要假设有人以直报怨的行为，跟白鹅女这样一个以德报怨的善良区别开来，也要注意，不应该株连到无辜者的头上。

再一个关节点是，白鹅女在掉下山崖的时候找到了野葡萄。这里，陆老师是用祸福相依的文化来解释这个问题的，但这样解释未必合适，我倒觉得这个情节是为了产生一种戏剧性的逆转。一般来说，一个瞎子从悬崖边掉下去，死的概率是远远大于活下来的概率的，所以如果用祸福相依的理论来解释在逻辑上是说不通的，也未必是能让一年级的学生所能理解。它实际上就是制造一个戏剧性的逆转。之前，眼睛瞎掉对白鹅女来说是第一个打击，当她从悬崖上掉下去的时候，她可能连生命都要没有了。这说明白鹅女越来越走向困境了,但恰恰是在最困难的时候发生了一个逆转。这对于读者而言就产生了一种戏剧性的心理转变,这是情节打动人的地方,情节就是要设计得跌宕起伏、大起大落,这样才能抓住读者的心。所以,作者这样的设计,我以为首先倒未必是考虑祸福相依的文化问题,而是考虑读者的接受心理。也是在这个最危难的时候,白鹅女抓住了野葡萄藤,并摸到了野葡萄。作者的描写很有意思,是一种陌生化的描写:"凉凉的、圆圆的",这完全是从感觉入手,没有出现葡萄的名称。因为这个时候白鹅女还不知道自己已经摸到了野葡萄,她是尝了一口才发现眼睛突然明亮了,这才知道原来自己已经找到了野葡萄。

还有,既然教学设计是让学生体会这个故事,那就要让大家都进到这个角色中,充分调动我们的感觉,去体会一个盲女孩的感觉。当她瞎了眼,摸索着前行时,是怎样的感觉,她挂在悬崖边的藤上时,她的感觉又是怎样的。等等。而且,也不宜只让一个学生蒙眼来体会,然后把这种体会讲给大家听。最好是大家都蒙起眼来,走过一段路后,互相再来交流自己的体验。

总之,如何理解故事是很重要的,能够从头讲一遍故事情节就很好,如果不行,可以抓住几个关键点来展开讨论。而理解人物,要充分调动起学生的感觉,不用过于强调人物的品格,这样就很容易公式化、概念化的去理解人物。文学性的体现不是用公式和概念来把握人物的,而是要让我们对人物有一种共情的体验。也许在教学中,我们可以倒过来做:如果假定了这是一个善良勇敢的女孩,那么她会怎样一步步去做? 她会有怎样的感觉? 我们可以把抽象的东西作为出发点,然后往前推进到一个感觉的世界里。而不是相反,把勇敢、善良等几个抽象的概念作为最终的结论。

再顺带说一下图画和文字的关系。图画与文字确实是互补的，但有时候我们也不能完全依赖于图画，因为图画给人直接的视觉冲击，文字给人的形象感则是间接，让我们在接触文字时自己展开想象。举个例子。小学语文教材一年级的课文《弯弯的月亮小小的船》，它的配图是一个小女孩坐在月亮上，月亮像一条弯弯的船。但这是一首谜语诗，实际上读诗歌时是不应该看图的。最后一句说"只看见闪闪的星星蓝蓝的天"，就引发读者的想象，为什么是"只看见"？我们认为这首诗的关键就是"只看见"的"只"。"只看见"意味着看见了什么之外，还有没看见的。在这首诗，它引发我们的想象和思考是，只看见闪闪的星星蓝蓝的天，那么月亮到哪里去了呢？原来月亮坐在身子底下了，这个时候谜底才揭晓。所以如何使用图画是一个值得思考的问题，有时候我们需要暂时屏蔽图画，借助文字来充分调动想象；有时候图画对文字则是一种补充。所以对图画的使用不能太教条，需要认真把握好度。

而从图画角度说，图画的元素和形式，同样应该成为我们关注的对象。所以，我们不但要引导学生注意图上有什么、没有什么，也要让他们注意到，那些已经呈现出的图画，是以怎样的形式组合起来的，其色彩和构图的特点，意味着什么。

比如，《大熊的剧院故事》开头，从交代大熊喜欢做玩具演员来排戏开始，说他虽然有了许多玩具演员，但他依然很孤独。与这样的文字相呼应，不单单是出现在画面中的大熊的神情，还有那种构图方式，当大熊在屋内时，他的高大魁梧和玩具演员的一丁点小，比例极不相称，而且当他出门到城市的街角去布置他演出的剧院时，他在鳞次栉比的城市建筑中，又显得是那么不起眼的渺小。在这种大小结构比例的转换中，把大熊与周边世界的疏离、不和谐感，形象地呈现了。类似的分析，我在以前关于图画书阅读的讲座中专门讨论过，这里就不多说了。

143

接下来,我们来谈谈思辨性的问题,这也是我们这次大赛提出的一个要求。我就先用《你看看你,把这里弄得这么乱!》这本图画书来展开讨论。

我发现老师在跟学生互动的时候谈到了几个问题,其中一个就是"为什么里面的人物总是指责别人"我们可以说这是因为他们都发现不了自己的问题,所以总是指责他人。这种对自我和他人的区分,这种对自己的反思,其实是有思辨的意味的。当然,我们也可以从人的行为状态和所处空间关系来作一些区分。

我想说的是,休闲状态和工作状态下人们所在空间的整洁度是不一样的。

比如故事中讲到夫人在厨房做饭的场景,也许对一个不做饭的人来说,这个厨房看上去比较乱,但是正在厨房操作的人未必会觉得,或者说,做饭的时候整个厨房的空间免不了变得杂乱些,等到饭菜做好再收拾厨房,那里又会变得整洁起来。所以评价一个空间整洁或杂乱的时候,必须要跟其中人物的行为状态联系起来。一个在工作状态中的人和一个不在工作状态中的人是处在两个世界里的,只有当两者都共处在同一种状态下,互相评价才更为客观。比如我自己,我在写东西的时候,桌面总是乱得一塌糊涂,但我是不允许别人在这个时候来收拾,因为收拾完后,很可能就找不到我要的东西了。所以我最怕别人在我工作的时候、写文章的时候来替我收拾房间,还可能这么一收拾把我的思路都收拾掉了。说得绝对一点,我们有时候是以房间凌乱的代价来保持了头脑中思路的清楚条理。所以我认为人的状态是一个非常重要的因素。另外,把空间区分为公共空间和私人空间也有必要,因为在这本图画书中,好像并没有对此加以好好区分。所以当书中交代,一个小孩拉开帘子,指责流浪汉的帐篷里东西堆得太乱时,我还是感觉有点发愣。也许流浪汉有权指责总统，没有管理好城市，让城市这样的公共空间变得肮脏凌乱，但流浪汉自己私人空间的凌乱，却不应该得到外人的指责。还好，图画书写的是一个小孩去指责他，他头脑中还没有私人空间和公共空间的差异的观念，所以故事就这样能够自洽地继续下去。但这毕竟提醒了我们读者，对作品的思辨性领悟或者审视，有时就是对差异性的尊重，要在主题单一的世界里慢慢发现其中的差异。而欣赏作品，就是要引导读者对看似铁板一块的世界"做区分"，分出他人与自我的主体差异，分出主体行为状态的不同，分出空间的私与公的不同。不断地根据特殊情况对一个话题进行区分。包括"整洁"的概念中，对"整齐"和"洁净"的内涵区分。当我们区分时，就越来越能做到具体问题具体分析，而不是用一种教条把问题笼统地归纳起来，当我们在这么做的时候，就体现出了我们的思辨性。

　　当然，作品本身是否具有丰富的层次关系，也是我们展开思辨的一个重要依托，如果把这次参赛教师所用的另外两本图画书即《大熊的故事剧院》和《会唱歌的猫》来比较一下的话，会发现两部作品的层次是不同的。

　　《大熊的故事剧院》里有三重"剧院"，大熊所在的马戏团是第一个"剧院"，大熊与亲人分离而又团聚的故事世界是第二个"剧院"，而承载这个故事的现实世界也就是这本图画书的世界，就是第三个"剧院"。作者的构思里，大熊在马戏团最精彩的表演莫过于骑单车，正是骑单车帮助大熊逃脱了魔爪。逃脱本身也是一种演戏行为，大熊借着这种演戏完成了自己的在不同"剧院"间的衔接。我们可以发现书中的一个细节，大熊在骑单车的时候还打开自己的怀表看了看，因为怀表里面有一张它们一家三口的照片。所以从这个意义上来说，情感的力量成了大熊演出的第一推动力，促使它做出这样精彩的演出,并借此逃脱魔爪。其实大熊在一开始被关起来的时候就在看那只怀表,直到第二幅画面出现,我们才知道这只怀表里藏着它们三口之家的合照,这也是一种悬念的转换。大熊构思的故事里,他和家人团聚了,但现实中没有,不过,交代这个现实故事的图画书,却给出了一个耐人寻味的结尾,演出结束了,大熊看着看完演出的小熊背影越走越远,但这头小熊是被一头大熊牵着手走远的。那么,这头牵了小熊手的大熊,是自己产生的幻觉?还是用写实的笔触,在交代带自己孩子回家的家长?这种"我"的世界和他人世界的不同层次的幻觉式叠加,那种不同故事层面团圆与不能团圆之间的张力,给了结尾悲哀又不失温情的效果。

这种富有层次感、富有深度的故事,在《会唱歌的猫》中是难以看到的(也可能是我发现不了),虽然这里也有不同的世界,是一头会唱歌的猫大斑勾连起自己家人的温馨和与街头流浪汉阿福一起的两个世界,大斑在这两个世界里摇摆和纠结,不知道在哪个世界里才能得到心安,但最后,因为大斑生下的小猫小萨擅长唱歌,愿意跟流浪汉阿福在一起,这样,大斑的困境似乎圆满得到了解决。但这样的大团圆其实是经不起推敲的,大斑的摇摆主要因为对身边的猫和流浪汉都有感情,而自己回家,让会唱歌的小猫来陪伴流浪汉,其实并不能代替自己对流浪汉的思念。而且大斑把小萨留下来,自己回家团聚,那小萨对家的想念怎么办呢?小萨当初也是因为思念大斑才跟了他出来。更何况这也不能解决大斑对阿福的思念。总之,从这个意义来讲,这本书的单薄和故事经不起推敲,也启发了我们对自己教学的反思,怎样填补这个故事留下的空白和漏洞,这也是推进我们思辨的一个问题。

思辨性的体现,有时候也在于对形式逻辑的超越,有老师执教

《谁最高》，就多少让人看到了这一点。

这首诗收在梅子涵的诗集《风停在那里》。《谁最高》的标题就很有意味，梅子涵在这首诗中的"谁"上搞了很多名堂。也许小孩子对谁的分类是清楚的，而梅子涵的分类是不清楚的，他故意把各种类别混杂在一起，所以第一个问题我们要考虑的就是"谁"是谁。第二个，题目中的"最高"具有一个比较性。"最高"在诗中写出来也是概念模糊的，一个是自身的高，一个是占据位置的高，这是不一样的。当把这些东西都混杂在一起的时候，我们会发现这首诗是不讲逻辑的。有人就说诗歌是反逻辑的，当你把逻辑反掉的时候，诗歌就产生了。也有人说文章写不好的就写诗，所谓不成文者为诗。为什么会这么说呢？因为写文章确实是要讲逻辑的，而诗歌常常是不讲逻辑的。逻辑不仅仅存在于语言的组合方式上，也存在于诗歌描写的对象关系上。《谁最高》有着很多错乱和杂糅，但恰恰是这种错乱、杂糅，给我们带来一种思维的乐趣，满足了我们的想象性。这首诗读到最后的时候，我一愣：梅子涵是怎样想到的？为什么我没有想到？可能是我太理性了，但是不理性的时候往往才使人快乐。有人说不理性的时候就是给自己放了一个思想的假，能够使自己进入一个自由的境界。当然，逻辑也好，反逻辑也好，其实都是人为的。当我们被一个逻辑的模式束缚得太久时，我们就需要诗歌来调节一下，把我们严密的逻辑稍微松绑一下，让我们的思想偶尔也能轻松一点。通过杂糅的逻辑来使读者得到想象的满足，恰恰是这首诗的一个重要特点。

这首诗的最后一句简直是神来之笔，明明是在比谁最高，结果猫突然来了句"喵"。我们可以理解为这是猫的得意：你们比高比了这么久，我一跳就比你们都高。当然，我说诗歌里有反逻辑的东西，这是相对而言的。而且，也并不意味着它是没思路的，其实，诗歌也有内在的推进思路。比如这首诗先是写人,然后是静物,最后到动物,诗的展开是按照这三类依次来的。然后在这三类中有一个杂糅——把动物和静物进行叠加,对人进行一次超越。"我"是一天天长高的,而猫是"一下子"就长高的。猫通过偷换概念的方式一下子长高了,超越于人。所以我们会发现,"喵"的一声可以理解为猫站在猫的立场对人的一次嘲弄。再仔细一想,中国古人也说"君子性非异也,善假于物也",荀子《劝学》一开始就这么说,登高而招,臂非加长,而见者远。让很远的人看见你,不是因为你人长高了,而是因为站得高,所以结论是君子善假于物。从这个角度看,我们一方面可以说猫是在诡辩,也可以说猫是善假于物,它甚至比人还要聪明,一下子达到了荀子所谓的"君子"境界。但这种超越,也可以说是从形式逻辑跳进了辩证逻辑。总之,这短短的一句话、一个词语就可以让我产生不少联想。

因为这是一首短诗,所以在阅读过程加入写作训练,让学生当场进行仿拟习作,事实证明也是很有效果的。从执教的教师收上来的习作看,虽然不少学生还只是在用拼音写,但也有一部分学生已经能写不少汉字了。加上教师在他们写的时候不断在课堂巡视,随时点拨他们,所以实际效果还是很不错。我同意刚才教研员的意见,他们刚开始仿写,其实在格式上不需要提太多的要求,否则他们就放不开手脚。如果他们真正读明白了原诗,他们就会有意识把一些手法用进去,哪怕用得比较幼稚,但也是值得鼓励的。而且,习作的过程,也是加深阅读原作的过程,写完了,和原作比较一下,再和同学写的互相比较一下、交流一下,就可能发现自己的一些不足,也可以发现自己一些独到的地方。当然,对收上来的习作,也大致可以分个层级,这样可以让层级还不高的学生,有一个努力的方向。就我看到的几篇,我大致分了三级。初级的是这样的一首：

> 谁最可爱
>
> 我很可爱，但是朱韵遥比我更可爱
>
> 朱韵遥很可爱，但是林飞扬比她更可爱

在这首诗里，虽然有符合老师要求的比较模仿，但这种比较还没有跨类，也缺少形象感，不过，小同学把自己放在一个最卑微的位置，还是蛮有特色的。也许她考虑到要在同学之间比可爱，会伤害到别人，所以就让别人都来超过自己。会不会有这点小心思呢？

可以列入中级的是这样一首：

> 谁最小
>
> 太空比行星大
>
> 行星比云朵大
>
> 云朵比我们大
>
> 我们比虫子大
>
> 虫子比原子大
>
> 没有东西比原子小

这首诗，能够从宏观世界一直延伸到微观世界来比较，这样的开阔视野对一年级的小朋友来说是不容易的，虽然有些说法未必科学，但从小孩子自己的认识世界里，还是可以成立，就像不能用逻辑来对诗歌较真，我们也没必要用科学来较真。

相对来说，我更喜欢下面一首，所以我把它归到高级：

谁最忙

妈妈比爸爸忙。

有一天爸爸对我说：

我是最不忙的。

因为我每天放学，

之后只要上几节课外课和

做作业。但是爸爸和妈妈

每一天都得加班到很晚。

我听完这句话后一下子跳

到了我的椅子上。飞快的

写起了我的作业，这下我

是最忙的了！

　　这首诗的巧妙在于，尽管比较了一家三口谁是最不忙的人，但当爸爸对"我"说话的时候，好像并不是在加班，是在闲聊。所以"我"在他说话的那一刻写作业，当时的"我"就成了最忙的了。这首诗仿拟梅子涵的原诗，让"我"和猫一样偷换了概念，而且，还模仿了原诗的猫跳到橱顶后，"一下子就长高了"的"一下子"，不过用得也蛮自然的，也比较有形象感。还有，他说"只要上几节课外课和做作业"，如果这还不算忙的话，倒让我读出了反讽意味。当然，小朋友自己可能觉得这很正常，所以他还需要马上行动，来营造一点"情节"的

　　这里，我把文学性和思辨性分开来讲，虽然两者各有侧重，但在一本书中，总是统一在一起的，而且说老实话，有时候我很难对某些图画书中的现象加以文学性还是思辨性的定位。比如，《你看看你，把这里弄得这么乱！》，当画面呈现出办公室、厨房、教室等杂

乱状况时，那种如同垃圾场的情形大概是我们日常生活较难见到。从文学性角度看，这可以理解为一种夸张手法的运用。夸张意味着对现实的变形，但这种只是眼中所见现实的变形，如果从心理感受说，特别是对有些心情不好的人来说，稍许的凌乱也加剧了心情的乱糟糟，这样，心绪的投射，又把这种似乎夸张的现实，变成对心情状体的真实表现，说是夸张自然可以，说是写实，也未尝不可，关键是看我们从怎样的角度来评判，那么，这种标准的斟酌取舍，似乎也跟思辨性问题发生了关联。

以上是我的一些的思考，不当之处还是希望老师们提出批评意见，有问题也可以继续讨论。谢谢！

古诗词解读和教学两题

徐　樑　上海师范大学中文系

"明月别枝惊鹊"的本意和多义

一

辛弃疾《西江月·夜行黄沙道中》中"明月别枝惊鹊"一句历来争议甚多,为中学课堂教学带来了相当大的困扰。其中"别枝"一词又特为歧义繁出:或以为是月离枝头,或以为是鹊离枝头,或以为是鹊飞别枝,或以为是月在别枝……众说纷纷而无定论。这些解释是否可以在"诗无达诂"的名义下同时成立?笔者认为在古诗词的阅读和教学中,所谓"诗无达诂"当是在没有足够证据确定其本意、或是在确定本意之后仍有阐释空间时的选择。而在此之前,我们则必须要尽可能通过文本内外的证据来推敲其本意,如此方不至于误解作者。

首先从语词使用惯例看,"别枝"一词在古诗词中固然有"离别枝头"之意,但其主语均为本就与枝头相连的花、叶之物,如"流水辞山花别枝,随风一去绝还期"(唐·钱起《哭辛霁》)、"润催庭柳将开眼,冷送江梅欲别枝"(宋·张耒《正月五日大雪晴有感》)等。而明月、鹊则最多只是暂停枝头,很难视作与花、叶等同类。这样一来,"别枝"在全句中就很难理解为动宾结构的"离开枝头"。另一方面,古诗词中"别枝"在与"蝉"、"鸟"等动物相连用时一般也都呈现为"形容词+名词"的偏正结构,如宋人"幽禽叶底鸣相应,时曳残声过别枝"(杨时《含云寺书事》)、"栖乌忽过别枝栖"(董嗣杲《乌栖曲》)等诗句都是其例,这也同样可以成为"别枝"并非动宾结构的佐证。

其次从上下行文关系看,《西江月》这一词牌的前两句一般均为对仗,"明月别枝惊鹊,清风半夜鸣蝉"这两句理应互参而观。俞平伯曾在《唐宋词选释》中说"'别'乃形容词,若作动词,释为离别之别,意虽亦相近,却与下文'半夜'不对偶。"①此言甚确。当然,也有学者认为某些《西江月》词上阕前两句存在着不用对仗的情况,不能从对仗句的角度骤下判断;但聚焦到辛弃疾所写的十余首《西江月》来看,上阕或下阕前两句凡是写景的,都无一例外会采用对仗句的形式。从对仗句来推断,如果"半夜"是偏正结构的话,那么"别枝"也应该是偏正结构、"别"毕竟应视为形容词。因此,综合语词和行文这两个角度而言,"别枝"显然应该是作为一个"形容词+名词"的偏正结构而使用的。在这一结论上并不应该再有太多的争议。

二

其实除了"别枝"之外,本句中"惊鹊"一词也同样具有两种解

---

① 俞平伯.唐宋词选释.[M].陕西:陕西师范大学出版社,2004:138。

释可能："使鹊受惊"或是"受惊的鹊"。因"惊"的词性不同,"明月别枝惊鹊"或可解为"明月(使)别枝鹊惊",或可解为"明月(、)别枝(、)惊鹊"。对这两种解释可能的辨析似乎从来没有得到过学界的关注,但相比于"别枝"的貌似多元实则一意来,"惊鹊"一词却反而难以有定于一尊的解释。

在行文关系上,无论解释为"使鹊受惊"还是"受惊的鹊",其实都不至于和上下文发生矛盾;而在语词使用惯例上,前者有"关山同一照,乌鹊自多惊"(唐·杜甫《玩月呈汉中王》)"月明惊鹊堕栖枝"(宋·陈棣《回文》)之类的用例作为支撑,这些诗句都突出了明月与鹊惊之间的因果关系。但另一方面"惊鹊"一词在古诗词中作为名词也很常见,如与辛弃疾时代相近的南宋诗人范成大,在《晚步宣华旧苑》一诗中就有"有路冷萤犹照草,无风惊鹊自迁枝"的诗句,"惊鹊"这一名词与"明月别枝惊鹊"正可以构成相互的印证。因此,两种解释最多只是使用概率的差异,而都不具备足够的排他性。与"别枝"相比,"惊鹊"反而应该具有更多的不确定性和多元阐发的可能。在本意无法确定的情况下,我们就可以根据各自的审美而进行相对多元的阐发。

笔者认为,后一种解释相对而言或许是更佳的选择。因为从全词来看,辛弃疾主要想要表达的是一种闲散乐逸的田园之趣。如果将这样的画面保留在没有焦点的状态,则明月、别枝、惊鹊,清风、半夜、鸣蝉的意象组合恰可以构成一种散淡的整体氛围,这与温庭筠《商山早行》中的"鸡声茅店月,人迹板桥霜"实有异曲同工之妙;如果凸显动词所造成的因果关系,强调鹊因明月而惊、蝉因清风而鸣,就反倒显得太过刻意,有可能会使读者的阅读注意力过多停留在鹊与明月、蝉与清风之间的因果关系,而弱化了对全词整体意境的感受。

因此,如果要为"明月别枝惊鹊"确定一个最佳解释的话,笔者认为"明月、别枝、惊鹊"三个名词并列相对来说最为可取。这样的理解最大程度尊重了作者的本意,且凸显了景物本身,将景物之间的关系保持在留白的状态,由此就给读者留下了更多想象的空间。当然"明月使别枝之鹊惊"也是一种无法在逻辑中被排除的解释,在这两种解释之间"诗无达诂"的原则确实有其合理性;但除此之外的种种诗意阐发,恐怕大多存在着商榷的余地。

叙事与诗

——《琵琶行》的一段教学设计

语文教学内容的确定在很大程度上关系到文章体裁,这似乎已经成为语文教学界的一个常识。但是,现在或许值得我们开始警惕的是,虽然任何一种文章体裁——小说、诗歌、散文等等——都有其最为典型的作品;但是并不能反过来说,任何一篇作品都能够黑白分明地被归入某一种文体。倘若我们急于掌握文体知识的理论,并刻意地以此来确定一篇作品的教学内容,那就很可能会有本末倒置的嫌疑。

比如说,《琵琶行》这篇课文的教学内容如何确定? 如果从文体的角度而言的话,它是叙事作品还是诗? 这似乎是一个简单得不能再简单的问题——显然,大多数老师都一定会说这是一首诗。但是这首诗的"诗性"又体现在什么地方呢? 有些老师或许正是自觉意识到了文体的重要,因此为了强调"诗性",而将"哪些意象体现了诗人的情感"之类的问题作为课堂的主要问题之一。而对于其他老师来说,或许又觉得这样处理不够妥当,因此淡化了文体的问题,而把这篇文章整体上处理成了叙事作品(除了那段著名的音乐描写之外）。"哪些地方体现了琵琶女的苦闷啊?""作者在哪些地方和琵琶女形成一种情感的呼应啊?"诸如此类的提问,频频出现于我们的语文课堂。这些问题当然不能算无效,学生当然也能在对这些问题的研习中学有所获,但是在我看来,这样的问题设置是缺乏一种整体性的:所谓的整体性,首先意味着在研读作品的过程中对作品作出文体上的准确定位。

要对一篇作品作出准确的定位,首先就要打破对文体知识的僵化认识。我们不应该很轻易地判断一篇作品是诗歌、散文还是小说,而是要从作品出发,分析其中诗歌元素、散文元素或小说元素各自所占的比例——也正是从这个意义上说,上段所涉及的《琵琶行》教学设计中的各个问题确实是有效的:或许没有一个问题能够统摄对整篇作品的解读,但是这些问题都能够对作品中的某些部分有效。然而,我所谓的整体性的意义远不止于此:在我看来,既然在一篇作品中出现了多种文体的元素,那么这些元素如何结合在一起构成完整和谐的作品,这一问题也许更为重要。套用化学的术语来说,我们更需要考察的是各种文体元素的"化合"状态,而不仅仅是"混合"。

从这一视角来看,在看待《琵琶行》这篇作品时,我们应该要思考两个问题:第一,既然这是"诗化的叙事",那么它与一般的叙事作品存在什么区别? 第二,既然这是"叙事化的诗",那么它与一般的诗歌存在什么区别? 下面就以第一个问题为例,来介绍我对《琵琶行》的一段整体性教学设计:

一、请将自己设想为一名地位不高的琵琶女,在一个宴饮的公共场合中用自己的话来说一说自己的经历(以诗作中的叙述为依据)。

【这个环节旨在将作品中的叙事成分还原,并由此让学生发现叙事成分是如何实现诗化的。在这个环节中,学生很容易发现叙事还原中的不自然之处,由此很可能作出"琵琶女脸皮太厚了,她把自己夸得太厉害"之类的评价,这就体会到了"诗化的"叙事和一般的叙事作品之间的差别。比如说在我的课堂上,我就和学生有过一段这样的对话:

生:我觉得琵琶女脸皮太厚了。

(学生大笑)

师:哦?为什么会这样觉得呢?

生:有些话感觉自夸得太厉害。

师:是哪些话呢?

生:"五陵年少争缠头,一曲红绡不知数"之类,感觉很不自然。

师:很好!大家注意到没有,在这一段中,琵琶女详细地介绍了自己的身世,似乎在和白居易促膝谈心——但是我们发现,这里其实并不只是琵琶女和白居易两个人,而是?

(下面几位同学插嘴:"满座……")

师:不错!在这里我们看到,其实有很多人在场,这是一个公共的场合。而在公共的场合里,这样的一种交流私人经历的说话方式是很不正常的。比如说——(对下面一位同学说)同学,我们现在来交流一下我们的情感经历好吧?

(学生大笑)

师:在公共场合进行这样的私人谈话感觉很不正常很不合情理,是吧?】

二、这首诗作里面还有很多在现实生活中显得很"不合情理"

的情节和对话,大家在阅读时是否还有其他发现?

【这个问题旨在更全面地发现作品中叙事的成分是如何实现诗化的。比如说,学生会回答:"在诗的最后,琵琶女'感我此言良久立',在这之前是白居易对琵琶女的诉说,但是在这样一个有很多人的场合,这种个人之间的倾诉显得很不自然,他是不是对琵琶女说得太多了?""在小序中作者说'听其音,铮铮然有京都声',这里似乎并没有涉及音乐中的情感,为什么在诗中作者会写'弦弦掩抑声声思,似诉平生不得意;低眉信手续续弹,说尽心中无限事'呢?"在这个环节中,学生会有很多惊喜的发现。教师可以根据学生的发现作出随机的回答,例如下面这段对话:

　　师:如果如同小序所说,当"问其人"的时候,琵琶女说起了自己的身世,这还能够理解;那么在弹完琵琶后,琵琶女又"自叙"少小时欢乐事——这里的"自叙"有没有人问她? 如果是有人问她,而她又非常细致地谈论自己当时如何受欢迎的话,你会有什么感觉?

　　(几位学生不约而同地插嘴:博取同情。)

　　师:不错,很可能是为了博取同情,我们不能说没有这种可能。但是如果这里真是没有人要求她说,而是她自己自言自语的"自叙"、而且又说得这样的具体细致呢? 这种情况有没有可能发生? 我要再次提醒大家:她并不知道这满座的人中有一个"同是天涯沦落人"的白居易。

　　生:这有可能是作者自己编出来的话。

　　师:有可能! 我们在这里需要明确,我们不能将一首诗误认为是纪实作品——比如说,至少是"钿头云篦击节碎,血色罗裙翻酒污"这样的话,我们实在很难设想一个人在公众场

合的自叙中会如此介绍自己。这是一首诗,整个故事经过了
作者从诗人视角出发的选择和加工。】

三、那么作者为什么要作这样的选择和加工?我们不妨来比
较一下,按照诗序中的内容,把全诗中与诗序有关的部分抽出来再
重新组合一下,并把我们找出来的不合情理的地方都改掉,又会有
怎样的效果?

> 寻声暗问弹者谁,琵琶声停欲语迟。
> 移船相近邀相见,添酒回灯重开宴。
> 千呼万唤始出来,犹抱琵琶半遮面。
> 自言本是京城女,家在虾蟆陵下住。
> 弟走从军阿姨死,老大嫁作商人妇。
> 轻拢慢捻抹复挑,初为霓裳后绿腰。
> 大弦嘈嘈如急雨,小弦切切如私语。
> 嘈嘈切切错杂弹,大珠小珠落玉盘。
> 间关莺语花底滑,幽咽泉流冰下难。
> 冰泉冷涩弦凝绝,凝绝不通声暂歇。
> 银瓶乍破水浆迸,铁骑突出刀枪鸣。
> 曲终收拨当心画,四弦一声如裂帛。
> ……

【这一环节的指向是进一步在比较中发现叙事的诗化效果。
学生会很明显地感觉到,这样的改动虽然符合事理,但是在抒情效
果上显然要差很多。接下来可以针对学生在上一环节中发现的不
合事理之处分别进行讨论,而各种讨论的指向都归结于原始叙事

和诗化叙事之间的不同。例如下面这段讨论：

> **师**：这样改不是更合事理了吗？你看，琵琶女上船之后怎么可能一句话不说马上弹琴呢？总得寒暄两句，介绍一下自己吧？介绍自己的悲惨身世之后，是不是能够使自己的音乐更容易感动听众呢？而且昨天我们也讨论了，琵琶女在诗中的身世叙述有很多夸张的地方，那我把这些叙述尽量描述得朴实一些难道不好吗？
>
> **生**：不好，在原诗中，诗人先写到了琵琶女的技艺高超，这样的音乐描写给读者的印象就非常直接，接下来再引出琵琶女的身世叙述，会让人更为她的身世感到惋惜。
>
> **师**：很好！也就是说，在诗作中，作者并不是按照事情发展的前后顺序写的，而是根据抒情的需要，首先通过琵琶女的演奏来给读者一个直观的感性印象，然后才自然而然地引出琵琶女在身世描述中的抒情，最后又引出作者自己的情感，这样一来全诗的情感之间就存在一种层层推进的关系，是不是？
>
> ······

【在讨论中学生最终会发现，白居易写琵琶女，实际上是在写自己的怀才不遇。其实琵琶女到底是个怎样的人并不重要，她到底说了些什么也不重要，关键是她能够被用来表达白居易的心绪。换句话说，白居易是将自己的心绪投射到琵琶女身上，或者说，琵琶女也是白居易自己。（例如"钿头云篦击节碎，血色罗裙翻酒污"，如果是从叙事作品的角度来看，这句话的叙述主体就必须被明确为琵琶女，而这在叙事中显然是很不自然的。但是正是通过诗化的过程，叙述主体就被模糊化，而很自然地融入了作者的主观抒情,由此,白居易和琵琶女在这里就合而为一了。)从这个意义上说,作者选择诗的形式而不是叙事散文的形式,便能够得到一个较为合理的说明了——诗可以给作者以更大的自由度,使作者得以将自己的主观情感最大程度地与叙事过程合而为一。】

旧文重读

文学教育的悲哀

薛　毅　上海师范大学中文系

作为一个中文系的教师,我总在想我的工作有什么意义,我上的课,我在课堂上滔滔不绝的话语能给在座的各位带来什么。这也应该是诸位要考虑的问题,诸位以后要毕业,师范大学的学生按道理说是要做中学教师的,你们以后在课堂上的滔滔不绝能给中学生带来什么呢? 当然,我完全知道,诸位中大多数是不愿当教书匠的(笑),这就使我的工作的意义失去的了一大半,我今天的演讲也没有多少作用(笑)。但我不想为此而谴责诸位,不当中学教师有很多理由,除了工资收入问题外,有一个理由不可忽视: 在这个岗位上,没有多少自由可谈,也不需要什么文学感悟力、想象力,一本教科书,一本教学参考书,就是一切,你必须按照上面的要求来讲,不能有任何不同,要不然,领导不愿意,学生和家长也不会放心,以后会考、高考出问题了怎么办? 你想想,在这种情况下,你自己的才能还有机会发挥吗? 以前,我总对学生把当中学教师这件事看得太容易而不满,现在看来,他们说得有道理,书上什么都有,碰到生词可以查词典,学生询问课外问题你回答不出也无伤大雅,那还不容易? 只要刻板地照搬照抄就行了。但这里面没有趣味,没有生命,没有任何文学所应该具备的丰富的意味。(台下: 大学里不也这样吗?)我完全同意!有一个诗人李亚伟写了一首诗《中文系》:"中文系是一条洒满钓饵的大河 / 浅滩边,一个教授和一群讲师正在撒网 / 网住的鱼儿 / 上岸就当助教,然后 / 当屈原的秘书,当李白的随从 / 然后再去撒网 ……"我就算是被网住的鱼儿。鱼儿离开了水,没有什么活力了(笑)。客观地说,大学稍好一点,你们的自由度比中学要大,有些鱼儿比较灵活,没有被网住(笑),但整体上没有大的变化。昨天,我听说一件事,一个学生顶撞了一位领导,她说:"为什么只给我们压力,不给我们魅力?"这话我听了非常难受,我们,包括我自己,在大学课堂上所讲的文学,还有多少文学魅力呢? 几十年来,文学教育变成了这么一种东西,它在使人的心灵变得越来越简单、狭窄,越来越教条、刻板。而我们大家已经非常习惯了,简直就是牢不可破的传统了,大家都自觉不自觉地使它延续下去。本人同样是这种文学教育的产物,没有什么值得夸耀的,尽管时时在反抗,但个人的力量无法与一种庞大的传统相较量。诸位也在反抗,比如,逃课就是一种反抗;看武侠小说,看言情小说,就不看老师指定的作品,也是一种反抗(笑)。但反抗的效果总不理想。

依照李亚伟的说法,本人就是鲁迅的"随从"和"秘书",是把"鲁迅存进银行,吃他的利息"的人,但有一些人连当秘书和随从的力气也不愿化,对鲁迅作品的解释简直荒唐透顶。比如对《药》的解释,你们每一位都知道,说它的主题是反省辛亥革命,辛亥革命这贴"药"失效了,因为它脱离群众,所以革命应该别求新药。我们在中学里都相信了这种说法。我们还能感受那些细节所包含的震撼力吗?那黑夜中观看杀头的场面,那滴着血的人血馒头,那阴冷的坟场……本来我们能够感知这一切的,但那种解释却破坏了我们的感觉系统,使我们都患上神经官能症,都变得麻木了,我们的皮肤成了一层厚厚的铜墙铁壁，丧失感知力了。崔健有一首歌唱道，"我光着膀子我迎着风／跑在那逃出医院的路上／别拦着我我也不要衣裳／因为我的病就是没有感觉…快让我在这雪地里撒点野…"注意，没有感觉是几代人的大病！对《孔乙己》我们仿佛有感觉。老师强调他是科举制度的受害者，一面津津有味地讲述他的可笑行为，课堂气氛很活跃。我们在课堂上与老师一起笑，笑他的"多呼哉，不多也"，笑他又穷又酸，像酒店里的吃客们一样地笑他。但是，鲁迅在这篇小说中，要揭示的就是那些吃客和我们这种人是如何对待一个苦人的。我们没有能力感觉到他人精神上的痛苦，像鲁迅所说的那样，"我们人人之间各有一道高墙，将各个分离，使大家的心无从相印"，我们实在冷漠得可以，这篇揭示社会冷漠的小说也无法唤醒我们，反而在小说中充当了不光彩的角色，我们和吃客们一起在嘲讽他，挖苦他，欺负他。本来，文学的一种伟大意义就是要使人与人的心靠近一点，一个要饭婆子在雪地里的死亡，某个角落里的婴孩的眼泪，都不应该漠视，"外面进行着的夜，无穷的远方，无数的人们，都和我有关。"不能将他人的生死拦在窗外，不能将一个人的孤苦无援当作笑话……这是文学的大精神。但是，我们的文学教育往往走在与此相反的道路上，它并不希望我们拥有这种大精神。

　　我们的文学教育的目的是什么呢？让我们回到二十世纪初，梁启超在 1902 年发表的《论小说与群治之关系》，梁启超说："欲新一国之民，不可不先新一国之小说。故欲新道德，必先新小说；欲新宗教，必新小说；欲新政治，必新小说；欲新风俗，必新小说；欲新学艺，必新小说；乃至欲新人心，欲新人格，必新小说。"这篇文章确立了二十世纪中国的文学教育目的，文学，是用于"新民"的，也就是后来所谓培养"新人"的意思。文学承担着这么一个巨大的任务。文学的教育目的一旦确立,用这个标准来看文学,就会发现,有许多文学作品是达不到这个要求的,相反,它们还会添乱。在梁启超看来,小说的力量实在太大了,"用之于善,则可以福亿兆人","用之于恶,则可以毒万千载"。只有能用于"新民"的,才是好的、善的文学,才可以被广泛提倡,那些可能会导致亡国灭种的文学,则必须被弃绝。"新民"的目的是什么?是使中国摆脱落后挨打的局面,使中国走在世界的前列。这是二十世纪中国的"第一急务"。"新民"必须做到那些?梁启超在《新民说》中排列了许多要求,要有公德,有国家思想,能进取冒险,合群,自尊,等等。请注意,梁启超没有为精神自由提供任何空间,在他的"新民"框架中,体验、想象、心灵的丰富性是没有位置的。这和世纪初的王国维、蔡元培的思路完全不同。在他们看来,文学艺术之所以重要,在于能给予国民以心灵的慰藉,陶冶人的情感,使人与人能建立起一种非功利的精神联系,拓展人的精神空间。但是,二十世纪中国没有选择王国维、蔡元培的思想,那些好象与中国的"第一急务"无关,梁启超的想法却影响了整整一个世纪,成了一种牢不可破的意识形态。一直到现在,把文学与培养"新人"联系在一起,这个思路没有变化,把文学的作用抬得很高,但对文学的要求中又不包含文学性,相反,根本漠视它存在的意义,这一点也没有变化。"第一急务"并不要求人有文学素质,那东西似乎太次要了,完全可以忽略不计,是雕虫小技,是吃包饭没事干的人做的,但它又不想放弃文学,而要把它紧紧地攥在自己的手中,因为意识形态认为可以通过文学来教育人,所以我们的文学教育不是文学的教育,而是以文学为手段的教育,就是所谓"寓教于乐"。但总是乐不起来(笑)。

对"新人"的设计,聚集了意识形态对人的要求,也主宰着文学教育如何进行。它不是关于人的全面发展的理论,而是一贴"救亡图存"的药方。在新文化运动中,这两个方面曾经被统一起来,鲁迅就认为"人立而后凡事举"。但后来,意识形态发现人的全面发展会妨碍"救亡图存"目标的实现,"新人"必须是直接为这个目标服务的人。随着历史的发展,对"新人"的构想越来越单一化,渐渐地,性质发生了大变,自由、爱情、个性、独立意志、"特立独行",这一些都成了"新人"的敌人。你不能我行我素,你不能有欲望,因为这与那个伟大目标无关。你必须努力学习,为那个目标而学习,你必须努力劳动,创造财富,你要下定决心,不怕牺牲。你要把一切奉献出来,你的精神和肉体,都不属于你自己,而要由那个目标来支配。最后,对"新人"的要求走向极端,一言以蔽之:听话!你要听我的话,跟着我走,做我的好孩子。我从小学开始,接受的是这样一种"新人"形象:一手拿着语录,表示听话,一手拿着红缨枪、斧子、镰刀,那是劳动和斗争的象征。眼睛警觉地观察四方有没有敌情,凡是贼眉鼠眼的都一定是敌人,亡我之心不死,凡是有靡靡之音、男男女女的地方都是要提高警惕的。男的没有老婆,女的没有丈夫,这些都可能腐化人的心灵。嘴里吃的是忆苦饭,脚上穿的是草鞋。晚上最好不睡觉,节假日最好不休息。家里有病人最好不要管,工作要紧。洪流中飘来一段烂木头一定得跳河去捞,因为那是国家财产(笑)。这时候的"新人"已经没有任何灵魂和肉体可言了,它是一架机器,一只螺丝钉,一块任什么人搬来搬去的砖头。时间早已证明,这种"新人"的设计和培养是完全失败了的,所培养出来的人根本无法"担负起天下的兴亡",看几代知识分子的学养和能力就可以知道,未受或少受这种教育的人比"新人"们不知道高出多少。你们接受的"新人"形象与我的不一样了,不过,听话的要求不会变,只是适度放开而已。我读到过一篇童话,叫做《谁是木偶人》,在木偶剧团里,一个小木偶逃跑了,导演非常气恼,发动人们到处寻找，结果把一个孩子抓来了，因为这孩子非常听话，路口的信号灯坏了，总亮着红灯，他站在路口等了半天，就是不走。导演试一下，果然，他比真的木偶还听话，于是，他加入剧团，成了一个非常欢受观众迎的木偶明星。——我很重视这个童话，我觉得那个孩子是继潘冬子之后的又一个"典型"。听说也有人想把这童话改编成电影，但有关方面感到，这种片子出来，会引起思想混乱，所以制止了。再怎么着，听话还是要的。听话的具体内容么可以变通一下。

用这个标准来衡量文学，合格的，就是思想性好的，就可以用来教育我们。文学教育感兴趣的就是这种思想性，文学性只是传递它的手段，是外在的，附加的，教师在分析完思想主题之后，才会附加地分析一下它的艺术特征——那是陈年老调，千人一面的东西，什么地方都用得上，叫做语言流畅、结构严谨、刻画细腻、以情动人，还有夹叙夹议（笑），比喻啦，排比啦，象征啦……文学教育教给我们的文学性就是这些，我相信，受过文学教育的百分之九十九以上的中国人还是这样理解文学的。那么，思想性就会分析得很好吗？更糟！有一个全国通用的句式，通用于每一篇作品：本文通过什么什么，叙述了什么什么，表达了什么什么，反映了什么什么，揭示了什么什么，赞美了什么什么，抨击了什么什么，完了（笑）。诸位不要笑，请回忆一下诸位在大学里的作业，有的很可能还这样写。反正我总是读到这样的大作（笑）。请不要小看它，文学教育就是采用了这种阐释方式，它非常简单，一学就会，不用费多少脑子，所以它流传得很快，而且战无不胜，不管多么复杂的作品，都可以这样对付，把一切都可以搞得简简单单，明明白白，没有任何问题。你一旦习惯了这种方式，就会发现其他的阐释都是胡扯蛋，都是不知所云的。前几年，北大的钱理群教授在《语文学习》

上引用曹禺最初写的文章重新阐释了《雷雨》，不算复杂，马上，一位中学教师出来反驳，我记得很清楚，他的第一句话是："这原本不是问题的问题，因钱理群教授提出'新看法'而又成了问题"。是啊，《雷雨》中阶级斗争这么明显，还谈"蛮性的遗留"，"宇宙像一口残酷的井"干什么？即便是曹禺说的也不能算。如果要投票表决，我估计百分之九十九以上的教师会赞同对钱理群的反驳意见。

文学教育在文学之上，建立了一套顽固、强大的阐释体系。它刻板、教条、贫乏、单一，它把我们与文学的联系隔开了，它取代了文学，在我们这个精神已经极度匮乏的社会里发挥着使其更为匮乏的作用。与它相匹配的是在同一时期创作出的所谓文学作品，那是文学教育的首选作品，我们都很熟悉的所谓当代散文几大家的作品，几首歌颂圣人圣地的诗，几篇忆往昔的小说，这些是文学教育的宝贝。它们的主要意思是，少吃饭，少睡觉，多听话，多干活，游玩时别忘了忆苦思甜，困难时要记住英雄伟人，看看过去，想想现在，展望未来，频繁地叩头表示感谢，天天赞美壮丽伟大。有一篇赞美松树的散文，说松树的根可以派什么用场，松树的枝可以派什么用场，叶可以派什么用场，然后号召我们大家要向松树学习，不知在座的各位学得如何（笑）？也不知那些编教材的和教书的学得如何，没听说他们集体捐献心脏肝脏（笑）。也许自己没学好，所以把希望寄托在你们身上（笑）。奉献难道不好吗？奉献是一种很好的行为，但不是唯一的，否则，人就不完整了，人和牛就没有区别了。但文学教育就是要求人们做一头老黄牛，还说那是鲁迅精神。

文学教育还得选择一些其他时代其他地方写的作品，当然，还是用其原来的标准。你我都明白，这一些，比刚才所说的要好得多，更像文学作品。但色彩并不丰富，因为有许多作品，离标准太远,不应该接触,要读一些所谓"健康"、"向上"的作品,不然会引起思想混乱。在他们所选的作品中,哪怕有一点点异样的声音,也得提示一下。我学《荷塘月色》的时候,老师就说明,这里有一点小资产阶级知识分子的苦闷情绪,然后分析道,那是当时当地的问题,我们要正确对待,换言之,我们不能有苦闷。学苏轼的《赤壁怀古》,老师就着重批判"人间如梦"一句,调子低沉,过分悲观。人面对时间的流逝、历史的变迁而感慨生命的短暂、江月的永恒,也不行,他们可能在想,要是学生都有"人间如梦"的想法,那我们的建设事业靠谁(笑)?朱自清《温州的踪迹》里面的《绿》一文,那几句把潭水比作姑娘的文字,我们那时是删掉的,可能怕我们浮想联翩,心存邪念,于我们成长不利吧,现在倒是补回来了,可见大有进步。我猜想是删是补,专家们大概要讨论一番。有时怕人家心存邪念,主要是由于自己已有了邪念,周作人把这叫做"老流氓的变态心理"(笑),这种心理最好不要存在。问题更严重的是,那套阐释体系也能把经典作品讲偏,讲歪,讲得味同嚼蜡、刻板无趣。仿佛全世界所有的作品都可以用反对封建主义、批判资产阶级、同情人民大众诸如此类的大词来概括,再加上阶级局限、消极面,就完事大吉,天衣无缝了。里面就是没有人,没有人的丰富感情,没有对人的处境的体验、同情、理解、悲悯。教师教学生们高高在上,指手画脚,像上帝一样审判芸芸众生。他们说,《项链》是批判小资产阶级的虚荣心,是批判享乐主义腐朽思想。这样一来,那个女主人简直活该倒霉。这样一来,安娜·卡列尼娜、包法利夫人大概也都是自作自受。我们无法体会小人物的辛酸处境,无法理解小人物的挣扎和被命运作弄的悲哀,我们连起码的同情心也没有得到培养,那套阐释体系反而摧残了我们本来可能有的同情心。

　　(台下递上来一张纸条)这里有一张纸条:"您的意思是不是

说,对新人的设计,和文学阐释体系中都缺乏人道主义?"—— 很对! 我们反了几十年的人道主义,反得连起码的人情味都没有了。没有人情还怎么能理解文学? 文学本来能够使人的心灵得到沟通,使我们体会到他人有不幸,有苦恼,有无奈,有希望和绝望,有欲求和矛盾,有奋进和退缩,有欢喜和惆怅,那都是人的生活,人的色彩,人的气息。这些,却被我们的文学教育挤压得踪影全无。在大学讲坛上,说到鲁迅的《在酒楼上》,最可能讲的是吕纬甫如何背叛自己,向封建主义投降。说到《伤逝》,准是批判小资产阶级的恋爱观,仿佛主人公不参加革命就不能谈恋爱。说到老舍的《骆驼祥子》,那就是个人奋斗没出路。你看,所有不符合他们"新人"标准的人,都是倒霉蛋。你听信了这种说教,还能被文学作品所打动吗? 你还能有丰富的人生感受吗? ……(台下递上纸条)这一张纸条说:"在后现代的语境里谈论人道主义,你不感觉到可笑吗? 人道主义是一种死亡了的思想。"这样说来是有点可笑,人道主义也从来没活过。很有趣,我们这个社会从前现代一下子变为后现代,人道主义时代被跳过了。以前只要听话,奉献就可以,不要人道,现在据说只要欲望,就怎么都行,也不要人道,所以它还没活,就又死了(笑)。人道主义有两种意思,一种其实是人类中心主义思想,宣称人类是宇宙万物的主人,有权改造一切,征服一切,结果把地球改造了,征服了,也就破坏得差不多了,把人也控制和征服得如此这般,20 世纪哲人们对这种思想反思得很厉害。另一种才是真正的人道主义,它不是一种具体系统的思想,我认为它首先是思想的前提,它强调要关怀每个具体的人的命运,人与人应该相爱,不应该互相残杀,一部分人不应该奴役另一部分人,不能把人当做手段、工具、畜生。90 年代中国的"后现代"将士们善于利用反思人类中心主义的思想资源来围剿人道主义。所以他们一个劲地宣布死亡的消息，人道主义死了，启蒙主义死了，知识分子死了……当然，惟独他们还活着（笑）。有人说他们的"后现代"不符合中国的实际，这话说错了，他们太符合实际了，由于他们的努力，前现代终于与后现代接轨了。（台下有人举手，问："请问，人道主义能解决一切问题吗？为什么说它是思想的前提？"）不，人道主义不能解决一切问题，它非常脆弱，自身还困境重重，不是连活的权利都还没有吗（笑）？它绝对不可能包打天下。有人可能要问，它这么没用，还要它干什么？是啊，有了它不能解决问题，它好象反而在制造问题，使得人们顾虑重重，左也不是，右也不是；但是没有它，会出大问题，我听说一个事件，60年代初不是反人道主义吗，批人情论、人性论，老师在课堂上也批，结果，造反开始后，一个学校里，学生把一个老师扔进游泳池里，大批学生围在游泳池边上，老师想上岸，学生用脚把他踢回去，老师在水里来回挣扎，半天过后，慢慢地，他沉入水底。没有人救他，甚至也没有叹息，学生们高高兴兴，神采飞扬地观赏着一个活生生的人如何死去，这一天成了革命的盛大节日。（持久沉默）人道主义不是一种思想，它也不是靠思想的灌输可以建立起来的，它是一种情怀，是长久积累起来的一种情怀。思想家有了这种情怀，他的思想才可能对人类有益处。社会有了这种情怀，一种好的思想的实践才有可能不至于走向反面。本来，文学教育是有助于培养这种情怀的。但我们这里好象总对这种情怀不放心，不怕没它会出什么问题，总怕有了它会造成混乱。

这里还有一张纸条："那种文学教育模式，我们很早就不相信了，教我们的老师真的相信它吗？"这个问题问得好！我不知道到底还有多少人相信它。但是，你们尽管不相信，还得听课，复习，参加考试。不要以为你不信就没事了，最多浪费一点时间，千万不要小看话语的力量,你习惯了一种话语表达方式,尽管不信,它还是会占有你的思维。我们可以试一试,假定现在没有任何压力,请你们写出自己对《祝福》的理解,然后你们自己看看,肯定还会有许多你们自己也不相信的套话、空话、废话,一个学生很悲哀地对我说,"老师,我只会这样写,要不然,我就写不出来。"这就是话语的力量。教师也一样,不一定相信,但是被这套话语支配了几十年,习惯了,要不然不知道该怎么讲。于是,不一定相信的仍然在讲,不一定相信的不得不听,这套话语就一直会传播下去,没完没了。它的弊害早在十几年前就有很多人发现了,它与思想学术界发展的差距也有将近 20 年,也就是说,将近 20 年的时间它几乎没有变化,却延续至今。你们将来做了中学教师就敢不那样讲吗? 去年有一个毕业生,工作后第一次开公开课,讲解鲁迅的《药》,她告诉我她准备换一套讲法,我很高兴,还回答了几个问题,最后我突然想起,问她:"这会不会对你有压力?"因为人家不习惯,会以为她在胡说八道。她略有所思。……后来,她就按照原来的教科书上的那套讲了。可能她以后会习惯,虽然现在有点厌烦。可能她的学生以后也会问:"教我们的老师真的相信它吗?"

(台下问:如果您是中学教师,您怎么做?)您是问我敢不敢与现在的文学教育体制对着干。我要说豪言壮语也没意思,说不定到那时没胆量了。我刚才所说可能太悲观。实际上,在现有的体制和你个人之间,还是有一定的回旋余地的。如果你在许可的范围里,讲一些真正有文学意味的内容,你就是一位非常出色的老师,我向你致敬,我希望孩子们都能遇到你这样的好老师。至少,我希望在座的各位以后不要为难孩子们,课堂上不要象对付敌人那样对付孩子,课外也不要压制学生的自由发展。我最不能忍受他们用一些刁钻古怪的题目来为难、作弄孩子们,这一句句子有什么深刻含义啦,为什么用这个词不用那个词啦,加点的词有什么作用啦,那个东西象征什么啦……,我们每一个都受过这种折磨,你以为此中必定大有深意,冥思苦想,不得而知,其实那个答案,还是套话、空话,或者实在是不着边际的胡话。许多学生,对文学教育所制造的那个"鲁迅"烦得要命,原因就在这里。他们真能把鲁迅当枪使,特别是鲁迅作品中的用词,简直可以把学生整得天昏地转。一个女作家说,她的一篇文章收进了中学课本,可是里面出的思考题,搞得她莫名其妙,她都不知该怎么回答。几个孩子不同意老师对巴金的文章的解释,他们的解释老师又不赞成,孩子们写信给巴金,巴金支持孩子们的观点,但老师还是坚持原来的那一套,因为教学参考书就是这样说的。你看,我们的文学教育体制已经死板、荒唐到这种程度。在这种体制下,如果再碰到一个同样死板的亦步亦趋的老师,孩子们不是活受罪么。教育者们还老是担心学生的课外阅读,担忧学生在课外阅读一些与他们的要求不一样的作品。我最近想明白了一件事:为什么学生们这么喜欢流行文学,喜欢琼瑶、三毛,还有流行歌曲,等等。其中一大原因是,与文学教育控制和阐释下的文学相比,这一些要亲切得多,更有人的气息,更有生命活力。在这种地方,他们可以呼吸到清新的空气,他们从中能找回身体的感觉,懂得人的七情六欲是合理的,他们可以自由地欣赏人的风采,他们可以学会如何表达自己,用另一套话语来表达自己。你去看看他们私下来往的信件,私下传阅的习作,你会发现他们从流行文化中学到的,比文学教育灌输给他们的,要有意思得多。不要轻视流行文化,虽然它为学生们提供的精神空间毕竟有限,但如果下一道圣旨,严禁学生接触流行文化,学生阅读什么全部听从老师的安排,那学生们恐怕会闷死的。教育者们不怕他们会闷死,而总怕他们没有是非鉴别力,怕他们多读书而中毒。读一点讲爱情的，会不会整天就想着男男女女的事，读一点"悲观"的作品，会不会跳楼自杀，读《红与黑》，会不会变成野心家，读《安娜·卡列尼娜》，会不会穿着黑衣服去卧轨（笑）。现在已经管不住了，所以要"正确引导"。可是又不太会引导，因为教师们这类书看得不多（笑）。——这不奇怪，教书先生是用不着看多少书的，只要认真研读教学参考书，会翻词典就行。在座中间肯定有不看书的大学生。有一位大学生在毕业前很坦然地告诉我，他四年里没有认真读过一本书，也不怎么听课，就考试前借人家的笔记背一背，混过四年。他现在正在做中学教师呢。据他说，他的一些同学也是如此。这大概也没什么，至少，他读懂教学参考书的水平是有的。我希望这样一些未来的老师们在未来少干一点活，干得越多，越可怕。

如果你想做好一个文学教师，你不愿完全被现有的文学教育体制所控制，你想给学生的精神发展以真正的帮助，那么我建议你，回到王国维、蔡元培的美育思路中去，理解文学和文学教育的真正意义是什么。我想引用他们两人的话来说明文学和文学教育的意义，来结束这次演讲。王国维在《教育杂感》中说："生百政治家，不如生一大文学家。何则？政治家与国民以物质上之利益，而文学家与以精神上之利益。夫精神之于物质，二者孰重？且物质上之利益，一时的也；精神上之利益，永久的也。"王国维接着说，我国的文学，比不上西方，我国重视文学的程度，也比不上西方，那么，我们的国人在什么地方能得到精神慰藉呢？中国又没有宗教，艺术又这么匮乏，既然无法找到精慰藉，那么赌博吸毒就会泛滥，如果不培养国民的精神趣味而禁止赌博吸毒，必然无功而返。而精神趣味，需要千百年的培养，不比物质文明，很快可以从西方引进。王国维说，他搞不懂谈教育的人为什么不考虑这个问题。蔡元培在 1930 年答《时代画报》记者问时说:"我以为现在的世界,……盲目地崇尚物质,……以至增进贪欲的劣性,从竞争而变成抢夺,我们竟可以说大战的酿成,完全是物质的罪恶。……要知道科学与宗教是根本绝对相反的两件东西。科学崇尚的是物质,宗教注重的是情感。科学愈昌明,宗教愈没落,物质愈发达,情感愈衰颓,人类与人类一天天隔膜起来,而互相残杀。根本是人类制造了机器,而自己反而成了机器的奴隶,受了机器的指挥,不惜仇视同类。我们提倡美育,便是使人类能在音乐、雕塑、图画、文学里又找见他们遗失了的情感。我们每每在听了一支歌、看了一张画、一件雕刻,或使读了一首诗,一篇文章以后,常会有一种说不出的感觉;四周的空气变得更温柔,眼前的对象会变得更甜蜜,似乎觉到自身在这个世界上有一种伟大的使命。这种使命不仅仅是使人人要有饭吃,有衣裳穿,有房子住,他同时还要使人人能在保持生存以外,还能去享受人生。知道了享受人生的乐趣,同时更知道了人生的可爱,人与人的感情便不期然而然地更加浓厚起来。"

我的演讲就此结束。谢谢诸位!(鼓掌)

(根据录音整理,经本人审订)

1997 年

反思新语文观念

薛　毅　上海师范大学中文系

1997 年语文教育大讨论以后，逐渐形成了一套新的语文教育观念。作为这场大讨论的始作俑者之一，我非常关注来自语文教育界的回应，令人失望的是，我至今为止还没读到任何一篇批评新语文观念而有说服力的文章。这似乎除了说明语文教育界的僵化之外，没有其他恰当的理由可解释。在一长段时间里，语文教育大讨论被人说成"圈外热而圈内冷"，在社会上，新的语文观念得到非常普遍的接受和支持，而语文教育界被拉到了舆论的审判席上，我们听到有人指控现有的语文教育"误尽苍生"，"以学生为敌"，我们听到很多人的声音，会写一点文章的人大概都能把现有的语文教育当成靶子，"审视"它，说它扼杀人的精神自由，说它毁灭人的想象力，说它培养的是"没有灵魂的人"。我想指出的不是这种"审视"的对和错，而是这种"审视"的依据在"审视"过程中是否得到很好的反思，我认为，正是这种大规模而又随意的审判热潮中，新语文观念被充分地意识形态化了，它自身走向了僵化和空疏，停滞为一种口号，一种标签。我认为，如果要真正有效地推进语文教育的改革，反思新语文观念是其中一个必不可少的环节，对我而言，这其实也是一种自我反思。当然，这种反思并不意味着否定语文教育的大讨论，更不意味着回到老路上。

语文教育大讨论的一大成果是多种语文读本的出版，其中《新语文读本》为佼佼者。有意思的是，在语文教育界并没有普遍接受新语文观念的前提下，语文读本却进入了学校，我发现我所居住的城市，大部分中学生都有一套语文读本，许多学校还每周开设自修课让学生自己阅读，自习语文读本正在成为语文教育的第二课堂。这是一个有趣的现象，也许我们可以简单地把这个现象解释为语文教育界迫于社会的压力，当然也可以把它理解为一种商业的行为——书商打入教育界之内，或者我们可以把这个现象作一种合理化的解释：在现有考试制度不变的情况下，持有新语文观念的语文读本，成为语文教学的必要补充。但我想追问的问题是：现有的语文教育制度以何种机制接受了新语文观念和读本？如果排除了高考制度这个因素，新语文观念和读本是否有能力进入语文教学的第一课程？

新语文观念的重点在于破除语文的工具主义思想，强调语文的文化性质，文学性质，语文教育的精神作用，审美作用，用著名学者钱理群先生的话来说，语文教育必须为学生打好"精神的底子"。钱理群先生说：

"中小学语文教育主要应该培育学生对真、善、美的追求，对彼岸理想世界的向往与想象，对人类、自然、宇宙的大关怀，对未知事物的好奇心，并由此焕发出内在与外在的激情，生命的活力，坚强的不屈不挠的意志力，永不停息的精神探索，永远不满足于现状的批判与创造的欲求。所有这些宝贵而美丽的精神素质可以概括为'青春的精神'，它既符合青少年的生理与心理发展的特征，同时也是一个人的健全生命的基础。"（《以"立人"为中心——关于九年制义务教育中的语文课程改革的一些思考》，钱理群《语文教育门外

谈》,广西师范大学出版社2003,下同)

　　钱理群先生是新语文观念的最杰出的代表人物,也是《新语文读本》的主编。作为钱理群先生的编外学生,本人从钱理群先生那里吸收了不少关于语文教育的真知灼见,他的冷静和理性也使新语文观念包容了更多复杂的内容,他建设性地谈论问题的方式也使新语文观念与现有教育界剑拔弩张的态势得到很大的缓和。而本人对新语文观念的反思也是从对钱理群先生思考的反思那里出发的。上述引文是钱理群先生对他提出的"精神的底子"的较集中和详细的阐发。从批评的眼光来看,当钱理群说这些内容符合青少年的特征的时候,他没法证明它们符合语文教育的特征。钱理群不是不知道,"本来整个中小学教育都有'育人'的任务",但他强调,语文教育在这方面有着特殊的功能与意义,钱理群给出的证明是:

　　"这是能够用人们的经验作证明的:几乎每一个成年人在回顾自己一生的成长时,恐怕都会提到中小学语文老师对自己的影响与引导,这大概不是偶然。道理也很简单:语文教育所用的教育材料是语言文字,是各类文体的文章,文学作品又占据了很大的比重,都无一不积淀着丰富的文化内涵与人文精神"。

　　如果说教师对人的成长的影响,我们并不能证明语文教师必然是第一位的,而历史、地理、政治等中小学科目,同样也是以语言文字为材料。所以,这并不能证明语文应该和有能力承担起"育人"的主要任务。我认为,问题的真正关键在于:我们无法看到,还有其他什么科目能承担起"育人"这个任务,因此我们要让语文来承担它。实际情况也确实是这样,如果语文也没有能力给学生打好"精神的底子",那我们还有其他渠道吗? 我认为,这是1997年以来,整个语文教育大讨论的隐秘的出发点——希望语文教育能承担起文化、精神的传播作用,这当然包括我那篇《文学教育的悲哀》。但我们都没有自觉到这一点:这其实是整个教育的任务,但我们找不到其他地方落实,所以希望语文教育能真正落实这个功能。

所以,当我们说语文承担不了这个任务,我们就回避了"精神的底子"落实于何处这个问题。而当我们说语文应该承担这个任务的时候,我们也就回避了语文这门学科的性质,我们把语文等同于文化、文学、精神,我们也回避了重新思考语文究竟是否真的有这个能力。

这让人想起晚清时期中国学科转制时期王国维的呼吁。晚清时期,中国传统的"四部之学"(经、史、子、集),向现代的"七科之学"(文、理、法、农、工、商、医)转化,王国维说:"今日之奏定学校章程,……其根本之误何在?曰:在缺哲学一科而已。……夫人类岂徒为利用而生活者哉?人于生活之欲外,有知识焉,有感情焉。感情之最高之满足,必求之文学、美术,知识之最高之满足,必求诸哲学。叔本华所以称人为形而上学的动物,而有形而上学的需要者,为此故也。故无论古今东西,其国民之文化苟达一定之程度者,无不有一种之哲学。"(《奏定经学科大学文学科大学章程书后》)钱理群所说的"精神的底子"的内容,也正是王国维所关注的,他希望哲学来解决这个问题,如同钱理群寄希望于语文一样。

但是,中国的现代学科的安排其实已经吸纳了王国维的意见,而王国维的问题仍然存在。我们也可以设想,也许新语文观念以后会被语文教育体制所采纳,可是我相信钱理群的问题仍然不会得到解决。这不是因此而证明钱理群的问题无效,相反,他的问题和王国维的问题一样,是值得我们认真面对的。我想,问题应该转化为:当我们发现其他学科没法承担打"精神的底子"这个任务,而语文也并不能完全承担这个任务的时候,我们应该怎么办?

在我看来,这个问题应该分解为两个方面:第一,如何遏制中小学教育体制侵吞学生的生活世界,为学生留下非体制的空间;第二,如何重新寻找"精神的底子"与语文教育的有效结合点。

如果我们去观察一个学生的一天、一周,或者一个学期的时间安排,我们会发现,现在的学生是被两种体制的力量撕扯着,一个是以升学考试为核心的教育体制,一个是用流行文化来吸引学生的市场体制。前者形成了绝对的压迫力量,而后者往往是给学生以解放的幻想空间。教育体制不仅仅占有了学生在学校的绝大部分时间,而且也占有了学生课外的绝大部分时间。如果这个问题不解决,一个无功利的、有充分自由的精神的空间就无法形成,如果这个问题解决不当,教育体制后退一步,留下的空间会被市场体制占有。而一个强调所谓教育产业化的权力者,更可能会借助于社会对教育体制的抨击,而悄悄地让市场逐步占有学校和学生。

只有提供一个无功利的环境,才有可能让学生无功利心地思考问题,感受世界,善的观念、美的观念才有可能慢慢形成。应该从体制的角度来解决体制问题,迫使现有的中小学为学生留出充分的体制外空间,迫使市场在这个空间面前止步,在这个前提下,精神才有可能真正发挥作用。而且我发现,新语文观念所强调的精神素质,是与体制外的空间更能配套的。因为它强调的是学生的自主性,强调基于学生自发的热情,基于学生的好奇心。这个精神层面上的素质的养成,现代教育体制是无法测定和评估的,却又是必需的。换言之,如果形成了这个空间,新语文观念的"精神的底子"这个目标,在很大的程度上,是可以和语文这个体制内的学科分离的。教育者所要做的事情只是为这个空间提供大量的精神食粮,书籍、影视作品、音乐作品等等,这些精神食粮中的任何一份,都无法证明它对学生而言是必需的,因此不能纳入体制之内来评估(我们能证明一个中学生必须阅读《红楼梦》吗? 我们又如何为一个阅读了《红楼梦》的学生进行测评和打分?),但这个空间和大量的精神食粮是必需的。在这个意义上,我反对为学生开设大量必读书目,我主张为学生提供大量可读书,同时,我主张为教师开设必读书目。

而从语文教育本身而言,"精神的底子"如何内化为语文教育自身的目标? 应该使"精神的底子"语文化,而新语文观念没有完成这个任务。新语文观念的重点在于破除语文的工具主义思想,面对工具主义思想在语文教育界的霸权位置,这种强调是有意义的,它迫使语文回到文化的背景中来。但是,文化毕竟不是语文,文学也毕竟不是语文。所以,问题应该是,如何在语文具有文化性、精神性的前提下,使语文寻找到自身的位置。我觉得,妨碍新语文观念对语文学科自身说话,或者轻视语文的"语文性",里面有一个深刻的原因,那就是新语文观念的浪漫主义哲学背景。浪漫主义注重自我,注重自我的内心,强调人的自主性,强调人在自然状态下的自由境界,浪漫主义认为人的自我有一个内在的深度,在深不可测的内心中存在着精神和精神得以生长的土壤,浪漫主义因此而希冀于人的个性,个性的高度发展,也因此而反对"规训",把"规训"视作是束缚人、压迫人,妨碍人的精神自由,甚至是反人性的东西。表现在语文教育的观念上,浪漫主义当然强调语文学习的自主和自由,强调作文应该真诚、应该说出心里话,等等,而不认为作文有规范,作文也是一种训练。这样一来,新语文的观念可以与体制外的自由空间相配合,但如果进入语文教学体制,就出现了非常大的毛病:几乎没有可操作性! 比方说,新语文观念要求学生直接阅读和接触经典著作,要求去除学生和经典著作之间的一切中间环节,这就没有给教师留下位置了,这当然是针对现有的语文阐释体系的毛病而言的,但是,浪漫主义的哲学观会要求学生直接领悟经典的原意,却没有思考这样一个问题:不存在任何脱离了阐释的经典原意。有阐释,才有教师的存在。而阐释是与规训连在一起的。

新语文观念忽略语文特性的重要表现是,他抨击了语文教育的工具主义思路,但又把工具主义所强调的问题搁置在一边。工具主义的要害是"抽象化",它建立了一套抽象化的知识系统:字、词、句,乃至段落、篇章,都通过语法教学、修辞教学、作文教学等手段被抽象出来,不注意词语、句子在具体语境中的实际运用,而是注意它们在词典中的含义,它们的语法结构。作文的教学同样如此,什么是记叙文、什么是议论文,有多少要素,有多少类型,教师讲得头头是道,细致入微。问题是,学生们掌握了这些知识后,仍然不会写文章。而新语文观念把字、词、句,把语法、修辞等搁置起来了。新语文观念由于偏重于精神和育人,因而它的重点落实在用语言"说什么",而不是"怎么说",它的重点是说话的内容,而不是说话的方式。或者说,在新语文观念那里,"怎么说"和说话的方式,是到达"说什么"和说话的内容的手段。而这恰恰就是工具主义的思路。当我们要求语文教育要有语文的特性的时候,"形式"、"如何写"这样的问题就显得特别重要,也只有把握了这些问题,语文的知识和训练才有可能不被忽略。这就需要解决"形式"与"内容","如何写"与"写什么"的二分法的困境。如果视二者为可分离的,那么我们只会重蹈工具主义的老路。但是,就像形式不仅仅是形式一样,内容也不可能脱离形式而单独存在。这两者的关系类似于一张纸的正反两面,永远无法分离。也就是说,当我们试图去把握文章的形式的时候,"内容"不是外在的,而是内化在形式之中的。同样,只有与"写什么"紧密联系起来,"如何写"这个问题才是有意义的。与工具主义殊途同归的是,新语文观点并没有有力地解决二分法的困境。

这种二分法的思路,是新语文观念和工具主义共享的。在我看来,这就是现有的语文体制接受新语文观念和读本冲击,并把它们转化为语文教学的第二课堂的内在机制。而如果要使这场语文改革不半途而废,那就应该彻底改变二分法的模式,这就需要我们去重新思考语文知识,语法教学等语文最基本的问题,在这个基础上,寻找到语言文字与精神文化的结合点。

2003 年

历史与现状

2018—2022 年度《红楼梦》整本书阅读教学与研究发展报告

叶素华　上海第二工业大学附属龚路中学

詹　丹　上海师范大学光启语文研究院

教育部颁布的《普通高中语文课程标准》(2017 年版)(以下简称"新课标")在课程内容部分安排了 18 个学习任务群,其中位列第一的就是"整本书阅读与研讨"任务群,该任务群规定高中生在指定范围内选择阅读一部长篇小说和学术著作。2019 年新出版的高中语文统编版教材必修下册的第七单元,选入中国古典长篇章回体小说《红楼梦》,作为整本书的阅读对象。在新课标和新教材的推动下,《红楼梦》对于高中生的学习不再是节选的单篇课文,而是进入更具整体观念的整本书阅读的形式。这也促进了更多学者专家以及一线教师从阅读教学角度探索《红楼梦》这部文学巨著,怎样更好地走进高中生的语文课堂,让高中生能最大限度地汲取《红楼梦》所蕴含的丰富思想艺术养料。经历了从 2018 年至 2022 年五年时间的积淀,《红楼梦》整本书阅读教学与研究已获得了较为丰硕的理论研究成果和教学实践经验。

一、有关《红楼梦》整本书阅读教材、
"新课标"、教辅研究

1.《红楼梦》整本书阅读教材

2017 年以前,《红楼梦》进中学语文教材大致经历了两个阶段,开始很长一段时间,是以选段的方式编入语文教材中,出现频率较高的片段有"葫芦僧判断葫芦案""林黛玉进贾府""香菱学诗"等,后来实行课程改革,中学在必修课外又尝试开设选修课,《〈红楼梦〉选读》作为选修课教材供师生使用。这是《红楼梦》个别段落进必修教材的同时,又有《〈红楼梦〉选读》使用的并行阶段。而现行统编版高中语文教材(2019 年),是以整本书的形式,将《红楼梦》纳入高中语文必修课程下册的第七单元之中。在这一单元里,教材给出的阅读指导是建议从把握前五回的纲领作用、抓住情节主线、关注人物形象的塑造、品味日常生活细节的刻画、了解社会关系与生活习俗以及鉴赏语言六个方面来把握《红楼梦》。根据阅读指导的内容又具体给出相对应的六个专题作为学习任务供师生参考,即把握《红楼梦》中的人物关系、体会人物性格的多样性和复杂性、品味日常生活描写所表现的丰富内涵、欣赏小说人物创作的诗词、设想主要人物的命运或结局以及关于《红楼梦》主题研究的综述。尽管新教材是从整本书阅读的角度来规定《红楼梦》教与学。但这种学习任务的具体划分,从某种意义上说,也是对《红楼梦》从结构、情节、人物、语言、主题、诗词、文化等方面进行了纵向的、局部的切割。如果教学中只对专题做深入探讨研究,而缺乏以全局观念、整体意识来关照小说的各要素,建构起各要素之间的联系,那也不能称之为真正意义上的整本书阅读教学。因此,我们认为,在落实教材中提供的学习任务的过程中,要注意任务、专题之间的关联,且最终要引导学生回到小说文本本身,进行反复通读,完成从局部理解到整体认识的转变过程。①

由于《红楼梦》卷帙浩繁,语文教科书只是把教学内容和任务列入单元中,没有提供原作或者原作的片段,所以有不少教师出版结合了学习任务或者分析的原作教材。比如李煜晖主编的《〈红楼梦〉整本书阅读任务书》,吴泓主编的《〈红楼梦〉整本书思辨阅读》,基本是在原文的基础上设置旁批以及章回后设计思辨读写问题或任务的形式编排,以思辨性问题启发学生思考,注重提高学生文化水平以及思维品质的双重语文素养。而詹丹编著的《〈红楼梦〉精读》,同样是侧重依附于原著的赏析,分为导言、原著选读以及评析三部分。导言部分对《红楼梦》的伟大价值作出了全面而独到的阐释;原著选读与评析部分共精选出全书的 27 回文字,加以深入文本肌理的分析,既能启发读者思考,又能增加阅读趣味。

2.《红楼梦》整本书阅读"新课标"规定

"新课标"为《红楼梦》整本书阅读提供给了课程层面的规定性要求,在教学目标与内容方面作出了明确指示,并提供了具体的教学提示。其总体的学习目标与内容是在阅读过程中形成和积累阅读整本书的经验;整体把握小说的思想内容和艺术特点;学习检索作者信息、作品背景、相关评价资料;联系自身,形成对作品的独特理解、丰富精神世界等。在"新课标"的课程规划中,"整本书阅读与研讨"仅占 1 个学分,即共 18 个课时,需要完成两本书的阅读教学,分配到《红楼梦》整本书阅读教学时间大致在 10 学时左右。那

① 詹丹:《论〈红楼梦〉整本书阅读的整体体性》,《上海师范大学学报》2021 年第 4 期。

么，如何平衡课时分配的有效性与《红楼梦》整本书内容的丰富性，如何让《红楼梦》整本书阅读教学在有限的时间内获得较高的教学效益，是《红楼梦》整本书阅读教学需要处理的一个关键问题。对此，统编语文教材总主编、北京大学中文系教授温儒敏先生在《守正创新用好普通高中语文统编教材》一文中论述到："'整本书阅读'应以课外阅读为主，课堂上安排交流分享活动，教师可以提供'读这一类书'的方法引导。在整本书阅读过程中，重在'目标管理'，不宜太多'过程管理'。"①这一建议，基本体现了课标的课程规划意图，但实际执行起来却相当困难。因为留给高中生课外阅读的时间非常稀少，所谓学生课外阅读，大概率的情况就是不读。如果真需要把整本书纳入教材，也许更务实的做法，是对高一语文必修下册的其他单元加以缩减，把《红楼梦》要求的六个方面改为六个单元，在课内而不仅仅是课外留出较多的时间给整本书阅读，才比较现实。

3.《红楼梦》整本书阅读教学用书

自《红楼梦》整本书阅读纳入高中语文必修课程以来，不少一线语文教师、专家学者投入《红楼梦》整本书阅读与教学的研究，相关的教辅书籍层出不穷。除 2019 年人民教育出版社出版的与教材配套的教师教学用书之外，2018—2022 年，这五年期间还出版了不少其他的与《红楼梦》整本书阅读相关的供教师教学参考的教辅性书籍和供学生学习的辅助性书籍。这类书籍从 2018 年开始零星出现，到 2020 年以后在数量上有较大突破。

例如，2018 年宋文柱出版的《〈红楼梦〉导读与训练》，以《红楼

---

① 温儒敏：《守正创新用好普通高中语文统编教材》，《人民教育》2020 年第 17 期，第 56 页。

梦》的导读预设、名家品读、章回精读、学习任务群、素养测评五大部分构建全书内容。

2019 主要有《〈红楼梦〉阅读课》（张悦著）、《如何阅读〈红楼梦〉》（权晔等编著）、《〈红楼梦〉整本书阅读人物形象选析》（李海维、庞敬合编著）等相关书籍陆续出版。张悦以北京教师开设的《红楼梦》相关"阅读课"为内容进行编写，书中设计的阅读任务大多经过教学实践的检验。"阅读课"包括经典溯源、阅读门径、名家视点、延伸导航、研究旨要五个部分。权晔等从作品概观、整体梳理、深入探究三个方面回答"如何阅读《红楼梦》"这一问题。第一部分包括讨论版本、界定文学价值、介绍作者、跨界阅读；第二部分从《红楼梦》的内容、结构、技巧、思想、审美五个角度展开梳理；第三部分以《红楼梦》人物、叙事及其技巧、主题、审美价值、文化为专题进行深入研究，并作出具体的深入研究示范，最后提出精读拓展的建议。李海维、庞敬合所著之书与前两部不同，他们仅对《红楼梦》中的 16 位主要人物的性格和命运作出了较为详细的解析。此外，还有陈兴才主编的《新课标整本书思辨读写任务设计（高中卷）》涉及的《红楼梦》整本书章节、张心科所著的《〈红楼梦〉与百年中国语文教育》等。

据不完全统计，2020 年出版《红楼梦》整本书阅读与教学相关书籍 13 部左右。主要有《重读〈红楼梦〉》（詹丹著）、《〈红楼梦〉整本书阅读》（邓彤著）、《整本书阅读"学教评"》（浙江省教育厅教研室组织编写）、《高中生如何阅读一部长篇小说——以〈红楼梦〉为例》（冯渊著）。詹丹从全书总论、人物评点、情节解析、风物品鉴、接受研究五个部分，来分享其数十年来不断重读《红楼梦》的解读成果。此书由或长或短的单篇论文组成，重视以文本细读为基础，展现出实证性、思辨性相统一的特点。邓彤所著一书分为阅读指导、文本研读、任务驱动上、中、下三卷。分别提出了《红楼梦》的阅读方法和策略、对《红楼梦》的人物和情节进行解读以及设计《红楼梦》学习任务。《整本书阅读"学教评"》一书分为"助学"与"助评"两大板块。先梳理《红楼梦》的价值影响和具体内容,给出阅读建议以及学习任务单,再从语言运用、文学阅读、新型探索以及综合实践来设计《红楼梦》相关测试题,体现"教学评一致"的原则。《高中生如何阅读一部长篇小说——以〈红楼梦〉为例》一书则严格按照语文教科书列出的六大任务作为专题,收集名家相应的文章作为案例列在六个专题下加以综述,然后设计思考题来推动学生完成学习任务。另外,还有聚焦于《红楼梦》专题学习的《〈红楼梦〉整本书阅读与研习手册》(北京二中语文组编)、《〈红楼梦〉整本书阅读综合实践》(北京《整本书阅读综合实践》编写组)、《青春红楼:〈红楼梦〉整本书阅读》(崔秀霞著)、《〈红楼梦〉整本书阅读任务书》(张冶华编著)、《〈红楼梦〉整本书阅读与训练(整本书阅读与训练课题组编著)以及《〈红楼梦〉整本书精准阅读》(刘瑞林主编)等。还有少数以《红楼梦》测评为主题的相关书籍,例如张西玖、孙其岳主编的《〈红楼梦〉整本书阅读与检测》一书以及王朝银主编的立足于阶段自测、专题专测、综合检测三阶段阅读检测模式的《〈红楼梦〉整本书阅读》。

　　2021年出版与《红楼梦》整本书阅读的相关书籍有:谢澹主编的《〈红楼梦〉思辨读写一本通》一书分为原生态阅读、批判性理解以及转化性运用三个主要部分。以"青春与毁灭"为母题、以爱情、梦想、才华、生命、悲剧等为议题设计读写任务和问题,搭建母题、议题、问题三位一体的教学模式。此外,还有以设计《红楼梦》专题学习的任务为主要内容的王宏根主编的《〈红楼梦〉整本书阅读》。以《红楼梦》经典情节为主要精读内容,以《红楼梦》思想、文化、语体特点为主要研读内容的徐林祥、单世联、于扬主编的《〈红楼梦〉整本书阅读》(精编版)。围绕"小人物""情与礼"等内容为《红楼梦》教学提供具体方案的唐洁、曹明、杨会敏主编的《〈红楼梦〉阅读多样化指导手册》。以及从阅读指导课、阅读研讨课以及阅读展示课三种课型来划分《红楼梦》整本书阅读教学过程的蒋雁鸣主编的《〈红楼梦〉整本书阅读教与学》等。

2022 年主要有《〈红楼梦〉通识》(詹丹著)、《悦读红楼》(俞晓红主编)、《红楼前传——曹雪芹未写的人生传奇》(苗怀明主编)等相关书籍。《〈红楼梦〉通识》先以"一二三四五"五步探路法,即一组概念、二条线索、三个空间、四季时间、五层人物深入小说肌理,为读者提供入门《红楼梦》的路径。接着,详细分析了《红楼梦》的思想与艺术、版本与价值、作者家族、续写与再创造、跨文化传播以及"红学"队伍等问题,以通识的视野全方位地向读者普及《红楼梦》。《悦读红楼》一书,是由中国红楼梦学会、安徽师范大学文学院、安徽教育出版社、《安徽教育科研》《学语文》杂志社联合举办的"2021 全国《红楼梦》整本书阅读主题征文活动"获奖优秀作品集结而成。这些作品分为教师组、大学生组、中学生组三类,另外还收入了《红楼梦》整本书阅读方案及测试的有效性分析及其命题质量分析。《红楼前传》是南京大学文学院 2020 年、2021 年《红楼梦》课程作业集,全书共收录 35 位同学为红楼人物续写的前传。每篇作品分为小说和创作手记两部分,前者写出个人对红楼人物的合理推想,后者主要介绍对红楼人物的理解和写作感受。该书将阅读、研究与创作融为一体,为读者理解红楼人物提供参考,同时也为《红楼梦》整本书阅读教学提供了新路径。

总体而言,2018 年—2022 年,《红楼梦》整本书阅读相关研究著作的出版数量保持着上升的趋势。这些论著的编排方式主要可以分为教学任务(专题)陈列式、单篇论文组合式、综合式等类型。《红楼梦》整本书阅读相关书籍的陆续出版,意味着语文教学界对《红楼梦》整本书阅读这一课题的重视,也为一线教师和学生对《红楼梦》的教学与阅读提供了宝贵的参考价值。但是,需要警惕的是,相关书籍良莠不齐的现象也比较严重,比如对《红楼梦》人物、情节等似是而非的分析,用以指导教学,可能会造成学生对《红楼梦》相关内容的误解;还有一些缺乏整体性、脱离文本、只重热闹、趣味的外在形式而相对忽略《红楼梦》本质的教学活动设计,如果被纳入到正式的课堂教学实施,也可能不利于《红楼梦》整本书阅读教学的真正有效推进。

二、有关《红楼梦》整本书阅读研究的单篇文献

在"中国知网"以"《红楼梦》整本书阅读"为主题进行检索,2018 至 2022 年显示论文数量共 361 篇。其中期刊论文 262 篇,学位论文 110 篇。下图分别是 2018 至 2022 年《红楼梦》整本书阅读与教学研究相关论文发表数量的可视化图表以及期刊论文研究角度的分布情况图。从图中可清晰看出论文发表数量整体呈上升

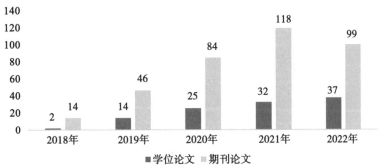

2018—2022 年《红楼梦》整本书阅读相关论文发表数据表

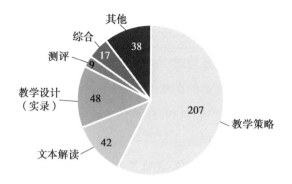

2018—2022 年《红楼梦》整本书阅读期刊论文研究角度分布情况

趋势，2019 年以来涨幅较大。研究主要集中于教学策略、文本解读、评价检测、教学设计（实录）四个方面，其中对《红楼梦》整本书阅读教学策略的探索最多，而测评相对缺乏。

1.《红楼梦》整本书阅读的文本解读

时至今日，在中学开展整本书阅读，有不少师生对其价值存在怀疑，所以研究《红楼梦》整本书阅读的价值，这一似乎是不言而喻的问题，也变得十分必要。

这类研究一部分是论述《红楼梦》本身的文化价值、文学价值、审美价值等，一部分是从学生、教师、课程等角度论述《红楼梦》整本书阅读的意义。例如，詹丹在《〈红楼梦〉何以伟大》(《语文学习》2021 年第 4、5 期)中从《红楼梦》的人物最多样、情节最独特、思想最深刻、情感最饱满、文体最丰富这几大特点分别论述《红楼梦》整本书阅读的价值。晋光娟在《部编本高中语文小说整本书阅读研究——以〈红楼梦〉为例》中从阅读量、阅读方法、思维品质、完善人格、阅读习惯等角度论述《红楼梦》整本书阅读对于学生的意义，以及对提高教师文化素养、专业水平的作用(2020 年河北师范大学硕士学位论文)。俞晓红在《〈红楼梦〉整本书阅读与文学教育》(《红楼梦学刊》2022 年第 1 期)一文中指出《红楼梦》整本书阅读的本质是一种文学教育,兼顾文学与教育的双重职责,既可以发挥丰富学生人生体验和精神价值,提高文学审美等文学功能,又可以在潜移默化中发挥着重塑青少年价值观、促进人格与心灵健康成长的教育功能。这方面的文章还有段江丽的《了解人性人情,体验精雅生活——阅读〈红楼梦〉的意义》(2021 年)、温庆新的《日常生活式:〈红楼梦〉的现代阅读及当下启示》(2021 年)、吕鑫鑫的《浅析〈红楼梦〉的语言要素与人文价值》(2020 年)、秦莉莉的《〈红楼梦〉的审美价值解读》(2019 年)等。

对《红楼梦》的文本研究,在红学界向来占有相当比例,虽然这样的研究未必都是以指导中学开展《红楼梦》整本书教学为目的,但这类注重文本分析的研究,恰恰是中学语文教师的软肋,适当梳理这方面成果,是沟通红学界与中学语文界的重要桥梁。通过专业研究者对《红楼梦》的价值、人物、情节、主题、艺术手法等解读,来为一线教师开展具体教学提供参考,或者纠正教学中涉及文本理解方面的一些偏颇之处,有一定意义。

在人物解读方面,王莹的《"五行"思想下的〈红楼梦〉人物关系建构》(《明清小说研究》2018 年第 3 辑)较为系统地论述了《红楼梦》人物关系中的"五行"属性,《红楼梦》人物"五行"里的生克关系以及人物关系相生相克的矛盾体。此前,评点家张新之、海外学者浦安迪以及大陆学者李劼等,都有过这方面的论述。曹立波、李红艳在《〈红楼梦〉人物身世缺憾的艺术内涵》(《红楼梦学刊》2019 年第 1 辑)一文较为全面的梳理了《红楼梦》中有身世缺憾的人物形象,择取其中主要人物形象加以分析,并论述该人物群体的共性与个性以及其人生悲剧的最终指向。林莹在《〈红楼梦〉中人物"评议"之功能及价值》(《曹雪芹研究》2020 年第 3 辑)中分别从以人物为对象的"互评"、以名物为对象的"评释"、以事件为对象的"评述"来论述叙述者定评的缺陷与对策、信息呈现与文本风格的协调以及立场表述与事实依托的关系。王彬的《试析凤姐、宝玉服装的时代背景与人物形象》(《红楼梦学刊》2021 年第 1 辑)具体梳理了小说中关于凤姐、宝玉二人服饰的描写,并就人物的服装特点与人物形象与行为的关联性展开分析。李煜晖的《整本书教学视角下的〈红楼梦〉人物赏析:观念与方法——以"刘姥姥"为例》(《中学语文教学》2022 年第 1 辑)通过提炼关键事件和典型表现梳理刘姥姥的行为,在此基础上,通过"因果推理"、设计由连续性问题构成的"探究主线"展开对刘姥姥的性格探究,并且从"人物互衬""环境透视""情节推动"来展开人物的功能诠释,以达到对人物的整体性理解。这类文章还有刘奕男的《从"黛之影"谈〈红楼梦〉的人物塑造》(2020 年)、刘雪霞的《论妙玉在〈红楼梦〉中的隐喻意义》(2018 年)、朱锐泉的《学术史视野中〈红楼梦〉人物结局问题的内涵与意义》(2022 年)等。

在情节叙事的解读方面,李萌昀的《章回小说与重复叙事——以〈红楼梦〉为中心》(《红楼梦学刊》2018 年第 6 辑)一文讨论了《红楼梦》中重复叙事中事件重复与话语重复的两个类型及其功能和意义生成。袁宪泼的《琴棋书画的叙事及其价值——兼论〈红楼梦〉的艺术史地位》(《明清小说研究》2019 年第 2 辑)从表层与深层结构两个方面论述了琴棋书画在叙述线索、塑造人物、调控节奏以及暗示下文的重要作用。李成文的《〈红楼梦〉酒令的叙事功能——解读高中语文〈红楼梦〉整本书阅读教学任务之三》(《红楼梦学刊》2021 年第 4 辑)以《红楼梦》中的酒令这一文化现象为切入点,从调节小说叙事时间、创造戏剧化的生活场景、凸显宝黛爱情叙事主线分析其作用,并从酒令描写来对比前八十回和后四十回在描写上的不同,以此解读教材规定的教学任务。詹丹、叶素华的《〈红楼梦〉整本书阅读与事件关联性的建构——以第七回为讨论中心》①一文以叙事较为琐碎的第七回为例,从章回内部事件的关联、此章回与其他章回情节的关联、此回与后四十回的关联三个层面解读小说情节的关联性,从而达成对《红楼梦》的网状情节结构的关联性、整体性理解。此外,还有杨少伟的《论"金钏之死"的多重叙事功能》(2019 年)、谢燕芳的《〈红楼梦〉"梦中梦"叙事艺术》(2021 年)等。特别需要提出来的是,俞晓红从整本书阅读角度,对《红楼梦》文本作了深入研究,如她《〈红楼梦〉情节质点的连类关照》②一文论述了《红楼梦》两两对举,左右对称;同类层叠,前后相属;以此衬彼,遥相呼应的叙述特点。以跨章回的连类思维模式,提升整本书阅读的理性认知。另外她在《学语文》杂志发表的《〈红楼梦〉整本书阅读的理念与实施》《〈红楼梦〉前五回之于全书的整体建构意义》《从"宝玉挨打"看红楼梦〉情节经营艺术》等系列文章,都引起学界关注。

近五年来,专门阐释《红楼梦》主旨方面的论文并不多,主要有张云的《〈红楼梦〉的多重主旨及其表达策略》③详细论述了《红楼梦》六重主旨:述祖德、明盛衰、传闺阁、叹宿命、言不朽、显亲历分别对应的六种写作策略:"以南写北",将真事隐去、"以北隐南"、建造大观园、设计太虚幻境、石头著书、设置通灵玉与贾宝玉。以分析作者多样化的表达策略的方式对《红楼梦》的主题作出了多元解读。还有田丽红的《〈红楼梦〉主旨新探》(2021

---

① 詹丹、叶素华:《〈红楼梦〉整本书阅读与事件关联性的建构——以第七回为讨论中心》,《红楼梦学刊》2022 年第 1 辑。

② 俞晓红:《〈红楼梦〉情节质点的连类关照》,《曹雪芹研究》2020 年第 2 辑。

③ 张云:《〈红楼梦〉的多重主旨及其表达策略》,《中国文化研究》2020 年第 3 辑。

年）、殷冬琴的《论〈红楼梦〉的梦幻主旨》（2020 年）、王世海的《论〈红楼梦〉中秦可卿情节的叙述结构和主题意义》（2022年）等。

除以上对《红楼梦》的部分内容加以解读的论文之外，还有一些针对整本书的理念，对《红楼梦》的丰富内容展开多方面综合解读的文章。比如，詹丹的《论〈红楼梦〉整本书阅读与教学的整体性问题》[①]一文从《红楼梦》的网状结构、章回之间的整体性、文本客观整体性、文化背景的整体性进行解读，并为《红楼梦》的整体性阅读提出建议。徐德琳的《审辩式思维视野下的〈红楼梦〉整本书阅读》（2020 年）对《红楼梦》的人物形象、不同版本的语言分析、程甲本前八十回与后四十回人物的一致性以及主题多个方面进行了分析和解读。余党绪的《无可挽救的颓败，无处安放的青春——〈红楼梦〉整本书阅读》[②]。提出了"死活读不下去，该怎么办？""小说内容多，重点是什么？""学习任务重，教学怎么办？"即阅读积极性、阅读内容、教学对策三个方面的问题，并结合一线教学实际，做出了回答。与此同时，对《红楼梦》的价值、情节、人物、主题等进行了具体的梳理，对一线教师有较大的参考价值。

2.《红楼梦》整本书阅读的教学策略

在 2018 年至 2022 年之间，关于《红楼梦》整本书阅读的理论研究更多偏向于具体教学建议提出。大致可以分为任务驱动、专题研讨、课型划分、具体教学策略指导几大类。在任务驱动方面，主要是通过设计新颖的教学活动或者特定的学习情境，促进《红楼

---

①　詹丹：《论〈红楼梦〉整本书阅读与教学的整体性问题》，《上海师范大学学报》2021 年第 4 期。

②　余党绪：《无可挽救的颓败，无处安放的青春——〈红楼梦〉整本书阅读》，《中学语文教学参考》第 16、19、22、25 期。

梦》整本书阅读教学活动的推进。比如：张志强的《〈红楼梦〉思辨读写任务群学习设计》[①]将"整本书阅读"与"思辨性阅读与表达"这两个任务群相结合,并设计了《红楼梦》的思辨读写任务群,包括通读任务、关键任务、统整任务三级任务阶段,每阶段设计有层次的学习活动,涉及《红楼梦》的情节、人物、主线、艺术鉴赏以及阅读规划等要素。冯渊在《体会人物性格的多样性与复杂性——〈红楼梦〉整本书阅读"任务二"案例》[②]一文主要就如何研究《红楼梦》人物性格的丰富性和复杂性提供思路,即关注人物的出场描写、抓住人物的经典动作和行为、抓住人物的个性化语言、注意研习方法和路径以及阅读方式和阅读成果的多样性。并以王熙凤为例,分析其对金钱的态度和各种情形下的"笑"等相关细节来解读人物性格的不同侧面。此类文章还有安爱华的《巧用任务驱动,推进整本书阅读——以〈红楼梦〉为例谈整本书阅读教学的有效策略》(2022年)、诸定国的《〈红楼梦〉诗词阅读：利用互文性特征构建学习任务》(2022年)等。

在专题研讨方面,大多数学者是以统编教材的六个学习方面为依据,分出人物、情节、诗词、细节、文化、主题这几方面为抓手,设计专题研讨活动。例如,张玉妹的《〈红楼梦〉整本书专题阅读教学探究》[③]一文将《红楼梦》整本书阅读教学划分为兴趣和方法指引、人物形象对比赏析、日常描写以及诗歌分析四个专题。牛青森等在《"我"的红楼一梦——统编高中语文教材必修下册第七单元

---

① 张志强：《〈红楼梦〉思辨读写任务群学习设计》,《教育研究与评论》2018年第10期。

② 冯渊：《体会人物性格的多样性与复杂性——〈红楼梦〉整本书阅读"任务二"案例》,《语文建设》2020年第19期。

③ 张玉妹：《〈红楼梦〉整本书专题阅读教学探究》,2021年西南大学硕士学位论文。

〈红楼梦〉专题学习设计》①一文中设计三项专题研讨活动,即人物(关系)梳理和情节梳理(以"家门败落""人物聚散"为主线);品评诗词曲赋;以书中人物的角度创设人物的"红楼梦境",以促进学生对《红楼梦》整本书的把握。杨柯在《同题共研：整本书阅读专题教学的有效方式——以〈红楼梦〉整本书阅读专题教学为例》②一文中以"女性在《红楼梦》中的存在意义与启发"这一专题为例完整地呈现了专题教学从选题到共研再到展示的三个阶段,通过专题教学的形式促进学生进行深入、有效的阅读。类似论文还有,金中的《基于"整本书阅读研讨"的〈红楼梦〉专题阅读课程开发》(2019年)、张晓毓的《关于学生问题的整本书阅读专题教学——以《红楼梦》阅读为例》(2020 年)、孙晋诺的《〈红楼梦〉专题式阅读的基本策略》(2021 年)等。

　　关于《红楼梦》整本书阅读课程化的研究,大多数是以阅读阶段为依据进行课型的区分。比如,徐逸超在《〈红楼梦〉整本书阅读课程形态探索》③一文中设置初读课、研读课、研讨课以及活动课分别完成在要点导读下通读全书、从单篇精读到多篇整读、集体赏读、综合读写四项基本读法和任务。马臻、蒋雁鸣在《立足青春诗意,发现经典之美——〈红楼梦〉整本书阅读教学策略》④中建构了"阅读指导课""阅读研讨课"以及"阅读展示课"三个课型,分别贯穿于学生阅读前、中、后的整个教学过程。这类文章还有何平华的

---

①　牛青森等:《"我"的红楼一梦——统编高中语文教材必修下册第七单元〈红楼梦〉专题学习设计》,《语文教学通讯》2021 年第 16 期。

②　杨柯在《同题共研:整本书阅读专题教学的有效方式——以〈红楼梦〉整本书阅读专题教学为例》,《中学教学参考》2022 年第 4 期。

③　徐逸超:《〈红楼梦〉整本书阅读课程形态探索》,《语文建设》2019 年第 13 期。

④　马臻、蒋雁鸣:《立足青春诗意,发现经典之美——〈红楼梦〉整本书阅读教学策略》,《新课程评论》2021 年第 2 期。

《〈红楼梦〉整本书阅读课程设计》(2020年)、黎珊珊的《高中语文整本书阅读教学课型探究——以〈红楼梦〉为例》(2020年)、陈洁群的《基于新课标的高中语文"整本书阅读"教学课型研究——以〈红楼梦〉为例》(2022年)等。

关于《红楼梦》整本书阅读教学策略主要包括教师教的方法和学生阅读方法。例如：姜佑文的《〈红楼梦〉整本书阅读指导教学探究》①从阅读准备和阅读方法两个方面探究《红楼梦》整本书阅读的指导方法。从激趣促读、理清头绪、整体把握三个方面实现学生对《红楼梦》点、线、面较为全面的理解。郝敬宏的《接受美学与〈红楼梦〉整本书阅读设计策略》②从接受美学出发,将《红楼梦》整本书阅读教学分为"情节梳理引导课＋目录浏览法""重点阅读反思课＋比较阅读法""专题研究分享课＋专题研究法"三个阶段。将课型与阅读方法相结合,重新设计《红楼梦》整本书阅读教学。詹丹在此方面论述较多,比如《〈红楼梦〉整本书阅读的选择性问题》③一文中就如何选择《红楼梦》的教学内容提出建议。即《红楼梦》教学要以庚辰本为底本的整理本为首选;以小说散文化的叙事文本为阅读和教学的重点,韵文式的副文本应与散文化的叙事相结合来理解;以前八十回为阅读重点,可以重点选择精彩的段落式材料和构成叙事线索的肌理式材料阅读。在《〈红楼梦〉整本书的阅读策略》④中首先概述了长篇小说阅读的一般策略,再针对《红楼梦》文本的特殊性,提出了版本的校对式阅读、文献参照式阅读、

---

① 姜佑文：《〈红楼梦〉整本书阅读指导教学探究,》《语文教学通讯》2019年第4期。

② 郝敬宏：《接受美学与〈红楼梦〉整本书阅读设计策略》,《语文教学通讯》2020年第10期。

③ 詹丹：《〈红楼梦〉整本书阅读的选择性问题》,《语文建设》2020年第1期。

④ 詹丹：《〈红楼梦〉整本书的阅读策略》,《语文学习》2020年第4期。

文本的对比或类比阅读的具体策略，旨在引导读者对文本进行深入的、细致的分析。张庆善在《中学生如何整本书阅读〈红楼梦〉》①一文中提出《红楼梦》整本书阅读教学的关键是要针对中学生的特点、兴趣、思想、生活、时间设计好教学方案。并从如何把握作者及其身世、版本选择、前八十回与续作关系、小说前五回、诗词作用、情节线索、人物性格、阅读辅导资料多个方面为一线教师提供建议。苏捷的《模仿史书体例，探索整本书阅读"织网式"教学——以〈红楼梦〉为例》②一文创新性地提出一种模仿史书体例，即模仿编年体、纪传体、纪事本末体、国别体的"织网式"的教学方法，来引导学生整理小说中的大事记、为人物立传、编写事件"本末"、撰写家族史，以促进学生较为系统全面地掌握文本。这类文章还有戴健的《从建构角度看整本书教学的独特性——以〈红楼梦〉教学为例》（2019 年）、胡根林的《整本书阅读：读法及其教学路径》（2019 年）等。

在《红楼梦》整本书阅读的原则和指导策略方面，一直从事思辨性阅读研究的余党绪提出了较为全面的看法，在《抓好五环节教好整本书——以〈红楼梦〉整本书阅读教学为例》③一文中，他从阅读指导、总体梳理、主旨整合与转化运用这五个环节，为《红楼梦》整本书阅读提出了宏观而又不失操作性的建议，其中提出的一些指导原则，比如"把《红楼梦》当作小说读，而不必当传统文化的百科全书来读；把《红楼梦》当作人物生命史、命运史来

---

① 张庆善：《中学生如何整本书阅读〈红楼梦〉》，《红楼梦学刊》2022 年第一辑。

② 苏捷：《模仿史书体例，探索整本书阅读"织网式"教学——以〈红楼梦〉为例》，《语文建设》2022 年第 15 期。

③ 余党绪：《抓好五环节 教好整本书——以〈红楼梦〉整本书阅读教学为例》，《中学语文教学》2021 年第 10 期。

读,而不必要陷入猜谜的迷魂阵;《红楼梦》中多数诗词并无专门的鉴赏价值,其理解应服务于人物性格与命运的把握"等等,实际上是针对中学语文界出现的教学误区提出的经验与教训之谈,值得我们重视。

值得一提的是,2022年较为集中地发表了一系列将《红楼梦》整本书阅读教学策略与信息技术、"互联网＋"结合起来研究的论文。比如,袁丽的《信息技术与整本书阅读深度融合的动因、困境及路径》一文以《红楼梦》为例具体阐述了信息技术所具备的内在功能特性对整本书阅读课程在明确进阶式教学目标、统整聚合性教学内容、建构数字化记录评价体系三个方面的作用。谢志明、陈静婵的《基于数据分析下的整本书阅读教学策略创新性研究》一文提出使用 Python 语言调用 Word Cloud 包绘制出《红楼梦》整本书主要人物词云图、提炼各章回高频词汇以找到关键线索、分析《红楼梦》主要人物及社交关系等,以便整体把握小说,提升阅读效率,激发学生的阅读兴趣。这类文章还有李孜孜的《基于混合式教学的整本书阅读探索与实践》、汪永华的《浅谈如何实现线上线下教学的有机融合——以〈红楼梦〉整本书阅读为例》、罗静的《〈红楼梦〉整本书阅读与信息技术相融合的教学策略思考》、王文永的《基于"互联网＋"的高中语文整本书深度阅读教学实践——以〈红楼梦〉为例》等。可见,随着时代的发展,将信息技术手段与《红楼梦》整本书阅读教学相融合、线上教学与线下教学相结合可能成为一种提供教学情境、提升阅读和教学效率、激发学生阅读兴趣和思考、创建合作、共享、交流式课堂的新型教学模式和发展趋势。

3.《红楼梦》整本书阅读的测试和评价

这类研究相对缺乏,研究还不够系统、深入。主要有蒋霞的

《整本书阅读视域下的高考名著阅读考查——以〈红楼梦〉为例》①、陈鲁峰、梦骧建的《整本书阅读：目标、策略与检测——以〈红楼梦〉为例》②、张永庆、董彦君的《整本书阅读"教考和谐"的实践思考》③等。蒋霞以《红楼梦》为例研究江苏高考卷名著阅读的考试评价，通过将历年试题、考试说明与课程标准要求的对照，分析出江苏关于《红楼梦》高考试题存在考察重复以及命题和答案的设置脱离学生阅读实际的问题，并建议考试命题要以提高学生语文核心素养、尊重学生阅读体验为导向。其次，提出整本书的考察要从原著出发、注重整体意识，以点切面、能反映读者的积淀等建议。最后归纳了整本书阅读评测由宏观到细节、主要人物到次要人物、由识记到理解、难度和区分度加大、题型多样化的发展趋势。陈鲁峰、孟骧建以《红楼梦》为例，研究整本书阅读的教学目标、教学策略以及检测评价，将目标定位于语言认知、思维优化、审美体悟以及文化探究四个层面；从提纲挈领抓住主线、比较阅读辨析鉴赏、多视角文化研习三个角度提出教学策略；并提出"两特一适"的检测原则，即整本书特别有价值的内容要检测，特别需要学的内容要检测，适合语言文字学习的内容要检测。张永庆、董彦君提出要实现《红楼梦》整本书阅读"教考和谐"，应将"教学目标"与"考查目标"相互融通，并提出了丰富体验方式，提升整本书阅读的参与度；聚焦精彩文段，挖掘整本书阅读的思维深度；设置"情境化"试题，增强整本书阅读的考查力度等策略。

---

①　蒋霞：《整本书阅读视域下的高考名著阅读考查——以〈红楼梦〉为例》，《语文建设》2018 年第 16 期。

②　陈鲁峰、梦骧建：《整本书阅读：目标、策略与检测——以〈红楼梦〉为例》，《新课程评论》2018 年第 3 辑。

③　张永庆、董彦君：《整本书阅读"教考和谐"的实践思考》，《中学语文教学》第 6 期。

这类文章还有《高考整本书阅读考查趋势分析——以〈红楼梦〉为例》(2020 年)、《〈红楼梦〉整本书阅读素养测评》(2020 年)、张萍的《"整本书阅读与研讨"学习任务群课堂落实的评价策略——以《红楼梦》的教学为例》(2022 年)等。

纵观 2018—2022 年度有关《红楼梦》整本书阅读的理论研究,其数量呈现快速增长的趋势,相关理论成果逐渐向丰富化、多元化、可实践化方向发展,在一定程度上,为一线教学提供了理论指导。但是在关注论文发表数量的同时,也要重视论文的质量以及创新性。尤其是在《红楼梦》整本书阅读教学的策略研究方面,通过对这一部分的文献研究可以发现,在《红楼梦》整本书阅读教学策略的研究之中,大多数研究者重视激趣导读,即通过设置各种各样的活动、情境,激发学生的阅读兴趣。总体来看,大多数专题活动的设计都是以教材中所规定的六项基本学习内容为依托,在一定程度上落实了新课标对《红楼梦》整本书阅读的要求。但这也更多的表现出一种原地踏步式的重复,而相对缺乏进步与创新。另外,仍然存在一些教学活动设计、学习互动浮于表面,对理解文本没有起到实质性推进作用,专题的划分忽略了对小说的整体性把握,阅读教学中相对忽视学生思维品质提升,学习任务设计未充分考虑学情等问题,需要引起学界的重视。

三、《红楼梦》整本书阅读征文、线上读书会、课程辅导、学术研讨会等

2018 年以来,除学校一线教师在课堂上落实《红楼梦》整本书阅读活动外,还有期刊、红学专家等社会各方通过征文、讲座、在线辅导、学术研讨会等形式为《红楼梦》整本书阅读教学在中学的推

进助力。校内教学与校外科普传播相结合,传统教学方式与线上新媒体教学形成互补模式,既促进了红学界学术研究成果与中学语文教学的接轨,也在一定程度上提高了《红楼梦》整本书阅读的实施成效。这对于突破一线教师在《红楼梦》整本书阅读教学中所遇到的困境,提高学生对《红楼梦》的阅读兴趣、加深师生对《红楼梦》相关问题的理解具有重要意义。

1.《红楼梦》整本书阅读主题征文活动

2021 年,由上海教育出版社《语文学习》编辑部、中国红楼梦学会、上海市古典文学学会、上海师范大学人文学院主办的"《红楼梦》整本书阅读"主题征文活动顺利举行。活动一经发布,全国中学语文教师、教学研究人员以及初、高中学生纷纷投稿。经统计,共有教师组论文 369 篇,学生组论文 1902 篇。

教师组投稿论文主要集中于教学设计(包括教学案例、教学实录)、文本解读、教学策略(包括阅读方法)以及少量的阅读测评四个方面。(1)经过分类分析,可以看出,在教学案例部分,教师首先更关注于怎样通过导读课带领学生入门,激发学生的阅读兴趣。其次,更多教师往往以主要人物、主要情节、或者文中一以贯之的线索,比如元宵节、中秋节、生日为主题设置专题活动,以此为抓手进行《红楼梦》整本书阅读教学。(2)在文本解读方面,教师关注最多的是对人物的解读,在主角人物中,以对林黛玉、贾宝玉、薛宝钗、王熙凤等研究最多,次要人物中,对刘姥姥、尤氏姐妹等人物的研究较多。还有少数对一些边缘化人物的解读,例如:王一贴、茗烟、小红、贾芸、司棋等。在人物研究中,有从人物性格、结局等大处入手进行分析的,也有少数教师从林黛玉的冷笑、书中出现的"忙"字等微观处为切入点着手分析。除对人物的分析外,还有一些对刘姥姥进大观园、林黛玉进贾府、黛玉葬花、宝玉挨打、宝钗扑蝶等精彩情节的评析;对书中诗词的鉴赏以及作用的分析;对《红楼梦》呈现出的服饰、建筑、戏曲、节日习俗等多样的文化加以论述以及对作者的艺术构思、写作手法的赏析。(3)在教学策略方面,教师提出的建议更多的集中在读什么、怎么读、怎样有步骤的进行教学等问题上,也就是说涉及教学内容、阅读方法以及教学流程三方面。(4)最后还有少数几篇涉及《红楼梦》整本书阅读测评的研究,主要关注于过程性评价和试题考察两个维度。

学生组投稿论文主题除受学生个人兴趣影响外,还受到教材规定的学习要求以及教师布置的学习任务的限制。主要集中在人物、对《红楼梦》综合评价解读、主题、文化、思想、韵文、写作艺术手法、社会关系、生活习俗、与其他名著进行对比阅读、以及结合个人经验谈感想等诸多方面。(1)其中占比最多的是对人物的解读,有九百余篇。学生关注最多的人物有林黛玉、贾宝玉、薛宝钗、王熙凤、刘姥姥等,也有不少学生喜欢通过划分人物群体来作群像分析,例如对"四春"、贾府的底层人物、陪嫁丫鬟、《红楼梦》中的出家人、中年女性等人物的解读。还有部分学生将人物进行两两组合来对比研究,如对林黛玉与薛宝钗、林黛玉与晴雯、林黛玉与小红、林黛玉与史湘云、王熙凤与秦可卿、晴雯与袭人等的研究。(2)有部分学生从整体出发,对《红楼梦》整本书的成书背景、价值、人物、情节、思想、主题等各个方面进行综论。(3)对于《红楼梦》主题的理解,学生主要从宝、黛、钗三人的爱情、家族的盛衰、对封建制度的批判、悲剧呈现四个角度进行分析,其中学生最感兴趣的是主角之间的爱情发展。(4)关于《红楼梦》文化的研究数量由多到少可以依次排列为饮食文化、建筑文化、服饰文化、戏曲文化、宗教文化、茶文化,还有少数涉及音乐、绘画、医药等方面。(5)在对《红楼

梦》韵文研究上,集中于前五回的判词以及人物所作诗词。在赏析
过程中更多的是与人物的命运、结局、性格相结合来进行分析。
(6)可能由于在人物研究中,大多以情节的分析来推断人物性格,
所以关于专门研究情节的论文较少,主要有对黛玉葬花、宝钗扑
蝶、元妃省亲、宝玉挨打、刘姥姥进大观园、晴雯撕扇、香菱学诗等
经典情节的解读。(7)在艺术手法研究方面,较多的表现在对草蛇
灰线、暗示伏笔、情节构思、铺垫等写作技巧的分析,还有对比喻、
象征等修辞手法的赏析。(8)在《红楼梦》蕴含的哲理和思想的研
究上,主要聚焦于对真与假、有与无、礼与利、情与欲的辩证理解,
以及对悲悯情怀、经世哲学、命运观、宿命观等思想的分析。(9)还
有部分学生利用其他名著的理论或精神来诠释《红楼梦》的部分内
容,例如《乡土中国》《庄子》《百年孤独》《源氏物语》《白鹿原》《史
记》《西厢记》《牡丹亭》等。(10)此外,还有一些学生结合自身经历
谈自己在阅读《红楼梦》时的感受以及获得的启示;研究《红楼梦》
中所体现的社会关系和生活习俗,例如鬼神论、政治经济背景、经
济现象等;研究《红楼梦》中的子女教育问题,以及对当代教育的启
示等。图1、图2分别是教师组和学生组投稿论文主题分布
情况:

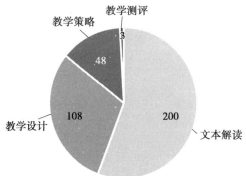

图 1　教师组论文探讨角度分布图

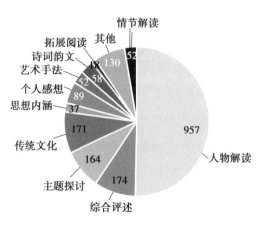

图 2　学生组论文探讨角度分布图

　　与之相似的,还有 2021 年 4 月至 8 月,由中国红楼梦学会、安徽师范大学文学院、安徽教育出版社、《安徽教育科研》杂志社、《学语文》杂志社联合举办的全国性"《红楼梦》整本书阅读"主题征文活动。该活动共收到中学生征文 2976 篇,分别来自 9 个省市、34 所中学,遴选后作品共计 963 篇。其中人物赏析类 522 篇,主题探讨类 158 篇,综合评论类 134 篇,艺术鉴赏类 97 篇,文化探究类 29 篇,二度创作类 23 篇。尽管中学生对《红楼梦》的相关解读,存在重人物、主题分析、轻语言、文化探究等问题,但还是有不少中学生的作品呈现出立意新、标题新、语言新的优良特点。有的同学在文中讨论《红楼梦》为什么不能碎片化阅读的问题,还有一些作品从纵向命运进程来分析人物形象,体现出"整本书阅读"的意识,这正透射出"整本书阅读"的理念初见成效。此次征文活动的情况综述以及部分获奖论文,还结集为《悦读红楼》一书,由安徽教育出版社正式出版。

　　2.《红楼梦》整本书阅读读书会活动

　　2021 年在寒假和春季学期,《语文学习》编辑部联合中国红楼梦学会所承担的"国家社科基金社科学术学团主题学术活动资助项目'《红楼梦》整本书阅读系列研究'"课题组,推出《红楼梦》整本书领读计划,成立《红楼梦》读书会,由上海师范大学詹丹教授带领教师和中学生一起阅读《红楼梦》。此次读书会共 10 期,前十回每周读五回,每周导读一次;第十一回至第八十回,两周读十回,每两周导读一次;后四十回略读,阅读三周时间,导读一次。每次读书会根据切割出的段落往前推进,基本在每一段落中筛选出一到二个专题来精读细讲,并力图建立起整体性的联系。讲读还设置互动答疑环节,解答教师在《红楼梦》整本书教学中遇到问题以及师生在阅读《红楼梦》时存在的困惑,平均每期回答近 20 个问题。此次活动吸引全国各地一线语文教师和中学生的积极参与,累计点击阅读量达 17 万人次,对促进《红楼梦》整本书阅读教学的实施起到重要的推动作用。

3.《红楼梦》整本书阅读线上课程辅导

2020 年至 2022 年,"中国大学 MOOC"软件上发布了系列与《红楼梦》整本书阅读相关的国家精品课程。主要有中央民族大学曹立波老师开设的"《红楼梦》经典章回评讲"课程以及"《红楼梦》艺术导论"课程、西北大学柯岚老师开设的"法解《红楼梦》"课程、暨南大学张世君老师开设的"《红楼梦》的空间艺术课程"、俞晓红老师开设的"《红楼梦》十二讲"以及九江学院郑连聪老师开设的"走进《红楼梦》"课程。曹立波老师的"《红楼梦》经典章回评讲"课程从一百二十回中提炼出十五个与小说主旨、主要人物关系密切的经典情节进行讲评,以"诗说""网说""图说"三个方面聚焦于《红楼梦》的语言、结构和情节方面的艺术成就。"《红楼梦》艺术导论"课程着眼于对小说艺术特色的探讨,其讲解主要聚焦于《红楼梦》的圆形人物和网状结构;柯岚老师的课程旨在透过《红楼梦》中的法律文化帮助学生更好地理解《红楼梦》人物的命运和主旨;张世君老师重点讲授了视觉文化的建筑空间与嗅觉文化的香气空间在小说中的艺术表达和思想文化价值;俞晓红的《红楼梦十二讲》,从曹雪芹的身世入手,进而分析《红楼梦》文本的重点章节,最后归结为整本书阅读的理念,体现了学术研究和教学的融合;郑连聪老师从阅读方法、阅读版本的选择、细说"护官符"、《红楼梦》后四十回、主要人物(关系)、女性观、诗词曲赋、《红楼梦》与中国传统文化、《红楼梦》小说与电视剧、《红楼梦》译本等方面进行了比较全面系统地讲解。此外,还有 2017 年 3 月正式启动并延续至今的"伟大的《红楼梦》"课程,该课程由北京大学艺术学院联合智慧树网开设。本课程每学期安排四次直播见面课或讲座,以跨校直播互动的方式,打破地域限制和校园围墙。这些课程从不同的角度讲解《红楼梦》,并以线上授课的方式进行,受众面较广,且极大方便了师生的学习,为《红楼梦》整本书阅读提供了网络课程资源。在一定程度上,对之前网络走红的台湾地区蒋勋、欧丽娟的《红楼梦》在线系列讲座,起到了纠偏纠错的作用。但蒋勋、欧丽娟讲座的通俗性和生动性也是值得大陆的《红楼梦》开课者借鉴的。

4.《红楼梦》整本书阅读学术研讨会

2021 年 5 月 14—15 日,南方科技大学附属中学举办了 2021 全国名校名师南方论坛暨首届《红楼梦》整本书阅读专题研讨会活动。本次研讨会有高校红学专家、省市教研员、一线教师等人员共同参与,并作出了精彩报告。俞晓红主讲"《红楼梦》整本书阅读的有效性"、李华主讲"跟着贾母看世界"、余党绪主讲"基于思辨读写的《红楼梦》教学设计"、吴泓主讲"《红楼梦》整本书阅读方法谈"、王国文主讲"聚焦教材单元,落实整本书阅读教与学——以《红楼梦》为例"、蒋雁鸣主讲"《红楼梦》整本书阅读教学策略与案例分析"等。各专家、老师的报告从不同角度为《红楼梦》整本书阅读与教学建言献策,受到一线教师的广泛关注和良好赞誉。

2022年5月22日,安徽师范大学举办了"2022全国《红楼梦》整本书阅读专题研讨会"。来自北京、上海、江苏、浙江、安徽五地的红学专家、语文名师、教师代表及学生代表参加了此次研讨会。此次研讨会推出了以下专题报告:中国红学会会长张庆善作《关于中学生如何整本书阅读〈红楼梦〉的一点思考》报告、上海师范大学人文学院教授詹丹作《从人物分析谈〈红楼梦〉整本书阅读的整体性》报告、温州大学人文学院教授饶道庆作《〈红楼梦〉整本书阅读的学生视角》报告、中央民族大学文学院教授曹立波作《红楼结构的网状之美》报告、安徽省语文特级教师辛卫华作《创新区域教研机制,促进〈红楼梦〉整本书阅读教学》报告等。研讨会以线上线下相结合的方式组织进行,据统计,当日线上收看用户达4万余人,且有中国教育新闻网、中国青年网、安徽新闻网等媒体对会议做出报道。此次研讨会为推进《红楼梦》整本书阅读与教学提供了高屋建瓴的理论指导和丰富的实践经验。

2022年8月19日第四期曹雪芹美术艺术讲习班"《红楼梦》整本书阅读"研讨会在北京举行。孙伟科、俞晓红、曹立波、段丽江、詹颂、莎日娜等40余位专家学者围绕"《红楼梦》整本书阅读"的教材沿革与解读、教学实施与考试以及相关的经典导读研究等问题进行了深入而精彩的交流。26名参加学习的一线高中教师也分享了《红楼梦》整本书阅读教学过程中的困惑与思考。此次讲习班正应对了中学语文教师在教学中面对的困惑与难处,为"红学"界和教学界的交流搭建了高质量平台,为学员老师们设计《红楼梦》整本书阅读教学方案提供了丰富的思路。

四、《红楼梦》整本书阅读教学与研究的反思

《红楼梦》整本书阅读被纳入高中语文必修课程,意味着《红楼梦》与高中语文教学有了更紧密结合,这为"红学"向基础教育普及开拓了一条重要路径,也为"红学"的发展提供了新的研究角度。2018 年—2022 年度对《红楼梦》整本书阅读理论与实践探索是对"红学"与语文教学的丰富与深化,取得了不少收获,但也留有一些普遍性问题值得我们反思,这里稍作阐述。

1. 学生的兴趣和教师的偏见

《红楼梦》曾被相当一部分中学生视为是死活读不下去的书,为此开展教学活动,不得不把大量心思花在激发学生的学习兴趣方面,甚至有些教师绞尽脑汁设计了蹭热点的教学活动,比如让新冠病毒的感染与贾府聚餐涉及野味联系起来,以引发学生探究小说人物关系的热情,其教学设计的良苦用心可以理解,但这种混搭导致对文学阅读常理和生活常识的无视,导致争议四起,甚至成为社会热点,一些教师也对此作出了积极回应①。而教师对《红楼梦》存有偏见,把贾宝玉简单等同于"娘炮",把黛玉称为"林怼怼",把宝钗视为心机女,认为《红楼梦》里的人物,对中学生起着负面示范作用的也大有人在。这确实说明了,要通过《红楼梦》本身的魅力来激发学生的阅读兴趣,要让整本书回归正道,要能从客观、理性的态度来评价《红楼梦》作为整本书阅读的教学价值,还有很艰难的路要走,更需要有更多的红学家介入其中。

2.《红楼梦》阅读教学的开放性

《红楼梦》被纳入高中语文教材,曾经引发不少学者的质疑,其

---

① 王林《"整本书阅读"该怎样读》,《语文学习》2020 年第 4 期。

原因之一,就是时下流行的阅读教学,比较机械化和碎片化,对这部颇多留白、自觉运用反讽手法的作品,会读出惨不忍睹的结果。虽然这样的担忧有些夸张,但也不是没有一定道理。解读的机械之病,时有可见,比如有关刘姥姥进大观园自作怪样逗笑众人,认为作者没有直接写到的迎春、李纨、宝钗三人就是没笑,即为一例(《教书教学用书》人民教育出版社)。或者先预设了描写的精彩然后让学生说何以精彩,就没有给学生留下多少自己发挥的余地。比如有教师设计的思考题题干是:"第 82 回'病潇湘痴魂惊噩梦',黛玉这场梦是《红楼梦》后 40 回中写得最惊心动魄的场景之一,请从语言表现力的角度分析此场景的妙处。"(《红楼梦整本书阅读》第 27 题)殊不知,这里描写的惊心动魄未必构成一种"妙处",有不少学者认为这恰恰是后四十回的典型败笔,是与前八十回的基调根本背离的,这当然不是说不可以认为后四十回写得妙。关键是,"妙"与"不妙",都是应该让学生来讨论的。所以把题干表述修改为从整体角度考虑描写的作用,让学生自己通过分析得出结论,给出开放性的结论,就更为合理。类似教学中的问题,其实还是比较普遍的。

3. 学术转化与学术规范问题

由《红楼梦》引发的现代"红学",已经走过百年历史。其间取得的巨大成果,给中学开展《红楼梦》整本书阅读提供了厚实基础,但遗憾的是,总体看,中学语文教师并不太留意红学界的成果和学术进展,也较少把已经成为定评的结论吸纳到自己的教学中,最典型的例子是,义务教育阶段的语文教材选用的原作片段都是选用程乙本整理本而不是脂抄本整理本为底本,而高中必修教材的相关学习内容和任务设计,也是以程乙本的情节为依据,其中不少学者指出的描写不合理处,却没有引起相应重视而做出文字的改进。

与不理会学术研究成果相对照的是,有些教师们在撰写《红楼梦》的一些教辅材料时,又随意引用学者的观点,把别人的观点当作其个人的见解,既不在文中说明或者出注解也不列参考书目,显得很不规范。所以,如何遵守学术规范地把一些优秀红学成果转化进中学课堂,这也是一个值得深入讨论的问题。

4. 教学中不同学段的衔接

《红楼梦》整本书阅读是读中学生高中阶段的要求,但在统编语文教科书中,无论是小学阶段还是初中阶段,都已经有了《红楼梦》教材的片段,如小学五年级教材选入的是贾宝玉、林黛玉等放风筝片段,初中三年级教材选入的是刘姥姥进大观园吃早餐逗趣的片段。那么,义务教育阶段语文课堂这样的片段教学怎么和高中的整本书教学有机衔接起来,特别是教育部新颁布的《义务教育语文课程标准》强调各学段的衔接问题时,这一以往被许多教师忽视的问题,应该引起学界的关注。而此前实行的《〈红楼梦〉选读》选修课,也有对整本书阅读的要求以及实施策略,其经验教训跟当前实施的整本书阅读有怎样的启发,也值得学界加以总结。

5.《红楼梦》整本书阅读与高考

2018 至 2022 年,各省市高考语文试卷涉及《红楼梦》的相关试题并不鲜见,这体现了在"新课标"的推动下,学界对《红楼梦》整本书阅读测评的积极尝试和探索,但有些试题是否真正起到了检测学生阅读效果的作用,还值得我们进一步研究和反思。以 2022 年全国高考语文甲卷的作文题目为例,此题选取《红楼梦》中"大观园试才题对额"的相关情节作为写作材料,并点出"翼然"是直接移用、"泻玉"是间接化用、"沁芳"是依据情境独创。让学生结合自身体验,写一篇文章。此题引起学界热议,复旦大学中文系教授王宏图认为,要写好这篇作文,考生要对《红楼梦》和中国古典园林有基本的了解,并且要有相当的古汉语素养。同济大学人文学院教授张生认为,此题难度较大,涉及到中国美学、中国文化,对考生要求较高。华东师范大学中文系教授黄平指出此题对《红楼梦》考得很细,体现了出题者对学生文学作品阅读、细读的考查。上海师范大学人文学院教授詹丹则表示此题只是借《红楼梦》的一段材料而已,该话题本身具有相对独立性,即使考生事先未读过《红楼梦》,也没有太大影响,不能称之为真正意义上的考查《红楼梦》阅读。他还指出如果不考写作而是考查对《红楼梦》这一情节的阅读理解,应该有前后联系的整体视野,才能指向作品的真正深刻之处。但詹丹同时也认为,如果换一个角度思考,当学生把《红楼梦》阅读当作训练写作的一个范例,当《红楼梦》成为其应对写作的一个资源库,那么有些人所谓的阅读《红楼梦》对于参加高考"性价比"不高的纠结,自然而然就解决了。

高考试题中《红楼梦》的考察方向对《红楼梦》整本书阅读的教与学具有重要的导向作用,因此对《红楼梦》相关高考试题的设计需审慎为之。引用《红楼梦》作为高考作文材料在一定程度上折射出了当前语文教学倡导素质教育与经典名著整本书阅读的倾向,但对其整本书阅读成效检验的有效度还需进一步探讨。相信对《红楼梦》整本书阅读评价与测试的研究也将成为语文各界研究《红楼梦》教学的重要方向。

2022 年 4 月 11 日,中共中央办公厅、国务院办公厅印发了《关于推进新时代古籍工作的意见》,《意见》提出要"做好古籍普及传播""持续推进古籍进校园工作,将中华优秀传统文化教育贯穿国民教育始终。提高古籍普及出版质量,做好经典古籍精选精注精译精评。"《红楼梦》作为古籍丛书中的代表性著作,被选为高中生整本书阅读的必读书目,这对推动《红楼梦》的当代普及与传播、乃至提升全国中学生的人文素养具有重要意义。《意见》的要求提示我们,要激发《红楼梦》这部古籍著作的当代活力,还需要构建一个由红学学术机构、学校、古籍出版社、宣传媒体等多方组成的交流、共享平台,不断创新古籍普及新形式,以适应新时代的需要。当然,不管怎么说,对于《红楼梦》整本书阅读这样一个相对较新的课型,还需要学界各方在实践中不断总结经验,将"红学"的理论成果适宜地运用于一线教学,实现理论研究与实践的接轨,为《红楼梦》整本书阅读教学的发展培育更为深厚的理论土壤,让《红楼梦》这部古代文学巨著在新时代语文教育背景下更加熠熠生辉。

经典的普及：民国时期中学国文教科书中的《儒林外史》

石璐洁　上海海关学院

　　随着五四运动以来，《儒林外史》等中国古代小说经典地位的渐趋确立，文化、教育界开始着眼于将这些作品纳入国文教材。事实上，1903—1904 年间，新小说社社员在讨论中，已经提出将通俗小说作为"教科书"的设想。平子认为，《金瓶梅》"实可谓之妇女教科书读"[①]；定一认为，"《水浒传》可作文法教科书读"[②]。随着新文化运动的展开，作为大学国文教材使用的文学史开始涉及通俗小说。随后出现的一批小说史，更对通俗小说进行了专门讨论。1931 年，陈炳堃在《最近三十年中国文学史》中说，二三十年来，一般人看小说已经"换了一副新眼光"，"便是最被人家侮辱的'下等小说'，如大鼓，宝卷，俚曲，小调之类，也值得大学里的专门研究。"[③]这揭示了新文化运动，尤其是五四白话文运动开展以来，社会对通俗小说看法的整体转变。

　　与此同时，是否有必要将通俗小说选入中学教科书，成为教育界关注的问题。1919 年，叶楚伧以"叶小凤"为名，在《小说杂论》

---

① 黄霖编著：《历代小说话》（第四册），凤凰出版社 2018 年版，第 1197 页。

② 黄霖编著：《历代小说话》（第四册），凤凰出版社 2018 年版，第 1226 页。

③ 陈炳堃著《最近三十年中国文学史》，太平洋书店 1931 年版，第 141 页。

中,反对将通俗小说选入国文课本:"今有倡文学改良之说,而主张以《红楼梦》《水浒》等为学校中国文课本者……故发笑谈乎?"[1]他认为,将通俗小说选入教科书,有五点"不通"。第一,就作品的内容思想而言,以《红楼》《水浒》为代表的通俗小说存在精髓难寻而糟粕易见的问题,不如唐宋大家文章堂皇冠冕,正气浩然,具有显见的思想教育意义。[2] 第二,从阅读传统来看,中国"绝少能读佳小说者",[3]读者多沉溺于或淫或盗的故事内容,难以发掘文辞之妙。第三,以授课角度论之,小说中频繁可见的涉淫内容,对教师的讲解造成了困难。第四,在日常实用性方面,通俗小说并不如函牍记述浅显明畅,对实际应用少有帮助。第五,在语言文字的使用上,《水浒传》等小说虽以所谓"白话"创作,但掺杂了较多当时、当地的俚语、俗语,未必比古文易解,不适宜作为"白话体"运用的典范。[4]

同年,程小青以"余青心"为名,发表《说小说应列入学校国文课程中及其教授方法》,认为将通俗小说选入教科书,方能解决小说荼毒人心的流弊。在他看来,只有在教员的正确引导之下,学生才能避免陷入沉溺于言情小说而忽视社会、科学小说的传统流弊,从而"知道外面的人情世故",懂得小说害人之处,领会"文墨的好处"。[5] 同时,他认为小说必须在课堂中读,而绝不允许学生在课外自行阅读。[6]

其实,程小青与叶楚伧的观点并非截然对立。与其说,叶楚伧是反对将通俗小说入选中学教科书,不如说是提出了推进此举所

① 黄霖编著:《历代小说话》(第九册),凤凰出版社 2018 年版,第 3390 页。
② 黄霖编著:《历代小说话》(第九册),凤凰出版社 2018 年版,第 3390 页。
③ 黄霖编著:《历代小说话》(第九册),凤凰出版社 2018 年版,第 3390 页。
④ 黄霖编著:《历代小说话》(第九册),凤凰出版社 2018 年版,第 3391 页。
⑤ 黄霖编著:《历代小说话》(第九册),凤凰出版社 2018 年版,第 3474—3476 页。
⑥ 黄霖编著:《历代小说话》(第九册),凤凰出版社 2018 年版,第 3477 页。

必须思考的问题。而程小青正是从积极引导的角度，回应了叶楚伧提出的前三个难题。事实证明，叶楚伧后来编选的《初级中学国文》中，就选入了《儒林外史》篇目《王冕的少年时代》与《老残游记》选段《黄河结冰记》、《游大明湖》。而张红波据北师大图书馆藏151种初高级中学国文读本统计，民国时期，入选教科书次数最多的通俗小说即《儒林外史》。①

　　为什么叶楚伧能打破成见，将《儒林外史》这部通俗小说选入中学国文教科书？为什么在民国时期，《儒林外史》会成为入选教材次数最多的中国古代通俗小说？不同编纂者择取《儒林外史》篇目的具体原则是什么？他们对《儒林外史》选文的组织与引导，蕴含了怎样的差异化思考？这对当下经典普及的启示或意义是什么？这是本文所要讨论的内容。

一、《儒林外史》入选民国中学国文教材的情况与背景

（一）从无到有：1920年代国文教材中的《儒林外史》

　　从时间上看，《儒林外史》入选国文教科书的情形出现于1921年以后。在1920年至1930年期间，选取《儒林外史》的国文教材仅有两种。一种为《白话文范》，择取了《儒林外史》中《王冕》、《郭孝子寻亲记》、《季遐年》、《荆元》四个片段。另一种为《古白话文选》，择取了《王冕》、《周进和范进》、《王太太》、《余大先生》四个片段。其中，《白话文范》不是严格意义上的教科书。编纂者洪北平表明，他希望此书能"供研究白话文的人做范本用"；②同时，因选文"合于中

---

　　①　张红波：《〈儒林外史〉在民国国文教科书中的选录状况及经典化过程中的趋同化研究》，《文艺理论研究》2019年第6期。

　　②　洪北平编纂：《白话文范》（第1册），商务印书馆1921年版，第2页。

等学校的程度",所以也"可以用做教本"。① 而《古白话文选》被明确纳入全国教育联合会《新学制课程标准纲要》高中学段的阅读书目。同被纳入这一书目的,还有亚东图书馆标点本《儒林外史》

1923 年,胡适起草《高级中学公共必修的国语课程纲要》。其中列举的第一组书目,便是经过标点的《水浒传》《儒林外史》《镜花缘》以及《古白话文选》《近人长篇白话文选》。② 对此,胡适提出的阅读要求是,由学生任选一种进行略读,作大体上的欣赏,不必在上课时进行重点讨论。在胡适看来,高中生应当重点精读的对象是诸子文粹、节选本四书、以《史记》《汉书》为代表的古史家文粹、唐宋八大家文集、姚鼐古文、林纾译文等。胡适规定,对于这些书目,学生至少应该精读六种,略读五种。其中,精读书籍的文学手法应在课堂上作重点讨论,而略读书籍则由学生作大体了解即可。此外,学生应精读诗、词、曲两种,略读诗、词、曲三种。

胡适所言表明,对于高中阶段的国文教学而言,四书、史传、诸子、集部名家乃至戏曲、翻译小说的重要性,均在中国古代白话小说之上。此外,亚东图书馆每逢寒暑假,即对标点本中国古代经典通俗小说进行打折销售。以胡适与亚东图书馆的紧密联系来看,这一现象或可反映,胡适更倾向于敦促高中生利用假期的时间,去阅读白话小说名著。而在课堂上,他仍然主张夯实文言教学。他所认为的"毕业最低限度"的要求即包括:"能标点与唐宋八家古文程度相等的古书"。③ 同时,由《高级中学公共必修的国语课程

---

① 洪北平编纂:《白话文范》(第 1 册),商务印书馆 1921 年版,第 2 页。

② 胡适:《高级中学公共必修的国语课程纲要》,参见全国教育联合会新学制课程标准起草委员会编《新学制课程标准纲要》,商务印书馆 1925 年版,第 82—83 页。

③ 胡适:《高级中学公共必修的国语课程纲要》,参见全国教育联合会新学制课程标准起草委员会编《新学制课程标准纲要》,商务印书馆 1925 年版,第 85 页。

纲要》可知，相较于古代白话小说，胡适也更为注重诗、词、曲等其他"古白话"文类的讲授。

可见，作为教育家的胡适与作为新文学倡导者的胡适，在看待白话小说的地位时，存在观念上的差异。这似乎反映了胡适对于教育变革的保守与审慎。但事实上，在当时的背景下，胡适将《儒林外史》、《古白话文选》等纳入国语课程纲要，已然具有极大的突破性。笔者据民国图书库与上海图书馆藏书目，查阅到98种民国国文教材（见附录一），基本为中学国文教科书。其中，选取中国古代白话小说的国文教科书有63种，约占总数64％。这些教材大多迟至1930年代以后问世。而未选白话小说的有35种，约占总36％。这些教材多出版于民国初年至1930年代初。其中，只选取古文的课本约占总数的一半。而且，在新文化运动开展以后，不少教材编纂者仍然坚持独尊古文的传统。

民国八年（1919），唐文治在《（交通部上海工业专门学校）国文读本》序言中提出，"士品之卑污"，"无有甚于今日"。[①] 在他看来，这是古文凋敝，古道不存的恶果。而教育界必须通过教读十三经，矫正这一风气。民国九年（1920），蔡郕在《国文新范》的"著述大意"中，根据自己担任教员多年的经历，痛感中学生的国文水平"每况愈下"，但他同时认为，科举时代的务虚之弊，同样值得警惕。为此，他选取论文、策问、文牍等古时实用文体作为教材，希图借此发扬"吾国文字"[②]，切实推动社会发展。民国十三年（1924），扫叶山房印行雷瑨、雷瑊《新编国文读本》。此书为民国三年以后，松江中学校的国文教科书。雷瑊在自序中认为，

---

① 唐文治编著：《（交通部上海工业专门学校）国文读本》，民国九年（1920）版，上海图书馆藏。

② 蔡郕编著：《国文新范》，上海会文堂书局民国九年（1920）版，上海图书馆藏。

近来为文者难以"传古而行远"①，故而仍须以汉唐为宗。

此外，在未选古代白话小说的教科书中，有将近四分之一的国文课本选取了文言小说如《世说新语》选段、唐传奇《虬髯客传》《红线传》《南柯太守传》《谢小娥传》《枕中记》等，清代文言短篇小说集《虞初新志》、《聊斋志异》等中的片段。另有约四分之一的教科书选取了现代文或现代小说、外国小说。有的教材兼而有之，却唯独不选古代白话小说。如《北京孔德学校初中国文选读》，除选取《论语》、《史记》、《韩非子》、诗词名篇、元杂剧片段外，既选取了古代文言笔记小说如《世说新语》、唐人传奇如《长恨歌传》，也选取了现代小说名篇如鲁迅《故乡》、冰心《超人》，外国小说如《域外小说集·安乐王子》（周作人译）、托尔斯泰《天真烂漫》（邓演存译）等。但唯独没有中国古代白话小说。

这两类教材仍然反映了轻视白话，并且尤为轻视古代白话小说的观念。这是胡适制订高中学段课程纲要时，所面对的教育界现状。就此而言，胡适将《儒林外史》等白话小说与《古白话文选》一同纳入教育部《新学制课程标准纲要》，是有突破性的。同时，胡适等人对《儒林外史》价值的阐释，对于《儒林外史》在中学生中的普及，具有以下两点意义：

第一，通过明确《儒林外史》等白话小说的思想价值，确立反思传统的治学精神。尽管胡适在《高级中学公共必修的国语课程纲要》中，将姚鼐等人的古文置于相对主要地位，但其意图并非一味"传古"，而是期许中学生基于深厚的旧学基础，对传统进行切实的批判。而向来为传统社会蔑视，并在一定程度上反叛传统的白话

---

① 雷瑨、雷瑊编著：《新编国文读本》，扫叶山房民国十三年（1924）版，上海图书馆藏。

小说，即成为胡适用以批判传统的入口。因此，他在为亚东图书馆标点本《儒林外史》写的《吴敬梓传》中说："(《儒林外史》)绝妙的文学技术，绝高的道德见解，岂是姚鼐方苞一流人能梦见的吗？"[1]而在1922年亚东图书馆本《儒林外史》收入的《吴敬梓年谱》中，胡适将传统考证方法运用于白话小说研究，发掘了吴敬梓的反传统思想。这也为中学生提供了以传统方法批判传统观念的具体路径。

第二，通过明确《儒林外史》的语体价值，为教育界确立了中国古代白话小说乃至白话文学的范本。1920年，钱玄同受胡适之邀，为亚东图书馆标点本《儒林外史》作新叙，从语体角度评判《儒林外史》的教育价值。在他看来，《儒林外史》最适宜作为"中等学校的'模范国语课本'"[2]。这不仅因为，《儒林外史》描写"不肤浅"、"不过火"，[3]具有《水浒》《红楼》的妙处；同时思想纯正，"没有一句淫秽语"。[4] 更重要的是，在白话小说名著中，唯有《儒林外史》堪称"国语的文学"。[5] 在钱玄同看来，诗词、书信文白掺杂，而元曲、《水浒传》、《金瓶梅》均为"方言的文学"。唯有《儒林外史》主要采用全国通行的官话，间或夹入方言，创作而成。这构成了"国语文学"的基本范式，具有普通话或欧化语等单一现代语体所无法取代的价值。

胡适、钱玄同分别通过对《儒林外史》的阐释，从思想、语体两个方面，有力回应了前述叶楚伧质疑通俗小说不宜入选国文教科

---

①　李汉秋编著：《儒林外史研究资料集成》，上海古籍出版社2017年版，第76页。

②　李汉秋编著：《儒林外史研究资料集成》，上海古籍出版社2017年版，第320—321页。

③　李汉秋编著：《儒林外史研究资料集成》，上海古籍出版社2017年版，第321页。

④　李汉秋编著：《儒林外史研究资料集成》，上海古籍出版社2017年版，第322页。

⑤　李汉秋编著：《儒林外史研究资料集成》，上海古籍出版社2017年版，第323页。

书的问题。随着新文化运动、白话文运动的推进,上述观点得到诸多回应。1930 年代后,叶楚伧先后两次将《儒林外史》选入自己编纂的国文教材,就体现了这一点。

(二) 成为热点:20 世纪 20 年代末至建国前国文教材中的《儒林外史》

自 1920 年代末开始,纯粹选取古文的国文教科书基本退出历史。据笔者所见,在 1928—1949 年间,选取古代白话小说的教材多达 55 种。而《儒林外史》的入选频次更领先于其他古代白话小说。在这 55 种国文教材中,有 35 种选取了《儒林外史》片段(见附录二),占到总数的 64%。在这 35 种教材中,《儒林外史》的入选总次数为 49 次,入选篇目为 9 篇。其中,《王冕》(或《王冕的少年时代》),入选 26 次;《荆元》入选 9 次;《马二先生》(或《马二先生游西湖》)入选 4 次;《高要县》入选 2 次;《郭孝子深山遇虎》入选 3 次;《三姑娘殉夫》(或《王三姑娘的死》)入选 2 次;《范进》入选 1 次,《范老太太之死》入选 1 次,《严贡生》入选 1 次。

无论在入选国文教科书的频次,还是入选篇目的多样性上,《儒林外史》均超越了同被钱玄同、胡适评定为"第一流小说"的《水浒传》与《红楼梦》。具体来看,《水浒传》入选国文教科书的总频次为 25 次,入选篇目为 3 篇。其中,《景阳冈》(或《景阳冈武松打虎》、《武松打虎》)入选 19 次,《林冲》(或《高太尉计害林冲》)入选 4 次,《智取生辰纲》入选 2 次。而《红楼梦》入选国文教材的总频次仅为 18 次。其中,入选最多的篇目是《刘老老》,入选次数为 12 次。此外,《宝玉题园》(或《大观园》)入选 2 次,《王凤姐弄权铁槛寺》(或《王熙凤》)入选 2 次;《石头记》第 1 回入选 1 次,《闹学》入选 1 次。

　　值得注意的是，在 1920 年代胡适起草的《高级中学公共必修的国语课程纲要》中，《水浒传》与《儒林外史》处于同等地位。同样，在《胡适文选》中，这两部作品入选篇目的数量均为 4 篇。然而，在 1928 年以后，就出现了上述变化。而且，在 1928 至 1949 年间，还有数种选入中国古代白话小说的教材，仅选取了《儒林外史》中的片段，并未选入其他小说中的故事。这或许同样可以证明，《儒林外史》在 1920 年代末至 1949 年国文教材中的重要地位。

　　另一值得注意的现象是，这一时期选取《儒林外史》的国文教材大多适用于初中学段。其中，有 26 种教材为初中教材。另外 10 种教材中，有 2 种为高中教材，其余 8 种可供"中等学校"使用。此外，一些初中尽管没有在教材中直接选入《儒林外史》原文，但同样鼓励学生阅读《儒林外史》。例如，1928 年，阮真将《儒林外史》列入"中学国文校外阅读研究"书目。[①] 该书目按循序渐进原则，列出十个等级的书单。其中，"第三阶级是初中毕业的普通标准，第六阶级是高中毕业的普通标准"，[②]而《儒林外史》被纳入第四个阶级的阅读书目。[③] 又，民国二十八年（1939），庄剑鸣所编《初中用国文讲义（振华初中选用）》虽然没有选入古代白话小说篇目，但教材最后在列举标点符号运用示例的部分中，就呈现了《儒林外史》等小说中的例子。在"新标点符号类别"，第一类"隔点"部分中，编纂者就引用《儒林外史》原文作为示例："这茶色、香、味三者都好"。[④] 此即出自第 55 回荆元对于老者之语。可见，该校师生

---

①　阮真：《中国国文校外阅读研究》，南宁教育厅编译处 1928 年版。

②　阮真：《中国国文校外阅读研究》，南宁教育厅编译处 1928 年版，第 140 页。

③　阮真：《中国国文校外阅读研究》，南宁教育厅编译处 1928 年版，第 137 页。

④　庄剑鸣编著：《初中用国文讲义》（振华初中选用），1939 年油印本，上海图书馆藏。

对《儒林外史》的内容颇为熟悉。

从高中阅读书目到频繁进入初中国文教材或阅读书目,标志着《儒林外史》普及范围的进一步扩大。而《儒林外史》之所以在这一时期备受青睐,即可归结于钱玄同所谓《儒林外史》最适宜作为"中等学校的'模范国语课本'"的三点原因。①

二、断章取义与标签式理解：民国国文教材中的《儒林外史》选文与思想导向的转变

在选文、选篇及组织方式上,1920 年代、1930 年代与 1940 年代,国文教材中的《儒林外史》也呈现出不同特点,从中折射出不同历史阶段的编纂者在思想导向上的转变。而所谓现代思想的突显,往往以断章取义与标签式理解为前提,这对理解作品本身造成了一定障碍。以下分阶段论之。

(一) 从传统道德到现代理想：20 世纪 20 至 30 年代中期《儒林外史》选文的思想导向

洪北平在 1921 年《白话文范》(第 1 册)中,先后呈现了《王冕》、《郭孝子寻亲记》一组片段。其中,《王冕》一篇,主要选取《儒林外史》楔子中的两部分故事内容。第一部分的故事内容为,王冕十岁时听从母亲的话,不再到村塾读书,而是前往秦家牧牛,补贴家用。第二部分的故事内容是,王冕通过自学,成为画荷名手,赚钱奉养母亲。而紧接其后的《郭孝子寻亲记》一篇,选取第 38 回郭孝子的故

---

① 李汉秋编著：《儒林外史研究资料集成》,上海古籍出版社 2017 年版,第 321 页。

事。选文包含的主要内容为，郭孝子风餐露宿，路遇猛虎、恶兽，又遭人打劫，最终在成都找到出家多年的父亲。在父亲拒绝相认后，郭孝子在庵外借宿，买通庵里道人，奉养父亲。这组选文的重点内容分别为"孝母"和"寻父"，其所强调的是以孝为先的传统美德。

　　1927 年，何仲英编纂的《白话文范》（第 2 册）先后选入《季遐年》、《荆元》两个片段。值得一提的是，在这两个片段之前，编纂者选入法国伏兰氏著《畸人》，与之组成一个单元。《畸人》讲述了一位爱名誉、讲体面的学者——达士孟先生因为妻子而破产，却并未说出被妻子抛弃的事实。最终，他在埋葬"爱情的幻影"后悄然死去。① 翻译者是鸳鸯蝴蝶派小说家周瘦鹃，他以《庄子·内篇·大宗师》所谓"畸人者，畸于人而侔于天"，②作为对此人的定评。编纂者将此篇置于《季遐年》、《荆元》之前，表明以类相从之意。这也间接反映出编者对《儒林外史》中两名"奇人"的传统解读，彰显季遐年、荆元不为世俗熏染的率真性情。可见，《白话文范》在认同语体变革的同时，仍然体现出以传统文化理解文本的旨趣。

　　但在 1930 年代后，这种思想导向发生了转变。1932 年，石泉编纂的《初中师范教科书·初中国文》中，同样节选了《儒林外史》楔子。选文内容与洪北平所选《王冕》大抵一致，但题为《王冕的少年时代》。此文与前一篇高一涵的《立志》、后一篇孙毓修的《林肯的少年时代》，构成一组文章。《立志》节选自《新青年·共和国家与青年之自觉》，文中反驳所谓迫于强权、时势、境遇而苟且的人生态度，认为"青年自觉之道，首在立志"，通过立志，揭击黑暗，"创造时势，战胜境遇"，为追求"幸福、安宁、自由、权利"而努力。③ 作为

---

①　何仲英：《白话文范》（第 2 册），商务印书馆 1927 年版，第 34 页。

②　《庄子》，中华书局 2007 年版，第 134 页。

③　石泉编：《初中师范教科书·初中国文》，文化书社 1932 年版，第 8—9 页。

系列文章中,具有导言作用的篇目,此文激发学生从反叛不合理的社会,明确独立精神的立场,来理解吴敬梓笔下的王冕形象。而《林肯的少年时代》主要讲述林肯出身于木工家庭,年幼时即知体恤兵工,帮助父亲盖房;少年时借阅《华盛顿传》,立下志向,又深感社会不平等,研究法典等事迹。而编纂者将《王冕的少年时代》设定为与之具有并列关系的文章,也即强调了二者之间的共同点,从中突显王冕边牧牛边自学的可贵精神,并对此赋予重工兼重学的现代意义。此外,在林肯帮助父亲盖房,俨然"少年木工"的映衬下,王冕奉养母亲的行为在一定程度上超越了中国传统道德中的"孝",成为现代意义上的家庭之爱。

此后,《王冕的少年时代》频繁入选国文教材。1933 年,朱文叔等编《初中国文读本》中,就有《王冕的少年时代》。这篇文章与前后选篇——廖世承的《青年生活》、《佛兰克林做徒弟的时候》构成一组文章。同时,编纂者又将梁启超《少年中国说的序论》作为前一组文章的收束与这一组文章的导言。梁启超倡导面向将来而非怀念既往,进取而非保守的少年精神。[①] 而廖世承说:"生命中最宝贵的一个阶段是青春",而"充分发展生命力"、"改造社会"的前提是"有自信力"、"不怕工作"。[②] 这是编纂者为理解《儒林外史》中的王冕形象设定的思想前提。在编纂者的视角下,王冕对于"文行出处"的坚持,不再是尚古、避世的体现,而是与现代意义上的"自信力"发生关联,从而对中学生立志于"改造社会"产生积极引导。

---

① 朱文叔编;舒新城,陆费逵校:《初中国文读本》(第 1 册),中华书局 1933 年版,第 28 页。

② 朱文叔编;舒新城,陆费逵校:《初中国文读本》(第 1 册),中华书局 1933 年版,第 31—33 页。

　　1933 年，张文治等人所编《初中国文读本参考书》，也选入《王冕的少年时代》。编者在题解中明确，此篇展现了"自学成功"的典范。[1] 1935 年，江苏省教育厅修订《初中标准国文》(第 2 册)选入《王冕的少年时代》，而紧随其后的文章依次为《林肯的少年时代》、《宋史·岳飞传》、《宋史·文天祥传》。编纂者在选文后的题解中明确："本篇记王冕勤勉旷达，谓青年刻苦自励之劝。以下两篇，旨意相同。"[2]这避免了对王冕"尚古"的言行进行评价，而是试图通过强调其"勤勉"的求学精神、对待穷困境遇的"旷达"态度，为现代青年树立理想。

　　1934 年，沈荣龄等编选的《试验初中国文读本》，同样选取了《王冕的少年时代》。这部教材分为"个己修养"、"家庭之爱"、"学校生活"、"社会环境"、"民族精神"、"自然享受"、"艺术欣赏"、"冒险精神"八个部分。而《王冕的少年时代》被列入"学校生活"的第一篇，与《弟弟的女先生》、《林肯的少年时代》等构成一个单元。就内容而言，《王冕的少年时代》以王冕辍学开篇，而《林肯的少年时代》也未曾写到林肯在学校的教育。编纂者将《王冕的少年时代》纳入"学校生活"的第一篇，即意在鼓励中学生从更为广阔的社会生活经验中提升文化与修养。1934 年，陈彦舜编《初中国文教本》第一组课文以"常态的生活"为主题，设置"家庭的真爱生活"、"学校的真爱生活"、"基于真爱的工学生活"三部分内容。而《王冕的少年时代》《林肯的少年时代》《富兰克林入学》等文，共同组成"基于真爱的工学生活"。[3] 值得注意的是，"学校的真爱生活"部分，仅有两篇文章，在选文数量上，与前后两部分的内容存在失调。这也意味着，编纂者

---

　　① 张文治等编：《初中国文读本参考书》(第 1 册)，中华书局 1933 年版，第 123 页。

　　② 江苏省教育厅修订；国文教科教学进度委员会编注；王德林释注：《初中标准国文》(第 1 册)，上海中学生书局 1935 年版，第 8 页。

　　③ 陈彦舜编：《初中国文教本》(第 1 册目录)，北新书局 1934 年版，第 1—2 页。

233

更为提倡王冕等人不依赖学校教育的自主求学精神。

综上所述1920年代的《白话文范》突出王冕作为孝子的特点,彰显传统道德理想。而1930年代,《初中师范教科书·初中国文》《初中国文读本》等教材,试图发掘王冕形象的反叛精神,突显其对于社会变革的意义,敦促青年立志改造社会。而稍后的《初中标准国文》《试验初中国文读本》等教材,则将王冕确立为自主、勤勉求学之楷模。

同样体现出思想转变的是有关郭孝子与荆元的选文。1932年,张鸿来著《初级中学国文读本》中,选入《儒林外史》第38回中关于郭孝子的故事。但选文仅截取郭孝子第一次遇虎的片段,而删去了郭孝子途中被劫、二次遇虎等故事情节,也不再交代郭孝子寻到父亲之后的孝举,弱化了"孝父"的伦理色彩。为此,编纂者特意将题名改作《郭孝子深山遇虎》,而不再沿用《白话文范》中的"郭孝子寻亲记"。同时,在篇目组织上,编纂者将《郭孝子深山遇虎》与《景阳冈武松打虎》组成单元。这一做法也为1933年崔新民《初中国文选本注解》延用。这种编排方式意在突出的是郭孝子与武松在"遇虎"上的差异化表现,体现郭孝子作为"常人"的智勇。

此外,1929年,朱剑芒等编纂的《初中国文》(第2册)也选入《荆元》。但编纂者不再以"畸人"理解荆元,而是在课后提出问题,引导学生消除科举时代遗留下来的社会、文化等级观念,倡导平等的思想:"为什么做了裁缝,便被学校中人轻视? 当时的读书人,在社会上有甚么害处? 越是有才的人越易消极,是什么缘故?"①1931年,江苏省上海中学校的《中学国文教材》在初中部第一学年第一学期课本中,选入《荆元》,而后选入姚燮《卖菜妇》,组成一组

---

① 朱剑芒编,魏冰心校订:《初中国文》(第2册),世界书局1929年版,第82—83页。

文章。1933 年，立达书局出版《初中国文选本》，将《刘老老醉卧怡红院》与《荆元》选为一组文章。1935 年，江苏省教育厅修《初中标准国文》（第 4 册）将《荆元》置于黄宗羲《柳敬亭传》、林嗣环《口技》之后，与之构成一组。这种编排方式汇集了市井、乡野、从艺之人的情态，为学生构造了有关民间的正面想象，体现出接纳民间社会，试图重新理解并汲取民间文化的现代知识人立场。

就 1920 至 1930 年代的选文情况来看，无论《王冕》（或《王冕的少年时代》），还是《荆元》、《郭孝子寻亲记》（或《郭孝子深山遇虎》），多少存在断章取义的问题。这些选文的共同点在于，均截取了《儒林外史》中相对独立的片段。这种选文方式为读者、编者提供了便捷性。

首先，这易于使没有读过《儒林外史》的学生理解文本。尽管学界普遍认为，《儒林外史》通过连缀前后并无关联的故事而成书，但事实上，小说虽然频繁由此人递入彼人，由此事牵出他事，但下场的人物再度上场，人物不断在言谈中提及退场者、不在场者的文本现象同样频繁可见。这种错综复杂的人物关系、情节联系对于不熟悉文本的中学生造成了阅读障碍。相比之下，《王冕》（或《王冕的少年时代》）截取自楔子，《荆元》选自尾声，在情节上与正文内容几乎不存在直接关联。同时，这两个片段中的人物、事件关系也相对简单。而选自第 38 回《郭孝子寻亲记》（或《郭孝子深山遇虎》）也具有这一特点。尽管郭孝子与第 8 回中的王惠存在父子关系，但二者在情节上的直接关联显得较为薄弱。诚如平步青所言："作者本写得支离。"[1]在一定程度上，编者之所以青睐这些篇

---

① ［清］吴敬梓著；李汉秋辑校：《儒林外史汇校汇评》，上海古籍出版社 2010 年版，第 110 页。

目,即看重其相对独立的性质,便于中学生理解。

同时,上述片段也易于编者做进一步简化处理。编者将楔子中王冕与翟买办、时知县、危素、明太祖的故事删去,仅保留王冕、母亲与秦老的故事,又在市井四奇人的故事中独取荆元,对人物关系做了进一步简化。而编者将有关郭孝子选文重点从"寻父"改作"遇虎"后,这一片段与前文第 8 回之间的联系被彻底割断,使故事仅围绕人物与环境的关系展开。而这样的处理也更易于对文本进行思想意义的直接赋予。

然而,这种处理方式,也易于割裂文本,造成误读。同时,这也不利于推进学生对小说整体的理解。事实上,这三个片段均出现于《儒林外史》结构的关键位置。王冕与荆元分为处于小说的首尾部分,而郭孝子故事则处于第 37 回泰伯祭祀的高潮之后,天目山樵认为:"泰伯之事太王","三以天下让","孝之至极也,接写郭孝子正其寓意处。"①因此,这些篇章看似独立,其实对整体具有关照作用。从这三个片段切入,可以推进学生对于《儒林外史》的理解。但编者断章取义的处理方式,反而对此造成了障碍。

就王冕而言,作为《儒林外史》楔子中的核心人物,其与小说整体存在以下重要联系。第一,王冕是《明史》记载的人物,而《外史》有意对其形象进行不同于正史的重构。此即确立了颠覆正史的叙述立场。作者借此表明,他是在超越官方价值观念的层面上,对文人的生命体验进行描述。作者对于科举的认识,也是基于这一立场展开的。通过与正史的比较,学生方能理解《外史》的独特性。实际上,不少教材编纂者也提示学生将此篇与《明史·王冕传》进

---

① [清]吴敬梓著;李汉秋辑校:《儒林外史汇校汇评》,上海古籍出版社 2010 年版,第 466 页。

行比较。后文还将提及这一点。但比较的前提在于,《外史》中的相关选文应该是完整而非断裂的。

第二,王冕形象所凝聚的多重理想化特质,构成了评判小说中众多文人的标准。诸如周进、范进等功名心热者,马二等枯燥乏味者,二娄、蘧公孙等名士,牛浦郎等假名士,都在不同层面上,与王冕形象构成对比。而杜少卿、庄绍光、虞育德等真名士,亦在不同层面上,与王冕构成呼应。在很大程度上,王冕之所以具备超越时代的意义,并且成为八股时代文人的一面"镜子",是因为楔子对其"文行出处"进行了全面呈现。这不仅在王冕与母亲、秦老的关系或自学画荷的经历中得以体现。同时,这也在他与危素、时知县、翟买办、对谈者、明太祖等人物的关系中得到展现。而且,这更与王冕贯通天文、地理、经史,具备多元的知识结构等背景的交代不无关联。而后两个方面的内容,正是《白话文范》中《王冕》以及后来《王冕的少年时代》所删去的部分。

因此,编者断章取义的处理方式,一方面损害了王冕形象本身的完整性,另一方面也割断了楔子与小说整体之间的关联性,不利于学生对《儒林外史》的理解。而简单彰显王冕"孝顺母亲"、"自学成功"、"基于真爱的工学生活",或许是较为肤浅的。至于一些编纂者试图突显王冕"改造社会"的素养,更是脱离了文本实际。其实,王冕的可贵之处正是在于,他不是通过官方的、功利的、他人的视角去理解文化、自然、社会,故而他能够体悟文化、自然的生命力,并反思世俗社会的价值观念。因此,王冕对道德、学问的"真爱",才不同于马二对于科举、王玉辉对于名节的"真爱"。而这恰恰对上述教材编纂者先入为主地改造王冕形象、将中学生的思想制约于所谓"现代观念"的做法,构成了反讽。就此而言,1920年代到1930年代期间,《儒林外史》教材选文在思想上的转变,并不意味着对文本认识的推进。所谓王冕"有自信力"、"不怕工作"、"基于真爱的工学生活",未必就比单纯强调王冕"孝母"的认识来得正确。或者说,这均构成了对经典文本的割裂与误读,只是曲解程度有所不同。

另外,在郭孝子故事节选、理解上,编纂者对郭孝子"智勇"的突显,也尚且不如"孝父"来得贴切。当然,单纯以"孝父"理解郭孝子的行为及其经历的荒诞性,也存在问题。就艺术风格而言,郭孝子的故事与《儒林外史》的整体面貌存在一定差异。卧评认为此篇"极尽险怪之致";[①]黄小田认为:"此篇略仿《水浒传》","略投时好"而"无关正旨"。[②] 而且,无论是相比明清时期颇为流行的"万里寻亲"故事,还是较之《儒林外史》中虞育德、杜少卿、庄绍光、萧云仙等理想人物的经历,郭孝子的故事都显现出独特的荒诞色彩。或许,读者须通过郭孝子几乎丧失立足之地的"孝父"观念为起点,方可理解这段故事的荒诞性,及其紧接《儒林外史》高潮展开的思想意义。

由于王惠的叛降、出家,郭孝子的"孝",于国于父,均无法得到承认。[③] 在世俗的界定下,他所践行的所谓道德,似乎失去了价值。在一定程度上,郭孝子遇虎经历的荒诞性,象征着其本人的精神困厄。在老虎、恶兽离奇自毙,郭孝子侥幸存活的怪诞结局中,郭孝子已然偏离了中国古代"遇虎"母题中的"孝子"或"英雄"形象,成为游离在传统形象序列之外的畸零人物。这体现了吴敬梓对儒家道德困境的深刻反思。这也是吴敬梓将郭孝子故事置于泰伯祭礼这一

---

① [清]吴敬梓著;李汉秋辑校:《儒林外史汇校汇评》,上海古籍出版社 2010 年版,第 480 页。

② [清]吴敬梓著;李汉秋辑校:《儒林外史汇校汇评》,上海古籍出版社 2010 年版,第 480 页。

③ (美)商伟著;严蓓雯译:《礼与十八世纪的文化转折》,生活·读书·新知三联书店 2012 年版,第 78 页。

全书"高潮"之后展开的用意。而忽略王惠故事的背景，抛开郭孝子的"孝父"，直接呈现他遇虎的情节，是对文本的割裂与歪曲。

再者，将荆元从"市井四奇人"中抽离出来，与刘姥姥、柳敬亭等并论，也不如将季遐年与荆元共同视作"畸人"，更贴近作者本意。文中表明，荆元在做裁缝之余，爱好诗书、弹琴，朋友劝他放弃裁缝行当，与读书人相与。而荆元却直言，裁缝是祖上传下的手艺，与读书识字之间不存在高下之分。而且，在他看来读书人"怎肯与我们相与？"①可见，在荆元心目中，从事市井职业与保持雅兴并不相悖。但其坦诚之言换来的却是朋友的疏远。荆元自以为与朋友同道，而无法和那些以地位取人的"学校中人"产生交集，但他不曾想到市井中人同样秉持这样功利的观念。他以市井中人自居，但他实际上与市井之间也仅存在物质层面、谋生层面的关联。他所具备的理想情怀既脱离儒林，也与民间对立，故而他难以为自己的追求找到寓所。作者最终设置于老者建于市井的"世外桃源"来安放荆元的人生追求，体现了他不愿儒家理想泯灭的希望。但从荆元弹琴作"变徵"之声，怨愤世俗的表现来看，作者似乎也认识到这一理想化结局是缥缈的。这反映了吴敬梓对民间深受名利之风、丧失淳朴性的失望。这是荆元趋于狷介的意义所在。因此，《荆元》与《刘老老》、《柳敬亭》中生活于民间、富于民间质朴精神的人物并不相同。这也反映了吴敬梓对"民间"的别样理解。因此，仅仅以类相从而不提示其中的差异，易于使教者、学者忽视《儒林外史》文本的特殊性。

须说明的是，笔者并非试图否定以新思想阐发经典的必要性，同时也并不否定阐发的主观性，但前提须避免逸出文本的自我立

---

① ［清］吴敬梓著；李汉秋辑校：《儒林外史汇校汇评》，上海古籍出版社 2010 年版，第 672 页。

论。而基于文本进行立论，也未必就会掩盖编者急于突显的"现代思想"。通过对于文本的把握，我们或可发现郭孝子、荆元的故事蕴含着现代之问，即个体在其秉持的道德理想无法得到社会普遍认同的前提下，究竟应当如何自处。吴敬梓通过郭孝子、荆元所面对的具体情境，提出了两种坚守理想的途径。尽管郭孝子得不到父亲乃至世俗价值观念的认可，但他始终坚持在对世俗人伦的实践中，为自己的道德理想寻求立足之地。并且，他劝勉后生萧云仙建功立业，达成自己毕生难以实现忠君理想。而荆元则以清醒的态度，与世俗社会保持距离。如何看待这两种选择及其意义，对于中学生的立志乃至人生思考，或许也是有益的。

而如果单纯基于为中学生立志的角度选文，可能更适合选取历史英雄传记、诗文或现代时期的相关论说类文章。事实上，民国时期不少教材采取的正是这种做法。如1931年，江苏省上海中学校的《中学国文教材》选入《林肯的少年时代》、梁启超《少年中国说》、郑振铎《我是少年》；1933年徐蔚南编《初中当代国文》选入《岳飞之少年时代》及岳飞《满江红》、文天祥《正气歌》；1943年，叶楚伧等主编《初级中学国文》选入《立志》《沉默的少年瓦特》等。而就单篇入选教材的次数而言，《郭孝子深山遇虎》也不及《景阳冈武松打虎》。此即表明，《儒林外史》与现代社会理想之间的直接关联比较有限。而编纂者特意借由《儒林外史》进行思想上的劝勉，或许并不具备较大价值。

（二）从树立理想到批判社会：1930 年代中期至 1949 年前《儒林外史》选文的思想导向

1930 年代中期至 1949 年，《儒林外史》入选国文教材中的篇目发生了一定变化。前述《王冕的少年时代》在教材中仍有出现，《荆元》偶有出现，而《郭孝子深山遇虎》基本从中消失。同时，《高要县》、《王三姑娘殉夫》（或《三姑娘殉夫》）、《马二先生》（或《马二先生游西湖》）、《范进》等，成为入选国文教科书的重要篇目。须补充的是，《王三姑娘殉夫》、《马二先生》在 1930 年代初，已被选入教材，但非常少见（见附录二），但在 1930 年代中期以后，这些篇目得到保留。同时，编者通常采用在课后"暗示"、设问的方式，引导中学生从批判社会的角度，对选文进行理解。

1934 年，傅东华等编纂的《复兴初级中学教科书》（第 2 册）选入有关王玉辉女儿的故事，题为《三姑娘殉夫》，选文起于"王玉辉走了二十里到了女婿家"，止于王玉辉得知女儿死后，"大笑着，走出房门去了。"①编者在课后"暗示"中提出，此篇即表现"'殉夫'一类旧礼教的罪恶"。② 1947 年，夏丏尊等编《开明国文讲义》同样选入这一部分内容，题名为《王三姑娘的死》。但与前者有所不同的是，编者仅呈现文本，并未在课后进行有意识的引导。

1932 年，傅东华、陈望道所编《基本教科书国文》选入《马二先生游西湖》，选文起于"马二先生上船"，止于"回到下处，关门睡了。"③此后，1933 年傅东华、陈望道等编《国文》（第 1 册）、1934 年傅东华等编《复兴初级中学教科书》（第 1 册）均选入了这一篇目。在《复兴初级中学教科书》中，编者在课后"暗示"部分提出："第 5 段写'马二先生低着头过去，不曾仰视'是什么意思？"④1939 年，教

---

① 傅东华：《复兴初级中学教科书：国文》（第 2 册），商务印书馆 1934 年版，第 167—169 页。

② 傅东华：《复兴初级中学教科书：国文》（第 2 册），商务印书馆 1934 年版，第 169 页。

③ 傅东华、陈望道编辑：《基本教科书国文》（第 1 册），商务印书馆 1932 年版，第 97—100 页。

④ 傅东华：《复兴初级中学教科书：国文》（第 1 册），商务印书馆 1934 年版，第 133 页。

育总署编审会所编《初中国文》(第 1 册)同样选入《马二先生》,并与《孔乙己》构成一组文章。编者在课后习题中设问道:"作者描写马二先生,有那几处是有讽刺意味,试举一二例";"试举出马二先生迂腐的地方来。"①相比之下,《国文》中的设问,通过具体细节,提示马二对女性的回避姿态过于刻意、不近人情。编者通过引导学生体味讽刺笔法的内涵与意趣,发现礼教对人物根深蒂固的影响。这样的设问是较为贴切的。而《初中国文》则试图引导学生将马二视作历史中的真人加以批评。同时,问题本身也较为机械化。这在一定程度上混淆了文学形象批评与历史批判的界限。

同样的问题,在《高要县》的选文中也有体现。1937 年,宋文翰等编《新编高中国文》(第 6 册)中,节选了《儒林外史》第 4 回中的内容,题为《高要县》。1946 年,宋文翰、张文治编《新编高中国文》同样保留这一篇目。选文从范进母亲丧礼已毕开始,到汤知县采信张静斋提议,枷死回族老师夫为一段落。编者在题解中说,此篇"叙张乡绅约同范进士晋谒高要县汤知县。其中写张乡绅之卖弄才学,严贡生之欺贫攀势,范进士之矫饰矜持,汤知县之伪作清廉,枷死人犯,儒林丑态,官场黑幕,一一活现纸上。"②其中,"范进士"当为"范举人",为编者疏漏。除此之外,编者对此篇中人物形象的评价也存在值得商榷之处。如汤知县"伪作清廉"即存在疑问。《儒林外史》并未表明,汤知县是否清廉。严贡生所谓替汤知县办事,不过是通过自我编造的谎言,博取范、张二人的信赖,与二人相交。因此,编者所谓"伪作清廉"并不切合文本,而是更为符合民间对于昏官的想象。

---

① 教育总署编审:《初中国文》,教育总署编审会 1939 年版,第 136 页。
② 宋文翰、张文治编:《新编高中国文》(第 6 册),中华书局 1946 年版,第 155 页。

1949 年，上海联合出版社《初中国文》（第 5 册）摘选了《儒林外史》第 3 回中的片段，题为《范进》。选文起于"范进回家，母亲妻子，俱各欢喜"，止于胡屠户掌掴范进后"一同回家"。[1] 编者在课后习题中提出两个问题，第一，"范进是怎样疯的？试就他的心理变化的过程加以分析"；第二，"写胡屠户的态度变化是用前后对照，试就文章的发展加以分析。"[2]这直接导向封建科举制度对人心的毒害。这种提问方式是较为机械的。同时，编者仅聚焦于范进、胡屠户二人，不免造成对文本的狭隘化认识。但事实上，这篇选文对众乡人进行了细致的描摹。即便对于胡屠户，作者也并未一味丑化，其言行均在情理之中。卧评甚至说："胡老爹之言未可厚非，其骂范进时，正是爱范进处……细观之，原无可恶也。"[3]这一看法是否合理另当别论，但这揭示了吴敬梓对胡屠户的描摹是合乎人之常情的。而渗入人之常情，正是科举功名令人可畏之所在。

总体而言，相较于前一时期，这一时期的不少国文教材编纂者，不再从正面的角度，从《儒林外史》中选取值得中学生效仿的楷模，而是更为强调《儒林外史》对封建制度的否定。这一现象在建国前夕体现得更为明显。1949 年，上海联合出版社的《初中国文》中，为初中生竖立正面理想的文章有《一个伤兵的愿望》、《列宁与炉匠》、《生产战线上的女战士们》、《鲁迅与青年》等。在很大程度上，王冕、荆元、郭孝子那种犹带传统色彩的理想人物，已经不符合

---

①　上海联合出版社临时刻本编辑委员会编：《初中国文》（第 5 册），上海联合出版社 1949 年版，第 144—151 页。

②　上海联合出版社临时刻本编辑委员会编：《初中国文》，上海联合出版社 1949 年版，第 152 页。

③　［清］吴敬梓著；李汉秋辑校：《儒林外史汇校汇评》，上海古籍出版社 2010 年版，第 46—47 页。

社会变革的现实需要。而《儒林外史·范进》对封建科举制度的表现，更为符合这一时期对历史的需要与想象。此外，1949年，上海联合出版社《高中国文》（第3册）中，选入《红楼梦·王凤姐弄权铁槛寺》，同样说明这一问题。

其实，相比前一时期，这一时期的选文更具合理性。编者也基本保持了所选片段的连贯与完整性。同时，相比《王冕》《荆元》《郭孝子深山遇虎》，《高要县》、《马二先生》、《范进》、《王三姑娘的死》等也更为符合《儒林外史》的整体风格。因此，在选文方面，编纂者的主观介入有所弱化。但遗憾的是，这一时期的编纂者，往往以先行的观念，在选文后的设问、提示中，对《儒林外史》的人物形象加以标签化理解。只不过，其关注的对象由王冕、郭孝子、荆元变成了王玉辉、马二、范进等。而《儒林外史》的可贵之处，恰恰在于弱化叙述者主观、专断的评论，将人物形象置于具体的生活场景中加以呈现，使有关人物形象的理解具有更大的开放性。就此而言，民国时期国文教材的编纂者往往忽视了《儒林外史》的文本价值，也难以由此引导教学者和学生体悟《儒林外史》对社会现象的深入思考。

然而，这一时期的教材编纂中，仍然存在一些值得借鉴的做法。例如，1947年，夏丏尊等编《开明国文讲义》并未对《王三姑娘的死》进行直接分析，如果同时提示学生参考钱玄同、鲁迅的评论，或有助于推进对文本的理解。另外值得注意的一点是，宋文翰参与编选的两种《新编高中国文》在《高要县》之前，均选入了《红楼梦》中的《刘老老》，即刘姥姥参观大观园，被王熙凤、鸳鸯当作"女篾片"戏弄等场景，与《高要县》构成一组文章。而《刘老老》与《高要县》在写法上，确实存在相似性。文中分别采用刘姥姥、范进的外在视角，对贵族或官场进行了观照，从而触及了所谓礼仪空间违背礼仪的讽刺性。不同的是，刘姥姥是这个空间之外的人，作者一方面将刘姥姥设置为自觉的演员，通过她与贵族之间格格不入的、带有表演性质的粗野，激发贵族表里不一的表现。另一方面，刘姥姥也将把她当作玩笑对象的贵族之家，视作观赏的对象，从而构成对贵族之家的反思视角。但一心步入仕途的范进放弃了独立的外在视角，试图借由对官场的观察，习得这一场域的话语交换规则；同时，他居丧赴宴的行为本身，也即构成"准官场中人"违背礼仪的体现。因此，范进成了彻底的戏中人。这两个人物与礼仪空间之间的关系，蕴含了作者基于不同角度，对儒家道德之名与实的反思。这样的编排方式，巧妙地在两篇文章中建立了比较关系，对教与学的思考，均有启示意义。

（三）民国国文教材中的《儒林外史》选文与语体、文体观念的转变

同时，1920 年代至 1930 年代国文教科书中的《儒林外史》选文也反映出语体观念、文体观念的转变。这一点主要体现于《王冕的少年时代》或《王冕》在选文内容上的变化。1921 年，洪北平《白话文范》所选《王冕》中，第一段选文起于《儒林外史》楔子中的"王冕已是十岁了"，止于"何不自画他儿枝"；第二段选文起于同回中的"王冕见天色晚了"，止于"买些好多东西孝敬母亲"。① 此后，1932 年石泉编纂的《初中师范教科书·初中国文》，1934 年沈荣龄等编《试验初中国文读本》中的《王冕的少年时代》所选文字与之大抵相同。

然而，1932 年，王伯祥《开明国文读本参考书》所节选的《王冕

---

① 洪北平编纂：《白话文范》（第 1 册），商务印书馆 1921 年版，第 83—85 页。

的少年时代》第二部分内容中，多选了一段文字，到"每日画几笔画，读古人的诗文，渐渐不愁衣食，母亲心里欢喜"为止。① 此后，1933 年朱文叔等编选的《初中国文读本》、1933 年傅东华等编选的《国文》、1938 年杨荫深所编《初级国文》、1939 年教育总署编审会所编《初中国文》在选入《王冕的少年时代》时，均选入有关王冕"读古人的诗文"等文字。

这一选文细节上的差异反映了看待白话语体的不同观点。前者体现了编者对文言的拒斥，而后者则反映出对文言的容纳。事实上，相关思考在 1920 年代左右已经展开。1918 年，胡适在《建设的文学革命论》中提出的"国语的文学"是排斥文言的。而他主张阅读文言作品，也意在强调从批判的角度去看待文言。所以他说，《儒林外史》用白话刻画的王冕是"有感情，有血气，能生动，能谈笑的活人"，而宋濂《王冕传》中的王冕是用"死文字"做出来的"作古"之人。② 对比之下，白话语体显现出了优越性。但 1920 年，钱玄同在《儒林外史·新叙》中提出的"新国语"与之存在差异。钱玄同认为，《儒林外史》主要以通行全国的"普通话"创作而成，奠定了"国语"文学的标准，但"新国语"却不可能以此为限，而是应该"以现在这国语为主而尽量吸收方言、古语何外国语中的词句，以期适于应用。"③

其实，胡适与钱玄同的看法并不矛盾。郭箴一说，在五四之前，文学创作"已倾向于白话"，但创作者只是为了便于平民阅读的需要，而自己仍然以"古文古诗"为"文学的正宗"④。胡适主张以

---

① 王伯祥编：《开明国文读本》（第 1 册），开明书店 1932 年版，第 125 页。

② 李汉秋编著：《儒林外史研究资料集成》，上海古籍出版社 2017 年版，第 353 页。

③ 李汉秋编著：《儒林外史研究资料集成》，上海古籍出版社 2017 年版，第 325 页。

④ 郭箴一：《中国小说史》，参见陈洪主编：《民国中国小说史著集成》（第七卷），南开大学出版社 2014 年版，第 607 页。

白话取代文言,所要打破的便是旧有的语体尊卑观念。但事实上,其本人的写作也并不完全是白话。而钱玄同则基于对未来语体发展的思考,对胡适的矫枉过正进行纠偏。这一观点也为胡适所接受。胡适在《高级中学公共必修的国语课程纲要》中,将"能自由运用语体文体发表思想",①作为达到毕业最低要求之一。他《白话文学史》以及他为高中阶段列出的推荐书目《古白话文选》,也包括大量诗文。在胡适看来,这都是具有"白话性质"的作品。而在1930年代以后,国文教材中所选《王冕的少年时代》在选文上的细节变化,同样体现了从否定旧语体到探寻新语体的观念转折。在一定程度上,这从现实的层面,印证了五四白话文运动的推进与成效。

同时,1930年代教材编纂者对《王冕的少年时代》或《王冕》的理解,也体现了文体观念上的转变。1932年,王伯祥编《开明国文读本参考书》中选入《王冕的少年时代》。编者在课后"参证"中提出,《儒林外史》中的王冕是吴敬梓"随意取来借题抒写的,不免装点附会,与真的事实不大相合。一般认为近真的事实,当然要推明初宋濂的《王冕传》。"②可见,对于胡适所谓吴敬梓笔下王冕为"活人",而宋濂笔下王冕为"死人",编者提出了反对意见。

一方面,编者选入《王冕的少年时代》,总体上表明,认可《儒林外史》所使用的白话语体。另一方面,所谓"随意取来"、"装点附会"表明,编者更为重视合乎"事实"的史传,轻视借题发挥的小说,这仍在一定程度上体现了以小说为小道的传统观念,折射出文体观念变革相对滞后于语体观念变革的现象。

---

① 胡适:《高级中学公共必修的国语课程纲要》,参见全国教育联合会新学制课程标准起草委员会编《新学制课程标准纲要》,商务印书馆1925年版,第85页。

② 王伯祥编:《开明国文读本》(第1册),开明书店1932年版,第132页。

　　但在同一时期的其他一些编纂者看来,《儒林外史》的"随意取来"已经不是问题。1933 年,张文治等编纂的《初中国文读本参考书》选入《王冕的少年时代》。在题解中,编者并未以文体判定优劣,而仅仅提示了史传与小说存在"同而不同",以供学生比较:"明宋濂,清朱彝尊皆有《王冕传》,所记事实,与《外史》稍有出入,可参阅。"①1933 年,马厚文所编《初中国文教科书》(第 3 册),选入《儒林外史》楔子全文。在目录中,这篇选文的题目为《王冕》。但有意思的是,编者在正文部分呈现的题目却是"王冕外传",②从而与附录中的宋濂《王冕传》构成文体上的对比关系。编者在文后的题解中说:"此书主旨,盖在批评科举制度,谓读书人心向此途,于文行出处,便尔忽略。而超脱之识见,高明之技术,是以曲达此旨。"③而在《王冕传》的题解中,编者对宋濂品行、学养、文章的评价也很高。其中表明,宋濂在元代辞官不就,隐居"著书十余年",至明出仕,撰写元史,而"明初制作礼乐,濂所裁定者居多。"④在编者看来,正史传记与小说外传并不存在高下之分,二者是与不同作意相匹配的平行文体。

　　此外,1933 柳亚子等编《初中国文教科书》、1935 潘尊行编著《初中精读国文范程》等,同样在选入《儒林外史·王冕》的同时,将《明史·王冕传》置于其后,作为可供参照的文本。一方面,这一做法的可贵之处在于打破了传统的文体尊卑意识。另一方面,这以文体为视角,提示了《儒林外史》楔子中的王冕,不同于史传中王冕形象的原因。同时,这也触及了通部《儒林外史》在作意、视角、笔

---

① 　张文治等编:《初中国文读本参考书》(第 1 册),中华书局 1933 年版,第 123 页。
② 　马厚文著:《初中国文教科书》(第 3 册),光华书局 1933 年版,第 80 页。
③ 　马厚文著:《初中国文教科书》(第 3 册),光华书局 1933 年版,第 98 页。
④ 　马厚文著:《初中国文教科书》(第 3 册),光华书局 1933 年版,第 101 页。

法上的特殊性。

1933 年，傅东华、陈望道所编《国文》中，也选入《王冕的少年时代》。编者明确指出，此文与宋濂《王冕传》存在如下差异：

序号	《王冕的少年时代》	《王冕传》
1	王冕七岁上亡了父亲	王冕七八岁时，父命牧牛
2	王冕听从母亲吩咐在秦家牧牛	王冕迫于父命牧牛，自己并不情愿
3	王冕偷空走到学堂里买书，坐在柳阴下读书	王冕窃入学舍，听诸生读书

编者表明，《儒林外史》对一部分历史事实进行了改动。但其认为，不同文体所能使用的修辞范围具有差异，历史传记须采用"消极修辞"，尽可能"传达真实"。① 而"小说为美术之一"，其创作目的是"使人感动"。② 即便是"历史小说"，也可以根据创作需要，采用"积极修辞"加以改编，"不必全与历史相符"。③ 此外，1935 年，张鸿来等编纂的《初级中学国文读本》（第 2 册）也认为，宋濂、朱彝尊笔下的王冕合乎历史，而《儒林外史》中的王冕是"借题抒写、装点附会"的产物，但小说可以"不必如信史之尽求合事实"。④

这同样打破了传统意义上的文体尊卑意识。然而，由于选文本身的断裂，⑤使得《王冕的少年时代》与宋濂《王冕传》之间，无法构成"外史"与"正史"的完整对照。编纂者的预设与结论，固然是将小说、传记视作各具价值的文体。小说的地位甚至更高。但这

---

① 傅东华、陈望道编：《国文》，商务印书馆 1933 年版，第 137 页。

② 傅东华、陈望道编：《国文》，商务印书馆 1933 年版，第 137 页。

③ 傅东华、陈望道编：《国文》，商务印书馆 1933 年版，第 137 页。

④ 张鸿来，庐怀琦选注：《初级中学国文读本》（第 2 册），师大附中国文丛刊社 1935 年版，第 7 页。

⑤ 前文已有论述，在此不再赘述。

未能基于文体的角度,全面揭示吴敬梓所创作的王冕形象与"正史"之间的差异,也割裂了楔子与《儒林外史》整体之间的关联。这难以推进中学生对《儒林外史》的理解。反倒是前述质疑《儒林外史》不合史实的《开明国文读本参考书》,突破了选文上的局限,按照"置其同者,略其溢者,而录其异者"的原则,①对《儒林外史》楔子中的王冕故事与宋濂《王冕传》的故事进行了更为全面的比照。编者列出的相异之处如下:

序号	《王冕的少年时代》	《王冕传》
1	王冕在秦家放牛时,偷空读书	王冕入学读书忘牛,父亲怒打,母亲听其读书
2	王冕不求官爵,不结纳朋友,终日闭门读书	王冕应试不中,北游燕都　馆秘书卿泰不花家
3	王冕家贫、受雇,而后依靠画荷谋生	王冕携妻孥归隐九里梅花屋,生活富足

与前表相比,此表中的 2、3 部分涉及了《王冕的少年时代》所删去的内容,从而与《王冕传》形成了相对完整的对照。在文体观念的变革之下,这样的比较更有利于推进对《儒林外史》的理解。

三、作为写作范本的《王冕的少年时代》

(一)《王冕的少年时代》何以成为中学生写作范本

1930 年代的一些国文教科书,开始将《儒林外史》中的片段用作讲授写作方法的案例。其中,《王冕的少年时代》是最为常见的记叙文写作范本。1932 年,王伯祥所编《开明国文读本参考

---

① 王伯祥编:《开明国文读本参考书》(第 1 册),开明书店 1932 年版,第 132—133 页。

书》在《王冕的少年时代》课后"解读"部分提出，这"是一篇正常的叙述文"。[1] 1933 年，张文治等编《初中国文读本参考书》，将《王冕的少年时代》明确为记叙文中的"传记"，并分析了此篇在写作方法上的精妙之处。1933 年，傅东华、陈望道编《国文》依次选入《马二先生游西湖》、《王冕的少年时代》、《荆元》，构成引导中学生写作的系列篇目。其中，《马二先生游西湖》是引子，《王冕的少年时代》是编者用以讲授记叙文写作方法的主要案例，而《荆元》构成补充。1938 年，夏丏尊、叶绍钧编著《国文百八课》选入《王冕的少年时代》、《荆元》。编者同样主要在《王冕的少年时代》后，列举相关修辞技巧，对中学生进行写作上的引导。

为什么《王冕的少年时代》能够成为这一时期国文教材编著者青睐的写作范本？我们或许能够通过这篇选文与文言传记、其他白话小说选篇、其他《儒林外史》选篇的比较中找到原因。

此前提及，《王冕的少年时代》与宋濂《王冕传》存在对照关系。王伯祥等编者仍推崇史传的实录，轻视"小说"对史实的歪曲。但在对中学生进行写作引导时，几乎没有编者以宋濂《王冕传》为典范，而是均以《王冕的少年时代》为范本。一方面，王伯祥在《开明国文读本参考书》的"参证"部分，摘录了宋濂《王冕传》与《儒林外史》楔子在历史事实上的相异之处。在课后练习中，编者要求中学生将他引入的宋濂《王冕传》翻译成白话，体会《儒林外史》对历史事实的歪曲。另一方面，编者仍然肯定《儒林外史》表现了王冕的"生活片段"、采用了"循序述说"的写作方式。而且，他将《王冕的少年时代》置于正文，并将宋濂《王冕传》的节选作为附录。此即表明，他将《王冕的少年时代》而非《王冕传》视作适宜中学生借鉴的

---

① 王伯祥编：《开明国文读本参考书》（第 1 册），开明书店 1932 年版，第 129 页。

写作范本。这反映编者认同以白话语体进行写作。同时,这也说明,编者肯定《王冕的少年时代》对日常生活的表现,并认为这在人物传记写作的古今转型中,具有范式意义。而史传"合乎事实"的描摹仅能作为对现代传记写作方式的补充、匡正,并不具备取代性。

1933 年,傅东华、陈望道编《国文》彻底否定了《王冕传》的写法,肯定《王冕的少年时代》的现代性。编者认为,一般而言,史传相对忠于历史事实,而小说对事实的改动更大,"但不见得就是传记的处理事实的态度正确些。"[①]具体表现为,宋濂笔下的王冕"活像是一个'怪民'",而《儒林外史》里的王冕却"也还寻常"。[②] 可见,《儒林外史》对历史事实的改动毕竟有界限,而宋濂对王冕的改动更大,甚至逸出了"人"的界限。编者借此表明,态度上的客观比事实上的客观更为重要,"是文章材料取舍和形式决定的总标杆"。[③] 而其所谓正确的态度,即贴近平民立场,合乎生活真相的写作追求。在编者看来,《儒林外史》对宋濂《王冕传》的再创作,为传记写作的平民化、现实化提供了典范。

相比之下,尽管中国古代不少白话章回体小说,汲取了传记体写作方式,但其中塑造的人物形象仍在一定程度上脱离了"寻常"的特质。这一时期入选教材的白话章回小说有《古白话文选》中的《鲁智深》、《林冲》、《吴学究》,30 年代频繁入选教材的《景阳冈武松打虎》、《三国演义》中的《诸葛亮舌战群儒》、《关羽刮骨疗毒》、《杨修之死》、《红楼梦》中的《林黛玉》、《王熙凤》等。相较于历史传记,这些小说对人物的描摹虽然相对日常化,但其中突显的仍是英

---

① 傅东华、陈望道编:《国文》,商务印书馆 1933 年版,第 142 页。

② 傅东华、陈望道编:《国文》,商务印书馆 1933 年版,第 141—142 页。

③ 傅东华、陈望道编:《国文》,商务印书馆 1933 年版,第 142 页。

豪、贵族的非凡特质。

而选自《红楼梦》中的《刘老老》、《老残游记》中的《白妞说书记》、《王小玉说书》虽然表现了平民形象，但与中学生的生活存在一定距离。而选自《儒林外史》的《马二先生》、《郭孝子》等，也不如《王冕的少年时代》更贴近平民、学生的生活。张文治《初中国文读本参考书》在课后习题中，要求中学生借鉴《王冕的少年时代》，"写出自己幼年时候一些片段的生活"。[①] 此即缘于这篇选文便于引起中学生的共鸣，有利于写作经验的传递。

综上所述，白话语体的娴熟运用、平常化的写作方式、贴近学生的内容，是《王冕的少年时代》成为中学生写作范本的重要原因。然而，在很大程度上，这篇文章之所以贴近中学生的生活，是因为编者有选择地截取了文本，并加以重构。编者刻意删去了楔子中王冕与官场的冲突，也忽视了其性格中不羁、避世的一面。换言之，编者抹去了王冕形象的文人化色彩，从而迎合中学生的经验与趣味。从经典普及的角度来说，这种做法是有所缺失的。而在写作方法引导上，编者的处理也既存在一些问题，也有所启示。

（二）三种关于《王冕的少年时代》的写作引导

1930 年代，有三种教材基于写作角度，对《王冕的少年时代》进行了详细分析，以下分别述之。

1933 年，张文治等编纂的《初中国文读本参考书》中，由《王冕的少年时代》总结出以下写作经验。第一，作意与取材的高度匹配。编者认为，此篇表现对象为学者王冕的"少年时代"，主要写作意图为表现趣味与寄托训诫。基于这一点，作者专取母亲自诉贫

[①]　张文治等编：《初中国文读本参考书》，中华书局 1933 年版，第 128 页。

苦,王冕在乡村牧牛等生活琐事,对此进行细腻描摹,是较为贴切的。第二,此篇在结构上颇为严密。第一段主要采用"记言"的方式叙王冕姓名、家境,第二部分采用"叙事"的方式描摹王冕牧牛、读书的生活,第三部分主要采用"叙事",同时夹入"记言"的方式表现他学画的因由,并交代其自学成功的结果。编者认为,第二、三部分作为全文主体,相互照应,表现了王冕穷苦而用心求学的形象。第三,作者在人物言行描写上"合乎人的个性",如母亲"殷勤告诫",王冕"体贴顺从",秦老"做东家的老成深厚",均使传记产生了"读文如读画"的效果。① 第三点写作规律为历来成功的历史传记、各类小说所共有,而第一点、第二点,与其说是对《儒林外史》写作规律的总结,不如说是编者对节选文本的评价。可以说,编者只是借助这篇顺应中学生经验的文本,提出可供记叙文写作参照的普遍标准。而《儒林外史》的原文笔法并非关注对象。

另外,在《王冕的少年时代》之后,编者选取了《佛兰克林的少年时代》一文,并在这篇选文的课后提示中,比较了与前一篇文章的差异。编者认为,《王冕的少年时代》是"客观记载言行,不加按语",而《佛兰克林的少年时代》"插入作者主观的论评",是"评传"。② 因此,他在前一篇的课后习题中,要求学生借鉴《王冕的少年时代》,"写出自己幼年时候一些片段的生活";③而《佛兰克林的少年时代》的课后习题中,要求学生"写一篇'苦学生'传记。"④在一定程度上,这触及了《儒林外史》总体采用"客观描写"或寓主观评价于"客观描写"的笔法。在周进、范进、严家兄弟、蓬公孙、马

---

① 张文治等编:《初中国文读本参考书》,中华书局1933年版,第128页。
② 张文治等编:《初中国文读本参考书》,中华书局1933年版,第128页。
③ 张文治等编:《初中国文读本参考书》,中华书局1933年版,第126—128页。
④ 张文治等编:《初中国文读本参考书》,中华书局1933年版,第126页。

二、匡超人、王玉辉、凤四等人的传记中，作者基本通过客观描写而不下断语的写作方式，呈现人物言行偏离仁义礼智信的丰富表现，使读者品味这对儒家道德话语构成的多种歧义。

然而，《王冕的少年时代》却未必符合这一判断。选文开篇就评价王冕是"嶔奇磊落的人"。此外，在虞育德、虞华轩、"市井四奇人"等人的传记中，作者也一反惯用的"客观"笔法，对人物进行正面评价。这些人物的共同点在于，他们都是具有理想色彩的人物，也均处于结构上的关键点，从而与楔子中王冕的理想精神构成了呼应。其中，虞育德作为小说高潮泰伯祭祀的主祭，具备可与王冕媲美的道德学养，但他以入世的态度，将德行付诸实践，是为儒林建立现实希望的当代圣贤。到了虞华轩的故事中，儒林江河日下，他虽具备王冕的道德学养，却难以有所作为，故怀有任性使财，傲视俗人之狂意。至于市井四奇人一段，儒林彻底没落，恶俗之风盛行。他们被儒林排斥在外，也再无可能重现王冕般避世而闻名于世的故事。但他们仍以书、棋、画、琴秉持古道。因此，这些人物是作者在小说不同节点设立的理想人物。故而作者改变了以客观描写激发多义性解读的总体方式，以直接的褒扬，消除反讽产生的可能，避免人物形象经由读者的理解而产生歧义。

就此而言，以"客观记载言行，不加按语"，来理解《王冕的少年时代》，体现了编者对《儒林外史》写作特点的僵化认识。一方面，这对中学生理解《儒林外史》笔法的丰富性与灵活性造成了干扰。另一方面，编者将《王冕的少年时代》作为与"评传"相对的"客观"传记，也易于使学生对"客观描写"产生困惑。

1933 年，傅东华、陈望道编《国文》同样以《王冕的少年时代》为案例，对中学生进行写作引导。编者首先提出，王冕是此篇中的主要人物，而母亲、秦老为次要人物。对于主要人物，作者须进行

"形容、举止、言语、性情等"多方面表现，而对次要人物的表现可相对简单。同时，编者以文中语句为示例，提出两种表现手法，即时间性的"叙述"与空间性的"记述"。如"元朝末年出了一个嶔奇磊落的人"是"叙述"。这等同于今天所谓"叙述"。而"大门过去两箭之地，便是七泖湖"则为"记述"。这等同于今天所谓"描写"。"记述"是"直接描写方法"，而"叙述"是"间接描写方法"，概括性地交代"王冕在少年时代是怎样一个人"。编者在此基础上提出，传记的主要目的，就是通过这两种表现手法，对人物形象进行主观评价与客观描写，[1]突显人物形象的"特别性格"。主观评价如《王冕的少年时代》中评论王冕是"一个嶔奇磊落的人"，宋濂《王冕传》中的"冕真怪民哉！"客观描写如写王冕用荷叶包了秦家送的鱼肉送给母亲，趁牧牛间隙在柳阴下读书等。这样差异化的分析就弥补了张文治将《王冕的少年时代》视作"客观描写"的缺陷。

但相比之下，编者还是更为强调"客观描写"的价值。编者在《荆元》课后补充说，《王冕的少年时代》中，王冕是个"嶔奇磊落的人"，宋濂《王冕传》中的王冕是个"怪民"，而荆元又是"几个奇人"之一。作者直接点出了传主的性格。但更重要的是，作者能够通过对人物的如实描写，"显出这个直接形容词的适当"，使读者信服。《荆元》等文的成功之处亦在于，倘若作者不明说荆元是"奇人"，读者也能感知到他并非寻常裁缝。[2]此外，1934年，傅东华《复兴初级中学教科书：国文》（第2册）选入《三姑娘殉夫》，编者在课后"暗示"中，再度肯定了《儒林外史》"客观描写"的价值："记

---

① 编者原话为"直接描写"与"间接描写"，但这在表述上与前述将"记述"确定为"直接的描写"产生混淆，故而笔者根据其意，将此描述为"主观评价"与"客观描写"。参见傅东华、陈望道编：《国文》，商务印书馆1933年版，第141页。

② 傅东华、陈望道编：《国文》，商务印书馆1933年版，第145页。

叙文中间可以夹入说明的部分，前面已经说过。但记叙文本身就是一种说明，例如这篇就是说明'殉夫'一类旧礼教的罪恶的。这样的说明就是小说的最大功用。"[1]

编者所谓"记叙文本身就是一种说明"，肯定了寓评价于客观描写的写作方式，而将主观评价置于次要地位。这仍然是对编者对普遍写作规律的总结。在这一点上，傅东华等人，亦未根据《儒林外史》本身的创作特点，对作者基于不同情境运用的差异化笔法进行分析。对于写作而言，《儒林外史》摆脱模式化、依据具体情境运笔的处理方式，或许更为值得注意。而这种成就《儒林外史》的创作经验，同样被编者所忽略。

相比之下，1938年，夏丏尊、叶绍钧编著《国文百八课》的可贵之处在于，编者在《王冕的少年时代》之后，对《儒林外史》涉及的相关修辞进行总结。同时，编者将修辞与情境的贴合程度，视作创作成功的标准。在《王冕的少年时代》后，编者列出三种反面的"积极修辞的原则"。[2] 第一为"奇警"，即改变"调和"的表述方式，以"出乎常情之外"却仍然合理的方式进行言说。"例如，对于毁谤，说'人有毁谤应该声辩'是调和的说法，说'止谤莫如缄默'就是奇警的说法。"[3]第二是"朦胧"，编者认为这是"具体"的反面，但其理

---

①　傅东华编著：《复兴初级中学教科书：国文》（第 2 册），商务印书馆 1934 年版，第 169 页。

②　所谓"积极的修辞原则"是"求文章更好"，与"消极的修辞原则相对"，即"求文意不坏"相对。同时，须说明的是，所谓"反面"原则，与"正面"原则相对。在此之前的蒋维乔《武训传略》、周子同《五四事件》后，编者提出三种正面的"积极修辞的原则"。第一是"调和"，即文辞顺口、编排有序而统一；第二是"具体"，如以没有饭吃的情状充实"生活困难"，将"看人家面孔"的窘境代替"受人轻视"的泛泛表述。第三是"增义"，如通过描摹父母的"风烛残年"，来渲染"上有父母"的感染力。参见夏丏尊、叶绍钧编著：《国文百八课》（第 1 册），开明书店 1938 年版，第 166—168、202、137—139 页。

③　夏丏尊、叶绍钧编著：《国文百八课》（第 1 次），开明书店 1938 年版，第 167 页。

解表明,无论"具体"还是"朦胧",都是"抽象"的反面。编者采用的譬喻是,医生直指病人患肺结核是"具体",而婉言表明病人"不健康"则是朦胧。简而言之,朦胧是曲折隐晦的描写,而具体是直截明了的描写。第三是"减义"。与"增义"的极尽描摹相反,"减义"是有意的省略,使读者通过想象填补作者留下的空白,甚至产生比"增义"更丰富的意义。①

编者并未直接用上述修辞原则阐释选文,也没有将这些原则与《儒林外史》进行直接对应。然而,这三种修辞确实较为准确地概括了《儒林外史》的笔法,揭示了《儒林外史》达到"婉而多讽"的原因。

首先,王冕难以为翟买办理解的"票子传着倒要去,帖子请着倒不去"即为"奇警"。② 王冕表明,只有他"犯了事",才有可能与时知县产生实际意义上的官民关系。而在私人交往上,他并无与时知县产生交集的可能。这体现了王冕以品行平交他人的交友观。因此,秦老可成为他的莫逆之交,而时知县则被他排斥在外。这是以势取人,声称"一县之主,叫不动一个百姓"的翟买办无法想通的。③ 王冕以这种方式对翟买办说话,一方面表达了对危素、时知县的厌恶以及自己桀骜的立场,另一方面又利用翟买办的"不懂"进行自我保护。其中隐含了对翟买办的轻视与防备。这达到了一笔两意的效果。

《儒林外史》频繁运用"奇警"笔法的原因在于,像翟买办这样

---

① 夏丏尊、叶绍钧编著:《国文百八课》,开明书店 1938 年版本,第 167—168 页。
② [清]吴敬梓著;李汉秋辑校:《儒林外史汇校汇评》,上海古籍出版社 2010 年版,第 7 页。
③ [清]吴敬梓著;李汉秋辑校:《儒林外史汇校汇评》,上海古籍出版社 2010 年版,第 7 页。

追逐名利、自说自话者频繁可见，遍布社会的不同阶层。在理想人物杜少卿、迟衡山、庄绍光、虞华轩等身边，均出现了相关人物，上至高翰林、太保，下至成老爹，莫不如此。相对于这些说话对象及其所处的世俗环境，理想人物或许地位低下，势单力薄，但他们能够通过"奇警"的修辞，获得话语上的胜利，获得超然的文化地位。而使之获得成功的，一方面是其话语与其本人道德学养的统一，另一方面是这些话语揭示了对方及其所处世俗的失德与浅薄。吴敬梓正是通过在叙述中运用这种修辞，使他塑造的理想人物，超越了科举成名者或功名心热者，从而使《儒林外史》产生了批判科举的意义。

而"朦胧"在《儒林外史》中的具体体现是，作者并不直接揭示人物之"病"，而是通过描写，呈现病状的丰富性。如第 4 回中，僧官慧敏在他的佃户何美之家喝酒吃肉，赤身与何美之的老婆坐在一处时，被乡绅张静斋叫来的一伙无赖绑到县里。最终，此事以僧官求范进请托知县，张静斋亦请托知县，知县胡乱断案而告终。又如第 29 回，龙三在僧官宴请宾客时，戴一顶纸糊凤冠，身着女裙，自称僧官太太。直到金东崖呵斥龙三诈骗其钱财，此事方不了了之。作者不对事件发生始末进行介绍，也不对闹剧中人进行直接评价。他仅呈现一个混乱的场面，场面中人物的行为无不与身份产生错位，反而更为充分地展现了科举制度之下的种种道德失序。

同时，作者确实屡屡采用"减义"的写法，表达人物难以言说的情感。如第 5 回中，严监生临终将儿子托付王家兄弟管教，希望二人帮助其子争取读书进学，"免得我一生，终日受大房里的气！"①

---

① ［清］吴敬梓著；李汉秋辑校：《儒林外史汇校汇评》，上海古籍出版社 2010 年版，第 73 页。

此前,严监生在舍财为严贡生平息讼事时,仅抱怨严贡生不会持家,并未正面提及他与严贡生的兄弟关系。但仅此一语,兄弟参商之意,尽在其中。他既因为怕受牵连,也迫于严贡生的社会文化身份,才不得不出面维护那层比名存实亡更为不堪的兄弟关系。但在这段关系中,严监生也并不无辜。他以金钱衡量亲情,从而以"受气者"自居。这种观念,同样造成了兄弟情感的淡薄以及彼此之间的怨怼。又,第 46 回中,余大先生对杜少卿说了因筹钱安葬父母而涉入的私和人命官事,杜少卿的反应是"不胜叹息"。① 以杜少卿的豪爽、他与余氏兄弟的表亲关系、他对余氏兄弟品行文章的赞赏,他的"不胜叹息"包含无限。这蕴含对他们以孝为德而不惜戕害公德的遗憾,也流露出对贫士无可奈何的同情,亦有对乡风恶俗熏染力的痛感。再如,第 48 回中,王玉辉在女儿死后,前往苏州,见到穿白的妇人,想到女儿,"那热泪直滚出来。"②王玉辉不愿表露的、被压抑的亲情由此显露。通过"减义",作者突显了儒家道德观念在现实中的名实分离,以及身处其中者的无奈与压抑。

总之,所谓"奇警"、"朦胧"、"减义",确实构成了《儒林外史》"婉而多讽"的风格。同时,编者在《荆元》一课后特别补充,修辞原则没有优劣之分,无论运用哪一种修辞,成功的标准都是符合"情境",而"情境"包含作者、读者、时间、空间,文章体裁、上下文语境。甚至一句话,也构成"情境"。③ 在很大程度上,这种引导思路避免了前述简单强调"客观描写"优于"主观评价"所导致的机械化

---

① [清]吴敬梓著;李汉秋辑校:《儒林外史汇校汇评》,上海古籍出版社 2010 年版,第 560 页。

② [清]吴敬梓著;李汉秋辑校:《儒林外史汇校汇评》,上海古籍出版社 2010 年版,第 590 页。

③ 夏丏尊、叶绍钧编著:《国文百八课》,开明书店 1938 年版本,第 203 页。

问题。

可以说，编者有意通过《王冕的少年时代》，引出对《儒林外史》笔法的总体把握。但问题在于：第一，《王冕的少年时代》本身并不完整。而即便选入《儒林外史》楔子全文，选文也未能集中体现相关修辞的运用。第二，从选文到《儒林外史》修辞介绍，中间缺乏必要的提示。这对理解造成了一定障碍。而如果要在选文与修辞之间建立联系，则须从整体的视角入手，在文本中寻找更多的例证加以说明。这对教学者提出了更高的要求。

综上，张文治、傅东华等人通过《王冕的少年时代》，总结出普遍创作规律。这似乎是迎合中学生的生活经验。但这种简单化的引导，脱离了对经典文本独特性的深入理解。因此，这未必能够切实提高学生的阅读能力，恐怕也难以使学生习得有益的写作经验。而《国文百八篇》的做法则总结了《儒林外史》整体上的写作特点。同时，编者试图为学生习得合乎情境、去模式化的写作方法创造契机。但是作为"引子"，《王冕的少年时代》与相关修辞介绍的贴合程度并不高。如何从合适的选文，引入对《儒林外史》的整体理解，继而阐释修辞的运用，是编者尚未解决的问题。尽管这样的编排存在一定局限，但这对于《儒林外史》在当下的整本书阅读仍然具有启示意义。

附录一：民国国文教科书涉及中国古代小说情况一览表

序号	书名（册数）	作者	出版者	出版年	入选《儒林外史》篇目	入选其他古代小说
1	《重订中学国文读本》	林纾评选；许国英重订	商务印书馆	1913	无	无
2	《新制中华国文教授书》	屠元礼编	中华书局	1913	无	《虞初新志·口技》
3	《（交通部上海工业专门学校）国文读本》	唐文治	不详	1919	无	无
4	《国文新范》	蔡郕	上海会文堂书局	1920	无	无
5	《白话文范》（含参考书）	洪北平，何仲英编纂	商务印书馆	1921	《王冕》、《郭孝子寻亲记》、《季遐年》、《荆元》	《文明小史·楔子》、《大明湖》、《君子国》、《桃花山》、《黄河结冰记》、《白妞说书记》
6	《国民学校国文新课本》	圣教杂志社编辑	土山湾慈母堂	1922	无	无
7	《新制国文教本评注》	谢无量著	中华书局	1922	无	无
8	《新编国文读本》	雷瑨，雷瑊	扫叶山房	1924	无	无
9	《高级国文读本教学法》	秦同培，陈和祥编著	世界书局	1925	无	无
10	《中国文学选读书目》	吴又陵审定	宝文堂书局	1925	无	无
11	《初中国文选读》	北京孔德学校	北京孔德学校	1926	无	无
12	《新撰国文教科书》	胡怀琛、沈忻编纂；朱经农、王岫庐校订	商务印书馆	1926	无	《世说新语·日与长安》、《镜花缘·君子国》

（续表）

序号	书名（册数）	作者	出版者	出版年	入选《儒林外史》篇目	入选其他古代小说
13	《新撰国文教授书》	缪天绥编纂、朱经农校订	商务印书馆	1926	无	《世说新语·周处之改过》
14	《古白话文选》	吴道生、郑次川	商务印书馆	1927	《王冕》、《周进和范进》、《王太太》、《余大先生》	《水浒传》中《鲁智深》、《智取生辰纲》、《林冲》《吴学究》；《三国演义》中《赤壁之战》；《西游记》中《孙悟空》《红楼梦》中《刘老老》《林黛玉》。另有《镜花缘》选篇等
15	《新学制高级中学教科书国文选本》	江恒源编	商务印书馆	1928 1930	无	《三国演义》：《火烧赤壁》、《隆中三顾》
16	《国语与国文》	不详	新国民图书	1928	无	《聊斋志异·张诚》
17	《初中国文》	朱剑芒编、魏冰心校订	世界书局	1929	《荆元》	《文明小史·傻子》、《红楼梦·刘老老》《水浒传·景阳冈》《女儿国》《王小玉的鼓书》等
18	《国文》	钱基博编	中华书局	1929	无	《水浒传·林冲》
19	《初中国文》	朱颉新等编著、范祥善校订	世界书局	1930	无	《水浒传·景阳冈》

（续表）

序号	书名（册数）	作者	出版者	出版年	入选《儒林外史》篇目	入选其他古代小说
20	《中学国文教材》	江苏省立上海中学校教务处编	江苏省上海中学校	1931	《王冕的少年时代》、《荆元》	《红楼梦·刘老老》
21	《南开中学初三国文教本》	不详	不详	1931	无	《虬髯客传》《红线传》
22	《初中师范教科书初中国文》	石泉	文化学社	1932	《王冕的少年时代》	《老残游记·大明湖》《水浒传·景阳冈武松打虎》
23	《初中三年级国文读本》	北平文化学社	北平文化学社	1932	无	《虞初新志·口技》、《红楼梦·刘老老》《虬髯客传》《阅微草堂笔记》（六则）
24	《开明国文读本参考书》	王伯祥	开明书店	1932—1933	《王冕的少年时代》	《三国演义：孙策、太史慈神亭之战》、诸葛亮舌战群儒；《关羽刮骨疗毒》《水浒：景阳冈》《智取生辰纲》《红楼梦·口技》；《聊斋志异·宝玉国》；《镜花缘·女儿国》《老残游记：大明湖》《明湖居听书》
25	《国文评选》	王灵皋评选	亚东图书馆	1932	《王冕传》《范老太太之死》	《石头记》：《刘老老进荣国府》《闹学》
26	《国语与国文》	朱文叔编	新国民图书社	1932	无	无
27	《国文教科书》	孙俍工编辑	神州国光社	1932	无	《世说新语八则》《口技》

（续表）

序号	书名（册数）	作　者	出版者	出版年	入选《儒林外史》篇目	入选其他古代小说
28	《初级中学国文读本》	张鸿来著	国文丛刊社	1932	《郭孝子深山遇虎》	《水浒传·景阳冈武松打虎》、《老残游记·黄河结冰记》
29	《初中国文选本注解》	崔新民著	和济印书局	1933	《郭孝子深山遇虎》	《水浒传·景阳冈武松打虎》；《镜花缘》；《君子国》、《女儿国》；《老残游记·大明湖》
30	《初中国文读本（第1册）》	朱文叔编；舒新城、陆费逵校	中华书局	1933	《王冕的少年时代》	无
31	《国文读本》	志成中学国文学科编纂委员会编	不详	1933	无	无
32	《高中国文选本》	罗根泽、高远公编，黎锦熙校订	立达书局	1933	无	《世说新语》（五则）、《虬髯客传》
33	《高中国文》	罗根泽、高远公编	文化书社	1932—1933	无	无
34	《初中国文教科书（第3册）》	马厚文著	光华书局	1933	《王冕》	无
35	《初中国文教科书（第3册）》	柳亚子、吕思勉校	光华书局	1933	《王冕》	无

（续表）

序号	书名（册数）	作 者	出版者	出版年	入选《儒林外史》篇目	入选其他古代小说
36	《初中当代国文》	朱剑芒等编著、范祥善校订	世界书局	1933	《王冕的少年时代》	无
37	《初中当代国文》	徐蔚南编辑	世界书局	1933	无	无
38	《国文》	傅东华、陈望道编	商务印书馆	1933	《王冕的少年时代》、《马二先生游西湖》、《荆元》	《水浒传·景阳冈》、《红楼梦·刘姥姥》（一、二）、《镜花缘·蓬莱岛》、《口技》
39	《基本教科书国文》	傅东华、陈望道编辑	商务印书馆	1932	《马二先生游西湖》《王冕的少年时代》《荆元》	《镜花缘·蓬莱岛》、《红楼梦·刘老老》
40	《国文研究读本》	史本直选辑；李芙侯校	大众书局	1933—1934	无	《劫法场》、《虬髯客传》
41	《初中国文读本》	张文治等编	中华书局	1933	《王冕的少年时代》	无
42	《杜韩两氏高中国文》	张匡编辑；骆师曾校订	世界书局	1933	无	陈建《异闻记》、《镜花缘·路红蕖打虎》、《老残游记·明湖居听书》
43	《复兴初级中学教科书：国文（第1—2册）》	傅东华	商务印书馆	1934	《马二先生》、《三姑娘殉夫》	《水浒传·景阳冈》《红楼梦·刘老老》、《老残游记·大明湖》、《三国演义·杨修之死》
44	《初级中学国文教科书》	孙怒潮编	中华书局	1934	无	《老残游记·王小玉说书》

（续表）

序号	书名（册数）	作　者	出版者	出版年	入选《儒林外史》篇目	入选其他古代小说
45	《试验初中国文读本》	沈荣龄编选；汪穗祖审校	大华书局	1934	《王冕的少年时代》、《严贡生》	《文明小史楔子》、《红楼梦·大观园》、《水浒传·景阳冈》、《镜花缘·蓬莱岛》、《老残游记·大鼓》、《三国演义·火烧赤壁》、《聊斋志异·促织》
46	《初级中学国文读本》	张鸿来、庐怀高选注	师大附中国文丛刊社	1934、1935、1936	《王冕的少年时代》	《世说新语》（四则）、《枕中记》、《水浒传·景阳冈武松打虎》、《口技》、《老残游记·明湖居听书》、《老残游记·黄河结冰记》
47	《高中国文》	杜天縻编、韩楚原编、徐蔚南校订	世界书局	1933—1934	无	《虬髯客传》、《镜花缘·骆红蕖打虎》、《老残游记·明湖居听书》
48	《中学国文特种读本》	孙俍工著	国立编译馆	1933	无	无
49	《初中国文选本》	不详	立达书局	1933	《郭孝子深山遇虎》、《荆元》、《王冕的少年时代》	《聊斋志异·口技》、《虞初新志》、《红楼梦·刘老老醉卧怡红院》、《水浒传·景阳冈武松打虎》
50	《初中标准国文》	江苏省教育厅修订；国文教科书教学进度委员会编注；王德林释注	上海中学生书局	1934—1935	《王冕的少年时代》、《荆元》	《镜花缘·君子国》；《老残游记·黄河上打冰、桃花山》、《济南府》

（续表）

序号	书名（册数）	作 者	出版者	出版年	入选《儒林外史》篇目	入选其他古代小说
51	《创造国文读本》	张匡编辑；骆师曾校订	世界书局	1934	无	《薄情郎》、《水浒传·景阳冈》、《老残游记·明湖居听书》
52	《初中国文》	叶楚伧主编，王穉祖编校，孟芜承校订	正中书局	1934	无	《镜花缘·君子国》
53	《朱氏初中国文》	朱剑芒编辑；陈露鹿、韩懋农注释	世界书局	1934	无	《虞初新志·口技》；《镜花缘·女儿国》；《老残游记：大明湖》、《明湖居听书》
54	《高中当代国文》	江苏省教育厅选；薛无竞等注释；柳亚子等校订	中和印刷公司	1934	无	《红线传》、《虬髯客传》、《展王观音》、《水浒传·山神庙》
55	《初中国文教本》	陈彦舜编	北新书局	1934	《王冕的少年时代》	无
56	《初中国文教本》	蓉联晋编	北新书局	1934	无	无
57	《实验初中国文读本》	沈荣龄等编选；汪茂祖等审校	大华书局	1934—1935	《王冕的少年时代》	《虞初新志·口技·景阳冈》、《蓬莱岛》、《老残游记·黄河上打冰》

（续表）

序号	书名（册数）	作　者	出版者	出版年	入选《儒林外史》篇目	入选其他古代小说
58	《中学国文书目》	章炳麟	不详	1935	无	无
59	《高中国文读本》	刘博扬编	癸酉编译会	1935	无	《长恨歌传》、《虬髯客传》、《南柯太守传》、《水浒传·林冲》、《红楼梦·刘老老》、《老残游记·明湖居听书》
60	《初级中学国文》	叶楚伧主编；王懋祖选校；孟芜承校订	正中书局	1935	《王冕的少年时代》	《老残游记》：《黄河结冰记》、《游大明湖》《桃花山》、《聊斋志异·张诚》
61	《初中精读国文范程》	潘尊行编著	商务印书馆	1935	《王冕》	《三国演义·诸葛亮的出茅庐》、《水浒传·武松打虎》、《西游记·金钢琢与芭蕉扇》
62	《南开中学初一国文教本》	南开中学编	南开中学	1935	《王冕的少年时代》	《老残游记·大明湖》
63	《初中国文教本》	陈介白编	贝满女子中学校	1937	《王冕的少年时代》	《三国演义·杨修》、《水浒传·景阳冈武松打虎》、《老残游记·大明湖》；《黄河上打冰》

（续表）

序号	书名（册数）	作者	出版者	出版年	入选《儒林外史》篇目	入选其他古代小说
64	《新编初中国文》	宋文翰、朱文叔校	中华书局	1937	《王冕的少年时代》	《老残游记·大明湖》、《老残游记·明湖居听书》、《三国演义·杨修之死》
65	《新编高中国文》	宋文翰、朱文叔校	中华书局	1937	《高要县》	《红楼梦·刘老老》、《南柯太守传》、《红线传》、《长恨歌传》
66	《高级中学国文》	叶楚伧主编；王慰祖选校；孟宪承校订	正中书局	1937	无	《南柯太守传》
67	《初中新国文》	蒋伯潜	世界书局	1937	无	《水浒传·景阳冈》
68	《国文百八课》	夏丏尊、叶绍钧编著	开明书店	1938	《王冕的少年时代》、《荆元》	《水浒传·景阳冈》
69	《抗战时期初中学国文选》	孙良工编	诚达印书馆	1938	无	无
70	《初中国文》	教育部编审会	教育部编审会	1938	无	《三国演义·杨修之死》
71	《初级国文》	杨荫深编著	商务印书馆	1938	《王冕的少年时代》、《荆元》	《老残游记·大明湖》
72	《蒋氏初中新国文》	蒋伯潜编	世界书局	1938—1940	无	《水浒传序》《施耐庵》《水浒传·景阳冈》《老残游记二集序》《刘鹗》
73	《高中国文》	教育部编审会	教育部编审会	1938	无	无

（续表）

序号	书名（册数）	作者	出版者	出版年	入选《儒林外史》篇目	入选其他古代小说
74	《初中国文》	教育总署编审会	教育总署编审	1939	《王冕的少年时代》、《马二先生》	《老残游记·大明湖》《三国演义·杨修之死》
75	《高中国文》	教育总署编审会	教育总署编审	1939	无	《水浒传·高太尉计害林冲》、《三国志演义·刘备访诸葛亮》
76	《初中用国文讲义（振华初中选用）》	庄剑鸣	不详	1939	无	无
77	《初中国文选读》	不详	不详	1939?	《荆元》	《老残游记·大明湖》
78	《活页初中国文讲义》	国民出版社、浙江省战时教育文化事业委员会	国民出版社	1940	无	《老残游记·游大明湖》
79	《大学国文》	沈启无编	新民印书馆	1942	无	金圣叹《水浒传序》
80	《新编初中国文》	教育总署编审会	教育总署编审会	1943	无	《老残游记·大明湖》
81	《初级中学国文（甲篇）》	叶楚伧主编、刘奇等选注	正中书局	1943	无	无
82	《高级中学国文》	叶楚伧主编、许梦因选注	正中书局	1946	无	《南柯太守传》《三国演义·孔明借箭》

（续表）

序号	书名（册数）	作　者	出版者	出版年	入选《儒林外史》篇目	入选其他古代小说
83	《新编高中国文》	宋文翰 张文治编	中华书局	1946	《高要县》	《世说新语》（六则）、《三国志演义·刘备访诸葛亮》、《水浒传·高太尉计害林冲》《红楼梦·刘老老》
84	《初级中学国文（甲编）》	教育部教科教用书编辑委员会编；方阜云等编辑国立编译馆译馆校订	国定中小学教科书七家联合供应处	1945—1947	无	《世说新语》（八则）、《三国演义·群英会》、《三国演义·火烧赤壁》、《水浒传·景阳冈》、《老残游记·明湖居听书》《黄河结冰记》
85	《初中国文选读》	朱廷挂编	土山湾印书馆	1947	无	《红楼梦·刘老老》（上中下）
86	《蒋氏高中新国文》	蒋伯潜编	世界书局	1946 1947	无	《宣和遗事节选》、《京本通俗小说冯玉梅团圆》（节录）、《聊斋志异·田七郎》
87	《开明国文讲义》	夏丏尊等编	开明书店	1947	《王三姑娘的死》	《西游记·美猴王》、《红楼梦·王熙凤》
88	《高中国文》	叶楚伧主编,王懋祖,叶溯中校阅,胡怀琛选注	正中书局	1948	无	《南柯太守传》
89	《国文精选》	王懋祖选编	正中书局	1948	《王冕的少年时代》	《老残游记·黄河结冰记》

（续表）

序号	书名（册数）	作者	出版者	出版年	入选《儒林外史》篇目	入选其他古代小说
90	《国立北京大学国文选》	中国语文学系编	国立北京大学出版部	1948	无	无
91	《初中国文》	上海联合出版社刻本编辑委员会编	上海联合出版社	1949	《范进》（摘选）	《老残游记》（摘选）
92	《高中国文》	上海联合出版社刻本编辑委员会编	上海联合出版社	1949	无	《红楼梦·王凤姐弄权铁槛寺》
93	《高中国文》	华北人民政府教育部教科书编审委员会编	华北联合出版社	1949	无	《水浒传·智取生辰纲》、《聊斋志异·金和尚》
94	《新编大一国文》	丁音	商务印书馆	1949	无	无
95	《初中国文读本》	北师大附中选订	不详	不详	《郭孝子深山遇虎》	《水浒传·景阳冈武松打虎》、《口技》、《虬髯客传》、《老残游记·黄河结冰记》、《大明湖》
96	《初中当代国文》	施蛰存等编注；柳亚子等校订	上海中学生书局	不详	无	《三国演义·火烧赤壁》
97	《高中混合国文》	赵景深编	北新书局	不详	无	《谢小娥传》《南柯太守传》、《枕中记》
98	《薛纂国文教本》	薛凤昌	不详	1912—1949	无	无

附录二：《儒林外史》入选民国国文教科书情况一览表

序号	书　名（含参考书）	编纂者	出版者	出版年	入选篇目
1	《白话文范（含参考书）》	洪北平,何仲英编纂	商务印书馆	1921	《王冕》,《郭孝子寻亲记》,《季遇年》,《荆元》
2	《古白话文选》	吴遁生,郑沈川	商务印书馆	1927	《王冕》,《周进和范进》,《王太太》,《余大先生》
3	《初中国文》	朱剑芒编 魏冰心校订	世界书局	1929	《荆元》
4	《中学国文教材》	江苏省立上海中学校教务处编	江苏省上海中学校	1931	《荆元》,《王冕的少年时代》
5	《初中三年级国文读本》	北平文化学社	北平文化学社	1932	《王冕的少年时代》
6	《开明国文读本》	王伯祥	开明书店	1932—1933	《王冕的少年时代》
7	《初级中学国文读本》	张鸿来著	国文丛刊社	1932	《郭孝子深山遇虎》
8	《国文评选》	王灵皋评选	亚东图书馆	1932	《王冕传》,《范老太之死》
9	《初中师范教科书·初中国文》	石泉	文化学社	1932	《王冕的少年时代》
10	《初中国文选本注解》	崔新民著	利济印书局	1933	《郭孝子深山遇虎》
11	《初中国文读本》	朱文叔编·舒新城·陆费逵校	中华书局	1933	《王冕的少年时代》
12	《初中国文教科书》	马厚文著	光华书局	1933	《王冕》
13	《初中国文教科书》	柳亚子,吕思勉校	光华书局	1933	《王冕》
14	《初中当代国文》	朱剐新等编著 范祥善校订	世界书局	1933	《王冕的少年时代》

（续表）

序号	书 名	编纂者	出版者	出版年	入选篇目
15	《国文》	傅东华、陈望道编	商务印书馆	1933	《王冕的少年时代》、《马二先生游西湖》、《荆元》
16	《基本教科书国文》	傅东华、陈望道编辑	商务印书馆	1932	《马二先生游西湖》、《王冕的少年时代》、《荆元》
17	《初中国文读本参考书》	张文治等编	中华书局	1933	《王冕的少年时代》
18	《复兴初级中学教科书：国文》	傅东华	商务印书馆	1934	《马二先生》、《三姑娘殉夫》
19	《试验初中国文读本》	沈荣龄编选；汪懋祖审校	大华书局	1934	《王冕的少年时代》、《严贡生》
20	《初级中学国文读本》	张鸿来、卢怀琦选注	师大附中国文丛刊社	1934、1935、1936	《王冕的少年时代》
21	《初中国文选本》	不详	立达书局	1933	《荆元》、《郭孝子深山遇虎》、《王冕的少年时代》
22	《初中标准国文》	江苏省教育厅修订；国文教学进度委员会编注；王儒林释注	上海中学生书局	1934—1935	《王冕的少年时代》、《荆元》
23	《初中国文教本》	陈彦骅编	北新书局	1934	《王冕的少年时代》

（续表）

序号	书　名	编纂者	出版者	出版年	入选篇目
24	《实验初中国文读本》	沈荣龄等编选；汪茂祖等审校	大华书局	1934—1935	《王冕的少年时代》
25	《初级中学国文》	叶楚伧主编；王穉祖选校；孟宪承校订	正中书局	1935	《王冕的少年时代》
26	《初中精读国文范程》	潘尊行编著	商务印书馆	1935	《王冕》
27	《南开中学初一国文教本》	南开中学编	南开中学	1935	《王冕的少年时代》
28	《初中国文教本》	陈介白编	贝满女子中学校	1937	《王冕的少年时代》
29	《新编初中国文》	宋文翰 朱文叔校	中华书局	1937	《王冕的少年时代》
30	《新编高中国文》	宋文翰 朱文叔校	中华书局	1937	《高要县》
31	《国文百八课》	夏丏尊 叶绍钧编著	开明书店	1938	《王冕的少年时代》《荆元》
32	《初级国文》	杨荫深编著	商务印书馆	1938	《王冕的少年时代》《荆元》
33	《初中国文》	教育总署编审会	教育总署编审	1939	《王冕的少年时代》《马二先生》
34	《初中国文选读》	不详	不详	1937？	《荆元》
35	《新编高中国文》	宋文翰 张文治编	中华书局	1946	《高要县》
36	《开明国文讲义》	夏丏尊等等编	开明书店	1947	《王三姑娘的死》
37	《国文精选》	王穉祖选编	正中书局	1948	《王冕的少年时代》
38	《初中国文》	上海联合出版社临时刻本编辑委员会编	上海联合出版社	1949	《范进》（摘选）

图书在版编目（CIP）数据

文学如何书写革命/詹丹，郑桂华主编.
—上海：上海三联书店，2024.8
ISBN 978 - 7 - 5426 - 8591 - 9

Ⅰ. G633.342

中国国家版本馆 CIP 数据核字第 20245TD902 号

文学如何书写革命

主　　编　詹　丹　郑桂华

责任编辑　钱震华
装帧设计　汪要军

出版发行　上海三联书店
　　　　　中国上海市威海路 755 号
印　　刷　浙江临安曙光印务有限公司

版　　次　2024 年 8 月第 1 版
印　　次　2024 年 8 月第 1 次印刷
开　　本　700×1000　1/16
字　　数　210 千字
印　　张　17.75
书　　号　ISBN 978 - 7 - 5426 - 8591 - 9/G・1728
定　　价　78.00 元